KB212255

성령으로 살며 성령으로 행하라

(성령론, 개정판)

황삼석 지음

엘맨출판사

성령으로 살며 성령으로 행하라

(성령론, 개정판)

황삼석 지음

엘맨출판사

머리말

저는 1970년도에 어떤 일을 계기로 교회에 열심히 다니기로 결심을 하고 신앙생활을 열심히 했습니다. 저는 교회에서 아동부 교사도 열심히 하고 청년회장도 열심히 했습니다. 그런데 저는 신앙생활을 3년쯤 열심히 하다가 흥미가 떨어졌으며 신앙생활이 헛된 수고로 여겨졌습니다. 그래서 저는 교회를 나가지 않았습니다. 그리고 여자 집사님 한 분이 매주 토요일마다 심방을 왔지만 그때마다 저는 피해버렸습니다. 그런데 석 달쯤 지나 교회에 나가지 않는 것이 제 마음에 괴로움이 되었습니다. 그래서 주일 낮 예배시간에는 부끄러워서 교회에 나가지 못하고 주일 밤과 수요일 밤 예배시간마다 교회에 나가 성전 안으로 들어가지 못하고 문 밖에 서 있게 되었습니다. 그러던 어느 날 주일 밤 예배시간에 그 여자 집사님이 성전 밖에 서 있는 저를 보고서 성전 안으로 데리고 들어갔습니다.

그 때 저는 신앙생활을 하되 하나님을 만나기로 결심을 했습니다. 그래서 저는 약 삼 개월 동안 밤마다 성전에 나가 하나님께서 저에게 나타나 주시기를 기도했습니다. 그러나 저는 기도가 되지 않아서 너무 괴롭고 실망이 되었습니다. 그런데 저는 어느 토요일 새벽 예배시간에 기도할 때 갑자기 회개가 터졌고 성령님이 임하시는 체험을 하였습니다. 그 때 저는 주님의 종이 되겠다고 하나님께 소원하였고, 그날부터 매일 밤마다 성전에서 밤새도록 기도하며 많은 체험을 하였으며, 2년 후에 신학교에 들어가 목회자가 되었습니다.

저는 성령을 받아야 하나님의 자녀로 살 수 있음을 깨달았고, 성령으로 살고 성령으로 행하는 것이 하나님의 자녀로 사는 것임을 깨닫게 되었습니다. 그래서 목회를 하면서 성령님에 대한 말씀을 가르치게 되었습니다. 그리고 저는 2005년도에 성도들이 성경 말씀대로 성령을 체험하기를 간절히 소원하는 마음으로 본서를 출간하였습니다.

저는 이번에 본서를 다시 정리하고 보충하여 개정판으로 출판하게 되었습니다. 본서를 읽는 모든 분들에게 성령님이 역사하셔서 성경대로 성령님을 더 깊이 체험하고, 성령으로 살고 성령으로 행하는 분들이 다 되시기를 간절히 소원합니다.

본서를 출판하도록 인도하신 하나님 아버지께 감사드리며 영광을 돌려드립니다. 그리고 본서가 출판되도록 협력해주신 우리 동천의 가족들과 모든 분들께 감사드립니다.

2019년 3월
빛고을 두암골에서 황삼석

목 차

1장

성령 하나님을 압시다

하나님 아버지께서 보내셔서 이 세상에 오신 예수님은 우리를 위하여 고난을 받으시고, 십자가에 못 박혀 죽으시고, 부활하시고, 승천하셔서 하늘 보좌에 계신 하나님 아버지의 우편에 계십니다. 그리고 하나님 아버지께로 가신 예수님은 성령님을 보내셨습니다. 그래서 승천하신 예수님이 보내신 성령님이 우리에게 오셔서 우리와 함께 거하시고 우리 속(마음)에 계십니다. 승천하신 예수님이 성령님을 보내신 것은 매우 중요합니다. 그래서 세례 요한은 예수님을 성령으로 세례를 주실 분으로 증언하였습니다.

우리는 승천하신 예수님이 보내신 성령님이 누구이신가를 알아야 합니다. 또한 우리는 성령님이 어떤 일을 행하시는가를 알아야 합니다. 만일 우리가 성령님이 누구이신가를 알지 못하면 성령님이 하시는 일을 온전히 알 수 없습니다. 그러나 우리가 성령님이 누구이신가를 알면 알수록 성령님이 하신 일을 더 많이 알고 체험할 수 있습니다. 그러므로 우리는 성령님을 알아야 합니다. 우리는 성령님이 우리와 함께 거하시고 우리 속에 계시므로 우리가 성령님을 압니다. 성령님이 우리와 함께 거하시고 우리 속에 계시므로 우리가 성령님을 알아야 참으로 아는 것입니다. 우리가 성령님을 지식으로만 아는 것은 참으로 아는 것이 아닙니다. 그래서 예수님께서 "성령을 받으라"고 명하셨습니다.

성령님은 진리의 영이십니다. 그러므로 불신자들은 성령을 받지 못합니다. 왜냐하면 불신자들은 성령님을 보지도 못하고 알지도 못하기 때문입니다. 그러나 우리는 성령님을 압니다. 왜냐하면 성령님이 우리와 함께 거하시고 우리 속에 계시기 때문입니다(요14:17).

요14:17 "그는 진리의 영이라 세상은 능히 그를 받지 못하나니 이는 그를 보지도 못하고 알지도 못함이라 그러나 너희는 그를 아나니 그는 너희와 함께 거하심이요 너희 속에 계시겠음이라"

그러면 성령님은 누구이신가요? 성령님은 하나님이십니다. 그리고 성령님은 인격을 가지고 계십니다. 우리는 성령님이 인격을 가지고 계신 하나님이심을 알고 믿어야 합니다. 인격을 가지고 계신 하나님이신 성령님이 하나님 아버지와 예수님께서 보내심으로 우리에게 임하셔서 우리와 함께 거하시고 우리 마음에 계십니다.

1. 하나님이신 성령님

성령님은 성부 하나님과 성자 예수님이 하나님이신 것과 꼭 같이 하나님이십니다. 성령님은 하나님의 모든 신성을 온전히 소유하고 계십니다. 하나님만의 속성은 전지, 전능, 무소부재, 영원입니다. 성령님은 하나님이시기에 전지하시며 전능하시고 무소부재하시며 영원하십니다.

1) 성령님은 전지하십니다.

성령님은 모든 것을 아십니다. 성령님은 누구의 지도나 가르침도 받지 아니하시는 전지하신 분이십니다(사40:13). 성령님은 모든 것 곧 하나님의 깊은 것까지도 통달하십니다(고전2:10). 성령님은 하나님이시기에 전지하십니다.

> **사40:13** "누가 여호와의 영을 지도하였으며 그의 모사가 되어 그를 가르쳤으랴"
> **고전2:10** "오직 하나님이 성령으로 이것을 우리에게 보이셨으니 성령은 모든 것 곧 하나님의 깊은 것까지도 통달하시느니라"

2) 성령님은 전능하십니다.

성령님의 전능하심은 천지창조와 예수님의 부활의 역사를 통해 입증되었습니다. 성령님은 하나님의 천지창조에 동역하셨습니다(창1:2). 천지창조는 성부, 성자, 성령 삼위일체 하나님의 사역입니다. 성령님은 사람의 창조에도 동역하셨습니다(욥33:4). 사람 창조도 성부, 성자, 성령 삼위일체 하나님의 사역입니다(창1:26). 그러므로 성령님은 창조자이십니다. 하나님 아버지께서는 예수님을 죽은 자 가운데서 성령으로 살리셨습니다. 또 하나님 아버지께서는 우리 안에 거하시는 성령으로 우리 죽을 몸도 살리실 것입니다(롬8:11). 성령님은 창조하시고 부활하게 하시는 전능하신 하나님이십니다.

> **창1:2** "땅이 혼돈하고 공허하며 흑암이 깊음 위에 있고 하나님의 영은 수면 위에 운행하시니라"
> **욥33:4** "하나님의 영이 나를 지으셨고 전능자의 기운이 나를 살리시느니라"
> **창1:26** "하나님이 이르시되 우리의 형상을 따라 우리의 모양대로 우리가 사람을 만들고 그들로 바다의 물고기와 하늘의 새와 가축과 온 땅과 땅에 기는 모든 것을 다스리게 하자 하시고"
> **롬8:11** "예수를 죽은 자 가운데서 살리신 이의 영이 너희 안에 거하시면 그리스도 예수를 죽은 자 가운데서 살리신 이가 너희 안에 거하시는 그의 영으로 말미암아 너희 죽을 몸도 살리시리라"

3) 성령님은 무소부재하십니다.

성령님은 어디에나 계시며 안 계신 곳이 없습니다. 다윗은 성령님을 떠나 피할 수 없음을 알고 고백했습니다(시139:7-10). 성령님은 무소부재하신 하나님이십니다.

> **시139:7-10** "내가 주의 영을 떠나 어디로 가며 주의 앞에서 어디로 피하리이까 내가 하늘에 올라갈지라도 거기 계시며 스올에 내 자리를 펼지라도 거기 계시니이다 내가 새벽 날개를 치며 바다 끝에 가서 거주할지라도 거기서도 주의 손이 나를 인도하시며 주의 오른손이 나를 붙드시리이다"

4) 성령님은 영원하십니다.

성령님은 영원하십니다(히9:14). 성령님은 영원부터 영원까지 계신 영원하신 하나님이십니다.

> **히9:14** "하물며 영원하신 성령으로 말미암아 흠 없는 자기를 하나님께 드린 그리스도의 피가 어찌 너희 양심을 죽은 행실에서 깨끗하게 하고 살아 계신 하나님을 섬기게 하지 못하겠느냐"

성령님은 전지하시고, 전능하시며, 무소부재하시고, 영원하시기에 하나님이십니다. 그런데 성령님이 하나님이심은 무엇보다도 성부, 성자와 함께 삼위일체 하나님이시기 때문입니다(마28:19, 고전12:4-6, 고후13:13). 성령님은 하나님의 영이시오 그리스도의 영이십니다(롬8:9). 즉 성령님은 하나님과 그리스도와 같은 분이십니다. 그러므로 성령님은 성부, 성자 하나님과 동등하시며 같은 하나님이십니다.

> **마28:19** "그러므로 너희는 가서 모든 민족을 제자로 삼아 아버지와 아들과 성령의 이름으로 세례를 베풀고"
> **고전12:4-6** "은사는 여러 가지나 성령은 같고 직분은 여러 가지나 주는 같으며 또 사역은 여러 가지나 모든 것을 모든 사람 가운데서 이루시는 하나님은 같으니"
> **고후13:13** "주 예수 그리스도의 은혜와 하나님의 사랑과 성령의 교통하심이 너희 무리와 함께 있을지어다"
> **롬8:9** "만일 너희 속에 하나님의 영이 거하시면 너희가 육신에 있지 아니하고 영에 있나니 누구든지 그리스도의 영이 없으면 그리스도의 사람이 아니라"

2. 인격을 가지고 계신 성령님

성령님은 인격을 가지고 계신 하나님이십니다. 성령님은 단순히 하늘에서 내려오는 무슨 능력이나 영향력이 아닙니다. 성령님은 지적인 능력과 의지와 감정을 가지고 계십니다. 성령님은 생각하시고 우리와 생각과 뜻을 주고받으시며 우리에게 사랑을 표현하십니다. 뿐만 아니라 성령님은 우리의 부주의한 말이나 행동으로 말미암아 근심하시며 상처를 받기도 하십니다. 그러므로 우리는 성령님을 인격을 가지고 계신 하나님으로 알아야 합니다.

우리가 성령님을 어떤 능력으로만 아는 것과 인격을 가지신 하나님으로 아는 것에는 큰 차이가 있습니다.

첫째로 우리가 성령님을 어떤 능력으로만 알면 내가 그 능력을 붙잡으려고 할 것입니다. 그러나 우리가 성령님을 인격을 가지신 하나님으로 알면 성령님이 나를 붙잡아 주시기를 원할 것입니다.

둘째로 우리가 성령님을 어떤 능력으로만 알면 내 뜻을 이루는데 그 능력을 사용하려고 할 것입니다. 그러나 우리가 성령님을 인격을 가지신 하나님으로 알면 내가 성령님께 복종하길 원할 것이며 내가 성령님께 쓰임받기를 원할 것입니다.

셋째로 우리가 성령님을 어떤 능력으로만 알면 내가 그 능력을 받았다고 교만해 할 것이며 자신을 자랑할 것입니다. 그러나 우리가 성령님을 인격을 가지신 하나님으로 알면 성령님이 나와 함께 거하시고 내 안에 계심을 감사하고 겸손해 할 것이며 성령님을 자랑할 것입니다.

그러므로 우리는 성령님을 단순히 하늘에서 내려온 어떤 능력으로만 알지 말고 인격을 가지신 하나님으로 알아야 합니다. 그래서 우리는 성령님이 나를 붙잡아 주시기를 원하며, 성령님께 복종하고 쓰임받기를 원하며, 성령님이 나와 함께 거하시고 내 안에 계심을 감사하며 겸손하고 성령님을 자랑해야 합니다.

그러면 우리가 성령님이 인격을 가지고 계심을 어떻게 알 수 있을까요? 성령님은 지적인 능력을 가지고 계시며, 의지를 가지고 계시며, 감정을 가지고 계십니다. 또한 성령님은 말씀하십니다. 그런데 성령을 받지 못한 사람들 곧 예수 그리스도를 진심으로 믿지 못한 사람들은 성령님을 욕되게 할 수도 있으며, 속일 수도 있으며, 훼방할 수도 있으며, 거스를 수도 있습니다. 또한 성도들은 성령님을 소멸할 수도 있습니다. 이렇게 성령님은 인격 즉 지, 정, 의를 가지고 계십니다. 즉 성령님은 우리와 교통하며 교제할 수 있는 인격을 가지고 계시는 하나님이십니다. 그러므로 우리는 성령님과 교통하고 교제해야 하며 또 할 수 있습니다.

1) 성령님은 지적인 능력을 가지고 계십니다.

성령님은 지적인 능력을 가지고 계시기에 하나님의 일(사정)을 아십니다(고전2:11). 그리고 성령님은 지적인 능력을 가지고 계시기에 생각하시며 성도를 위하여 간구하십니다(롬8:27). 또한 성령님은 지적인 능력을 가지고 계시기에 모든 것을 가르치시며(요14:26), 예수님을 증언하시고(요15:26). 지식의 말씀의 은사를 주십니다(고전12:8).

> **고전2:11** "사람의 일을 사람의 속에 있는 영외에 누가 알리요 이와 같이 하나님의 일도 하나님의 영외에는 아무도 알지 못하느니라"
>
> **롬8:27** "마음을 살피시는 이가 성령의 생각을 아시나니 이는 성령이 하나님의 뜻대로 성도를 위하여 간구하심이니라"
>
> **요14:26** "보혜사 곧 아버지께서 내 이름으로 보내실 성령 그가 너희에게 모든 것을 가르치고 내가 너희에게 말한 모든 것을 생각나게 하리라"
>
> **요15:26** "내가 아버지께로부터 너희에게 보낼 보혜사 곧 아버지께로부터 나오시는 진리의 성령이 오실 때에 그가 나를 증언하실것이요"
>
> **고전12:8** "어떤 사람에게는 성령으로 말미암아 지혜의 말씀을, 어떤 사람에게는 같은 성령을 따라 지식의 말씀을"

2) 성령님은 의지를 가지고 계십니다.

성령님은 자신의 의지를 가지고 그 의지를 따라 결정하십니다. 그래서 성령님은 은사를 그 뜻대로 각 사람에게 나누어 주십니다(고전12:11).
또한 성령님은 교회에 감독자를 삼고 교회를 보살피게(치게) 하십니다(행
20:28).

> **고전12:11** "이 모든 일은 같은 한 성령이 행하사 그의 뜻대로 각 사람
> 에게 나누어 주시는 것이니라"
> **행20:28** "여러분은 자기를 위하여 또는 온 양떼를 위하여 삼가라 성령
> 이 그들 가운데 여러분을 감독자로 삼고 하나님이 자기 피로 사신 교회
> 를 보살피게 하셨느니라"

3) 성령님은 감정을 가지고 계십니다.

성령님은 감정을 가지고 느끼실 수 있는 인격을 가지고 계십니다. 성령
님은 우리와 사랑을 주고받으십니다. 사도 바울은 성령님의 사랑을 받았으
며 그에게 성령님의 사랑이 있었습니다. 그래서 사도 바울은 성령의 사랑
으로 말미암아 권했습니다(롬15:30). 또한 성령님은 우리로 인하여 기뻐
하기도 하시며 근심하기도 하십니다. 성령님은 우리의 잘못된 태도나 행동
으로 인하여 근심하실 수 있습니다. 그러므로 우리는 성령님을 사랑해야
하고 근심하게 하지 말아야 합니다 (엡4:30).

하나님 아버지께서는 우리를 너무나 사랑하셔서 그의 아들을 보내셨습
니다. 예수님은 우리를 너무나 사랑하셔서 우리를 위해 죽으셨습니다. 성
령님은 우리를 너무나 사랑하셔서 우리에게 오셨고 우리에게 예수님을 알
게 해 주셨습니다. 성령님은 계속해서 우리를 사랑하시며 우리가 더욱 예
수님을 닮아가도록 도우십니다.

롬15:30 "형제들아 내가 우리 주 예수 그리스도와 성령의 사랑으로 말미암아 너희를 권하노니 너희 기도에 나와 힘을 같이하여 나를 위하여 하나님께 빌어"

엡4:30 "하나님의 성령을 근심하게 하지 말라 그 안에서 너희가 구원의 날까지 인치심을 받았느니라"

4) 성령님은 말씀하십니다.

성령님은 안디옥교회 성도들에게 말씀하셨습니다(행13;2). 사도 바울은 성령님이 밝히 말씀하심을 들었습니다(딤전4:1). 성령님이 다윗을 통하여 말씀하셨는데 다윗은 이를 알았습니다(삼하23:2). 이렇게 성령님은 직접 말씀하실 뿐만 아니라 사람들을 선택하셔서 그들을 통해 말씀하시기도 합니다. 그러므로 우리는 성령님이 하시는 말씀을 듣기를 사모해야 합니다. 그리고 우리는 성령님이 하시는 말씀을 들어야 합니다(계2:7).

행13:2 "주를 섬겨 금식할 때에 성령이 이르시되 내가 불러 시키는 일을 위하여 바나바와 사울을 따로 세우라 하시니"

딤전4:1 "그러나 성령이 밝히 말씀하시기를 후일에 어떤 사람들이 믿음에서 떠나 미혹하는 영과 귀신의 가르침을 따르리라 하셨으니"

삼하23:2 "여호와의 영이 나를 통하여 말씀하심이여 그의 말씀이 내 혀에 있도다"

계2:7 "귀 있는 자는 성령이 교회들에게 하시는 말씀을 들을지어다 이기는 그에게는 내가 하나님의 낙원에 있는 생명나무의 열매를 주어 먹게 하리라"

5) 사람들은 성령님을 욕되게 할 수도 있습니다.

　사람들은 성령님을 욕되게 할 수 있으나 성령님을 욕되게 하는 자는 중한 형벌을 받게 됩니다. 우리가 진리를 아는 지식을 받은 후 짐짓 죄를 범하면 성령을 욕되게 하는 것이며 대적하는 자를 소멸할 맹렬한 불만 있을 것입니다(히10:26-27). 모세의 법(율법)을 폐한 자도 두세 증인으로 불쌍히 여김을 받지 못하고 죽었습니다. 그러므로 은혜의 성령을 욕되게 하는 자는 더 무거운 형벌을 받습니다(히10:28-29). 성령을 욕되게 하는 것은 자기를 거룩하게 한 예수 그리스도의 피를 부정하는 것입니다.

> **히10:26-27** "우리가 진리를 아는 지식을 받은 후 짐짓 죄를 범한즉 다시 속죄하는 제사가 없고 오직 무서운 마음으로 심판을 기다리는 것과 대적하는 자를 태울 맹렬한 불만 있으리라"
> **히10:28-29** "모세의 법을 폐한 자도 두세 증인으로 불쌍히 여김을 받지 못하고 죽었거든 하물며 하나님의 아들을 짓밟고 자기를 거룩하게 한 피를 부정한 것으로 여기고 은혜의 성령을 욕되게 하는 자가 당연히 받을 형벌은 얼마나 더 무겁겠느냐 너희는 생각하라"

6) 사람들은 성령님을 속일 수도 있습니다.

　사람들은 성령님을 속일 수 있으나 성령님을 속이는 자는 불행한 결과를 초래하게 됩니다. 아나니아와 삽비라는 사탄이 그 마음에 가득하여 성령님을 속였기에 사도 베드로가 그 사실을 말할 때 그 자리에서 엎드려져 죽었습니다(행5:3-5).

행5:3-5 "베드로가 이르되 아나니아야 어찌하여 사탄이 네 마음에 가득하여 네가 성령을 속이고 땅 값 얼마를 감추었느냐 땅이 그대로 있을 때에는 네 땅이 아니며 판 후에도 네 마음대로 할 수가 없더냐 어찌하여 이 일을 네 마음에 두었느냐 사람에게 거짓말한 것이 아니요 하나님께로다 아나니아가 이 말을 듣고 엎드러져 혼이 떠나니 이 일을 듣는 사람이 다 크게 두려워하더라"

7) 사람들은 성령님을 훼방할 수도 있습니다.

사람들은 성령님을 훼방할 수 있으나 성령님을 훼방한 자는 사하심을 얻지 못합니다. 성령님을 훼방하고 거역하는 것은 계획적이고 의도적인 것입니다. 성령님의 능력을 몰라서가 아니라 의도적으로 성령님의 능력을 사탄의 행위로 돌리는 것은 사하심을 얻을 수 없는 죄입니다.

귀신들려 눈 멀고 벙어리 된 자를 예수님께서 고쳐 주시므로 그 벙어리가 말하며 보게 되었습니다. 그런데 바리새인들은 이를 듣고 예수님이 귀신의 왕 바알세불을 힘입어 귀신을 쫓아낸다고 말했습니다(마12:24). 이는 바리새인들이 성령님을 훼방한 것입니다. 그들은 귀신의 왕 바알세불을 힘입어 귀신을 쫓아낼 수 없음을 알면서도 의도적으로 예수님이 귀신의 왕 바알세불을 힘입어 귀신을 쫓아낸다고 말한 것입니다. 그래서 예수님은 자신이 성령님을 힘입어 귀신을 쫓아낸 것이라고 말씀하시며(마12:28), 성령님을 훼방하는 것은 사하심을 얻지 못하고 말로 성령님을 거역하면 이 세상과 오는 세상에도 사하심을 얻지 못함을 말씀하셨습니다(마12:31-32).

마12:24 "바리새인들이 듣고 이르되 이가 귀신의 왕 바알세불을 힘입지 않고는 귀신을 쫓아내지 못하느니라 하거늘"

마12:28 "그러나 내가 하나님의 성령을 힘입어 귀신을 쫓아내는 것이면 하나님의 나라가 이미 너희에게 임하였느니라"

마12:31-32 "그러므로 내가 너희에게 이르노니 사람에 대한 모든 죄와 모독은 사하심을 얻되 성령을 모독하는 것은 사하심을 얻지 못하겠고 또 누구든지 말로 인자를 거역하면 사하심을 얻되 누구든지 말로 성령을 거역하면 이 세상과 오는 세상에서도 사하심을 얻지 못하리라"

8) 사람들은 성령님을 거스를 수도 있습니다.

사람들은 성령님을 거스를 수 있으나 성령님을 거스르는 자는 겉으로는 믿는 자처럼 보이나 실상은 하나님께 반역하는 것입니다. 유대인의 조상들은 성령님을 거슬렸기에 의인이신 예수님이 오리라고 예고한 선지자들을 박해하고 죽였습니다. 그리고 유대인들은 성령님을 거슬렸기에 의인이신 예수님을 잡아준 자요 살인한 자가 되었습니다(행7:51-52). 예수님과 성령 받은 사역자들을 박해하는 것은 성령님을 거스르는 것입니다.

행7:51-52 "목이 곧고 마음과 귀에 할례를 받지 못한 사람들아 너희도 너희 조상과 같이 항상 성령을 거스르는도다 너희 조상들이 선지자들 중의 누구를 박해하지 아니하였느냐 의인이 오시리라 예고한 자들을 그들이 죽였고 이제 너희는 그 의인을 잡아 준 자요 살인한 자가 되나니"

9) 사람들은 성령님을 소멸할 수도 있습니다.

이 말씀은 예수님을 믿고 성령 받은 자들에게 하신 말씀입니다. 예수님을 믿고 성령 받은 성도들도 실제로 성령님을 소멸할 수도 있습니다. 갈라디아 지방에 있는 교회들의 성도들은 성령으로 시작하였다가 육체로 마치려고 하였습니다(갈3:3). 또한 사울 왕은 성령님이 그에게서 떠나셨으며 악령이 그를 번뇌하게 했습니다(삼상16:14). 이를 보고 알았던 다윗은 하나님께 성령을 거두지 마시기를 간구하였습니다(시51:11). 그러므로 우리는 성령을 소멸하지 말고(살전5:19), 오직 성령으로 충만함을 받아야 합니다(엡5:18).

> **갈3:3** "너희가 이같이 어리석으냐 성령으로 시작하였다가 이제는 육체로 마치겠느냐"
>
> **삼상16:14** "여호와의 영이 사울에게서 떠나가고 여호와께서 부리시는 악령이 그를 번뇌하게 한지라"
>
> **시51:11** "나를 주 앞에서 쫓아내지 마시며 주의 성령을 내게서 거두지 마소서"
>
> **살전5:19** "성령을 소멸하지 말며"
>
> **엡5:18** "술 취하지 말라 이는 방탕한 것이니 오직 성령으로 충만함을 받으라"

3. 삼위일체론의 성령 하나님

성령님은 하나님이십니다. 우리는 성령 하나님을 알아야 합니다. 우리가 성령 하나님을 알기 위해서는 삼위일체 하나님을 알아야 합니다. 하나님은 삼위일체로 존재하시며 역사(일)하십니다. 성령님은 삼위일체(신학적 용어) 하나님의 제3위(신학적 용어)입니다. 하나님은 성부(제1위), 성자(제2위), 성령(제3위) 삼위로 존재하시며 역사하시는데 한 분이십니다.

하나님에게서 삼위를 무시하면 양태론(하나님이 모양만 바꾼다는 주장)에 빠집니다. 또한 하나님에게서 일체를 무시하면 삼신론(하나님이 세 분이시다는 주장)에 빠집니다. 양태론이나 삼신론은 잘못된 주장(학설)입니다. 하나님은 삼위로 계시며 모양만 바꾸시는 것이 아닙니다. 또한 하나님은 삼위로 계시지만 세 분이 아니고 한 분이십니다. 하나님은 한 분이십니다. 그런데 한 분이신 하나님이 성부, 성자, 성령 삼위로 존재하시며 역사하십니다. 그리고 성부, 성자, 성령 삼위 하나님은 서로 동등하십니다. 성경에는 성부, 성자, 성령 삼위 하나님을 말씀하고 있습니다(마28:19, 고전12:4-6, 고후13;13). 그리고 성경에서 삼위 하나님을 말할 때 '우리'라고 말씀했습니다(창1:26).

마28:19 "그러므로 너희는 가서 모든 민족을 제자로 삼아 아버지와 아들과 성령의 이름으로 세례를 베풀고"

고전12:4-6 "은사는 여러 가지나 성령은 같고 직분은 여러 가지나 주는 같으며 또 사역은 여러 가지나 모든 것을 모든 사람 가운데서 이루시는 하나님은 같으니"

고후13:13 "주 예수 그리스도의 은혜와 하나님의 사랑과 성령의 교통하심이 너희 무리와 함께 있을지어다"

창1:26 "하나님이 이르시되 우리의 형상을 따라 우리의 모양대로 우리가 사람을 만들고 그들로 바다의 물고기와 하늘의 새와 가축과 온 땅과 땅에 기는 모든 것을 다스리게 하자 하시고"

'삼위일체' 용어는 성경에는 없는 용어입니다. 삼위일체는 신학적인 용어입니다. 그리고 삼위일체는 오직 하나님의 존재 양식과 하나님의 역사하심을 나타내는 용어입니다. 피조물 중에는 삼위일체로 존재하며 역사하는 피조물이 없습니다. 그러므로 삼위일체 하나님을 피조물을 예로 들어 설명할 수가 없습니다. 삼위일체 하나님은 이해하여 알 수 있는 분이 아닙니다. 삼위일체 하나님은 믿음으로 알 수 있는 분이십니다.

1) 삼위일체 하나님의 존재

하나님은 한 분이신데 삼위로 존재하십니다. 성경에는 한 분이신 하나님이 삼위로 존재하심이 나타납니다. 예수님이 세례를 받으시고 물에서 올라오실 때와 스데반이 순교를 당할 때 하나님이 삼위로 존재하심이 나타납니다.

① 예수님이 세례를 받으시고 물에서 올라오실 때(마3:16-17)
예수님이 세례 요한에게 세례를 받으시고 물에서 올라오실 때 성령님이 비둘기 같이 예수님에게 임하셨습니다. 이 때 한 분이신 하나님이 삼위로 존재하심이 나타납니다.

마3:16-17 "예수께서 세례를 받으시고 곧 물에서 올라오실새 하늘이 열리고 하나님의 성령이 비둘기 같이 내려 자기 위에 임하심을 보시더니 하늘로부터 소리가 있어 말씀하시되 이는 내 사랑하는 아들이요 내 기뻐하는 자라 하시니라"

이 경우에 성부 하나님은 하늘에서 말씀하셨고, 성자 하나님(예수님)은 세례를 받으시고 물에서 올라오셨으며, 성령 하나님은 비둘기 같이 예수님 위에 임하셨습니다.

② 스데반이 순교를 당할 때(행7:55-56)

스데반이 돌에 맞아 순교를 당할 때 한 분이신 하나님이 삼위로 존재하심이 나타납니다.

행7:55-56 "스데반이 성령 충만하여 하늘을 우러러 주목하여 하나님의 영광과 및 예수께서 하나님 우편에 서신 것을 보고 말하되 보라 하늘이 열리고 인자가 하나님 우편에 서신 것을 보노라 하신대"

이 경우에 성부 하나님은 하늘 영광의 보좌에 계셨으며, 성자 하나님(예수님)은 성부 하나님의 우편에 서 계셨고, 성령 하나님은 스데반에게 임하여 계셨습니다. 스데반은 하나님의 영광과 하나님 우편에 서 계신 예수님을 성령으로 본 것입니다.

2) 삼위일체 하나님의 역사 (사역)

하나님은 한 분이신데 삼위로 역사(일)하십니다. 성경에는 한 분이신 하나님이 삼위로 역사하심이 나타납니다. 천지창조와 예수님의 탄생과 예수님의 십자가의 죽으심(대속)과 예수님의 부활에서 하나님이 삼위로 역사하심이 나타납니다. 또한 성령님이 오심과 성도들을 축복함과 성도들에게 은사를 주시고 직임을 주시며 사역하심에서도 하나님이 삼위로 역사하심이 나타납니다.

① 천지창조

천지창조에서 삼위 하나님의 역사하심이 나타납니다. 천지창조는 성부, 성자, 성령 하나님의 역사입니다. 천지창조에서 성부 하나님은 천지를 창조하셨고(창1:1), 성자 하나님(예수님)은 천지를 창조하신 말씀이시며, 성령 하나님은 천지를 창조하신 하나님의 능력(하나님의 손)이십니다. 하나님이 천지를 창조하실 때 성령님은 수면 위에 운행하셨습니다(창1:2). 그리고 모든 만물이 예수님으로 말미암아 지은 바 되었습니다(요1:3).

> **창1:1** "태초에 하나님이 천지를 창조하시니라"
> **창1:2** "땅이 혼돈하고 공허하며 흑암이 깊음 위에 있고 하나님의 영은 수면 위에 운행하시니라"
> **요1:3** "만물이 그로 말미암아 지은 바 되었으니 지은 것이 하나도 그가 없이는 된 것이 없느니라"

② 예수님의 탄생

예수님의 탄생에서 삼위 하나님의 역사하심이 나타납니다. 예수님의 탄생은 성부, 성자, 성령 하나님의 역사입니다. 예수님의 탄생에서 성부 하나님은 그 아들 예수님을 세상에 보내셨고(요3:17), 성령 하나님은 예수님이 잉태되게 하셨으며(마1:18), 성자 하나님은 잉태되어 나심으로 세상에 오셨습니다.

> **요3:17** "하나님이 그 아들을 세상에 보내신 것은 세상을 심판하려 하심이 아니요 그로 말미암아 세상이 구원을 받게 하려 하심이라"
> **마1:18** "예수 그리스도의 나심은 이러하니라 그의 어머니 마리아가 요셉과 약혼하고 동거하기 전에 성령으로 잉태된 것이 나타났더니"

③ 예수님의 십자가에 죽으심(대속)

예수님의 십자가에 죽으심(대속)에서 삼위 하나님의 역사하심이 나타납니다. 예수님의 십자가에 죽으심은 성부, 성자, 성령 하나님의 역사입니다. 예수님의 십자가의 죽으심(대속)에서 성부 하나님은 예수님을 받으셨고, 성자 하나님은 자기를 아버지께 드리셨으며, 성령 하나님은 예수님을 아버지께 드리게 하셨습니다(히9:14).

히9:14 "하물며 영원하신 성령으로 말미암아 흠 없는 자기를 하나님께 드린 그리스도의 피가 어찌 너희 양심을 죽은 행실에서 깨끗하게 하고 살아 계신 하나님을 섬기게 하지 못하겠느냐"

④ 예수님의 부활

예수님의 부활에서 삼위 하나님의 역사하심이 나타납니다. 예수님의 부활은 성부, 성자, 성령 하나님의 역사입니다. 예수님의 부활에서 성부 하나님은 예수님을 죽은 자 가운데서 살리셨고, 성자 하나님은 죽은 자 가운데서 살아나셨으며, 성령 하나님은 예수님을 죽은 자 가운데서 살리신 능력이십니다(롬8:11). 성령님은 예수님을 죽은 자 가운데서 살리신 하나님의 영이십니다.

롬8:11 "예수를 죽은 자 가운데서 살리신 이의 영이 너희 안에 거하시면 그리스도 예수를 죽은 자 가운데서 살리신 이가 너희 안에 거하시는 그의 영으로 말미암아 너희 죽을 몸도 살리시리라"

⑤ 성령님의 강림(오심)

성령님의 강림에서 삼위 하나님의 역사하심이 나타납니다. 성령님의 강림은 성부, 성자, 성령 하나님의 역사입니다. 성령님의 강림에서 성부 하나님은 성령님을 보내셨고(요14:26), 성자 하나님은 아버지께서 성령님을 보내시도록 구하셨으며(요14:16), 성령 하나님은 오셨습니다.

> **<u>요14:26</u>** "보혜사 곧 아버지께서 내 이름으로 보내실 성령 그가 너희에게 모든 것을 가르치고 내가 너희에게 말한 모든 것을 생각나게 하리라"
>
> **<u>요14:16</u>** "내가 아버지께 구하겠으니 그가 또 다른 보혜사를 너희에게 주사 영원토록 너희와 함께 있게 하리니"

⑥ 성도들을 축복함(은혜와 사랑과 교통을 주심)

성도들에게 은혜와 사랑과 교통을 주심(축복함)에서 삼위 하나님의 역사가 나타납니다. 성자 하나님은 성도들에게 은혜를 주시고, 성부 하나님은 사랑하시며, 성령 하나님은 교통하십니다(고후13:13).

> **<u>고후13:13</u>** "주 예수 그리스도의 은혜와 하나님의 사랑과 성령의 교통하심이 너희 무리와 함께 있을지어다"

⑦ 성도들에게 은사와 직임을 주시며 사역하심

성도들에게 은사와 직임(직분)을 주시며 사역하심에서 삼위 하나님의 역사가 나타납니다. 성령 하나님은 성도들에게 은사를 주시며, 성자 하나님은 직임을 주시고, 성부 하나님은 모든 것을 이루십니다(고전12:4-6).

> **<u>고전12:4-6</u>** "은사는 여러 가지나 성령은 같고 직분은 여러 가지나 주는 같으며 또 사역은 여러 가지나 모든 것을 모든 사람 가운데서 이루시는 하나님은 같으니"

하나님은 한 분이신데 삼위로 존재하시며 삼위로 역사하십니다. 삼위 하나님은 언제나 함께 역사하십니다. 그러므로 하나님의 모든 일은 삼위 하나님의 역사입니다.

3) 성부 하나님과 성령 하나님의 관계

성부 하나님과 성령 하나님은 어떤 관계가 있을까요? 성부 하나님은 성령으로 성도들에게 모든 것을 보이십니다. 또한 성부 하나님은 성도들에게 성령을 부어주십니다. 그리고 성령 하나님은 성부 하나님의 깊은 것까지도 통달하십니다. 또한 성령 하나님은 성부 하나님의 뜻대로 행하십니다.

① 성부 하나님은 성령으로 성도들에게 모든 것을 보이십니다.
하나님은 자기를 사랑하는 자들을 위하여 모든 것을 예비하셨습니다. 그런데 하나님이 예비하신 모든 것은 사람들이 눈으로 보지 못하고 귀로도 듣지 못하고 마음으로도 생각하지 못합니다. 이는 오직 하나님이 성령으로 이것을 보이시기 때문입니다(고전2:9-10). 그래서 하나님이 주신 모든 것은 성령으로 아니하고는 누구도 알 수가 없습니다.

고전2:9-10 "기록된 바 하나님이 자기를 사랑하는 자들을 위하여 예비하신 모든 것은 눈으로 보지 못하고 귀로 듣지 못하고 사람의 마음으로 생각하지 못하였다 함과 같으니라 오직 하나님이 성령으로 이것을 우리에게 보이셨으니 성령은 모든 것 곧 하나님의 깊은 것까지도 통달하시느니라"

② 성부 하나님은 성도들에게 성령을 부어 주십니다.

하나님은 말세에 그 영을 모든 육체(성도)에게 부어 주리라고 말씀하셨습니다(행2:17). 그리고 하나님은 부르신 모든 자들에게 성령을 주십니다(행2:39). 하나님은 그 보내신 예수님에게도 성령을 한량없이 주셨습니다(요3:34). 하나님이 성령을 주신 것은 은혜로 주신 것들을 알게 하려고 성령을 주셨습니다(고전2:12). 그리고 하나님은 구원하시고 인도하신 하나님을 반역하여 성령님을 근심하게 한 이스라엘의 대적이 되셔서 그들을 치셨습니다(사63:10).

> **행2:17** "하나님이 말씀하시기를 말세에 내가 내 영을 모든 육체에 부어 주리니 너희의 자녀들은 예언할 것이요 너희의 젊은이들은 환상을 보고 너희의 늙은이들은 꿈을 꾸리라"
> **행2:39** "이 약속은 너희와 너희 자녀와 모든 먼 데 사람 곧 주 우리 하나님이 얼마든지 부르시는 자들에게 하신 것이라 하고"
> **요3:34** "하나님이 보내신 이는 하나님의 말씀을 하나니 이는 하나님이 성령을 한량없이 주심이니라"
> **고전2:12** "우리가 세상의 영을 받지 아니하고 오직 하나님으로부터 온 영을 받았으니 이는 우리로 하여금 하나님께서 우리에게 은혜로 주신 것들을 알게 하려 하심이라"
> **사63:10** "그들이 반역하여 주의 성령을 근심하게 하였으므로 그가 돌이켜 그들의 대적이 되사 친히 그들을 치셨더니"

그러므로 우리는 하나님이 부어 주시는 성령을 받아야 합니다. 우리가 하나님이 주시는 성령을 받아야 하나님께서 은혜로 주신 것들을 알 수 있습니다. 또한 우리가 성령을 받아야 하나님의 말씀을 하고 하나님의 일을 합니다.

③ 성령 하나님은 성부 하나님의 뜻대로 행하십니다.

성령 하나님은 성부 하나님의 깊은 것까지도 통달하시며 하나님의 일 (사정)을 아십니다(고전2:10-11). 또한 성령 하나님은 성부 하나님의 뜻 대로 성도를 위하여 간구하십니다(롬8:27). 그리고 성령 하나님은 스스로 (자의로) 말씀하시지 않고 오직 성부 하나님께 들은 것을 말씀하십니다(요 16:13). 그래서 성령 받은 자는 하나님의 뜻대로 행하며 하나님의 말씀을 말합니다. 그러므로 우리는 반드시 성령을 받아야 합니다.

> **고전2:10-11** "오직 하나님이 성령으로 이것을 우리에게 보이셨으니 성령은 모든 것 곧 하나님의 깊은 것까지도 통달하시느니라 사람의 일을 사람의 속에 있는 영외에 누가 알리요 이와 같이 하나님의 일도 하나님 의 영외에는 아무도 알지 못하느니라"
> **롬8:27** "마음을 살피시는 이가 성령의 생각을 아시나니 이는 성령이 하 나님의 뜻대로 성도를 위하여 간구하심이니라"
> **요16:13** "그러나 진리의 성령이 오시면 그가 너희를 모든 진리 가운데 로 인도하시리니 그가 스스로 말하지 않고 오직 들은 것을 말하며 장래 일을 너희에게 알리시리라"

성부 하나님은 성령을 우리에게 주시며, 성령으로 역사하십니다. 그리 고 성령 하나님은 성부 하나님의 뜻대로 우리에게 행하십니다. 그러므로 우리는 반드시 성령을 받아야 합니다.

4) 성자 하나님(예수님)과 성령 하나님의 관계

　　예수님과 성령님은 어떤 관계가 있을까요? 예수님은 제자들에게 성령님을 증언하셨습니다. 또한 예수님은 제자들에게 성령을 받으라고 명하셨으며 아버지께로 가셔서 아버지께 구하여 성령을 보내셨습니다. 그리고 예수님의 보내심을 받은 성령님은 예수님을 증언하시며 예수님께 들은 것을 말하시며 예수님의 것을 가지고 알리시며 예수님의 영광을 나타내십니다.

　　① 예수님은 제자들에게 성령님을 가르쳐 증언하셨습니다.

　　예수님은 자기가 아버지께로 가시면 보내실 성령님에 대하여 제자들에게 가르쳐 증언하셨습니다. 예수님은 자신이 성령님을 아버지께 구하여 제자들에게 주셔서 성령님으로 제자들과 영원토록 함께 있게 할 것을 가르치시고 또 성령님은 진리의 영이라고 가르치셨습니다(요14:16-17). 또한 예수님은 아버지께서 예수 이름으로 보내실 성령님이 제자들에게 모든 것을 가르치시고 예수님이 제자들에게 말한 모든 것을 생각나게 하시리라고 제자들에게 가르치셨습니다(요14:26). 그리고 예수님은 진리의 성령님이 오시면 성령님이 제자들을 모든 진리 가운데로 인도하시리라고 제자들에게 가르치셨습니다(요16:13).

　　요14:16-17 "내가 아버지께 구하겠으니 그가 다른 보혜사를 너희에게 주사 영원토록 너희와 함께 있게 하리니 그는 진리의 영이라 세상은 능히 그를 받지 못하나니 이는 그를 보지도 못하고 알지도 못함이라 그러나 너희는 그를 아나니 그는 너희와 함께 거하심이요 또 너희 속에 계시겠음이라"

　　요14:26 "보혜사 곧 아버지께서 내 이름으로 보내실 성령 그가 너희

에게 모든 것을 가르치고 내가 너희에게 말한 모든 것을 생각나게 하리
라"

<u>요16:13</u> "그러나 진리의 성령이 오시면 그가 너희를 모든 진리 가운데
로 인도하시리니 그가 스스로 말하지 않고 오직 들은 것을 말하며 장래
일을 너희에게 알리시리라"

② 예수님은 제자들에게 성령을 받으라고 명하시고 성령을 주셨습니다.

예수님은 부활하신 후에 제자들을 만나 "성령을 받으라"고 명하셨습니
다(요20:22). 또 예수님은 승천하시면서도 제자들에게 "예루살렘을 떠나
지 말고 아버지께서 약속하신 것(성령)을 기다리라"고 명하셨으며(행1:4),
"너희는 몇 날이 못 되어 성령으로 세례를 받으리라"고 약속하셨습니다(행
1:5). 그리고 승천하신 예수님은 약속하신 대로 성령을 아버지께 받아서
제자들에게 부어주셨습니다(행2:33). 예수님은 세상에 계실 때에는 성령
님을 모독(훼방)하는 것을 엄히 경고하셨습니다(마12:31).

<u>요20:22</u> "이 말씀을 하시고 그들을 향하사 숨을 내쉬며 이르시되 성령
을 받으라"

<u>행1:4</u> "사도와 함께 모이사 그들에게 분부하여 이르시되 예루살렘을 떠
나지 말고 내게서 들은 바 아버지께서 약속하신 것을 기다리라"

<u>행1:5</u> "요한은 물로 세례를 베풀었으나 너희는 몇 날이 못 되어 성령으
로 세례를 받으리라 하셨느니라"

<u>행2:33</u> "하나님이 오른손으로 예수를 높이시매 그가 약속하신 성령을
아버지께 받아서 너희가 보고 듣는 이것을 부어 주셨느니라"

<u>마12:31</u> "그러므로 내가 너희에게 이르노니 사람에 대한 모든 죄와 모
독은 사하심을 얻되 성령을 모독하는 것은 사하심을 얻지 못하겠고"

③ 성령님은 예수님을 증언하십니다.

하나님 아버지와 아들 예수님의 보내심을 받아 예수 그리스도를 믿는 자들에게 오신 성령님은 예수님을 증언하십니다. 예수님을 증언하는 이는 성령님이십니다(요일5:6, 요15:26). 성령님은 스스로(자의로) 말하지 않고 오직 예수님께 들은 것을 말하시며 예수님의 것을 가지고 알리시며 예수님의 영광을 나타내십니다(요16:13-14). 그러므로 누구든지 성령님의 증언을 받아야 예수님을 알고 믿을 수 있습니다(고전12:3).

> **요일5:6** "이는 물과 피로 임하신 자니 곧 예수 그리스도라 물로만 아니요 물과 피로 임하셨고 증언하는 이는 성령이시니 성령은 진리니라"
>
> **요15:26** "내가 아버지께로부터 너희에게 보낼 보혜사 곧 아버지께로부터 나오시는 진리의 성령이 오실 때에 그가 나를 증언하실 것이요"
>
> **요16:13-14** "그러나 진리의 성령이 오시면 그가 너희를 모든 진리 가운데로 인도하시리니 그가 스스로 말하지 않고 오직 들은 것을 말하며 장래 일을 너희에게 알리시리라 그가 내 영광을 나타내리니 내 것을 가지고 너희에게 알리시겠음이라"
>
> **고전12:3** "그러므로 내가 너희에게 알리노니 하나님의 영으로 말하는 자는 누구든지 예수를 저주할 자라 하지 아니하고 또 성령으로 아니하고는 누구든지 예수를 주시라 할 수 없느니라"

우리는 성령 하나님을 알아야 합니다. 성령님은 하나님이시며 인격을 가지고 계십니다. 하나님이시며 인격을 가지고 계신 성령님이 우리와 함께 거하시고 우리 속(마음)에 계십니다. 그리고 성령님은 우리를 사랑하십니다. 그러므로 우리는 하나님이신 성령님을 사랑하며 경외하며 섬겨야 합니다.

성령님은 삼위일체 하나님의 제3위이신 하나님이십니다. 하나님은 한 분이신데 삼위로 존재하시며 삼위로 사역하십니다. 그러므로 하나님의 모든 사역은 성령님의 사역이며, 예수님의 모든 사역도 성령님의 사역입니다.

성부 하나님은 아들 예수님을 보내심과 같이 성령님을 보내셨습니다. 지금은 성령님이 오셔서 사역하십니다. 그러므로 우리는 성령님을 받아야 (영접해야) 합니다. 우리가 성령님을 영접하는 것은 곧 예수님을 영접하는 것입니다. 이는 성령님은 예수님의 영이시기 때문입니다. 또한 우리가 성령님을 영접하는 것은 하나님 아버지를 영접하는 것입니다. 이는 성령님은 하나님의 영이시기 때문입니다. 그리고 성부, 성자, 성령은 한 분이시기 때문입니다. 할렐루야! 아멘.

2장

성령님의 명칭과 상징을 압시다

1. 성령님의 명칭
2. 성령님의 상징

성령님은 인격을 가지고 계셔서 우리와 교통하며 교제하시는 하나님이십니다. 그런데 성경에는 성령님의 명칭이 여러 가지로 사용되어 있습니다. 그리고 성령님의 여러 명칭에는 각각 그 의미가 있습니다. 우리는 성령님의 명칭에서 성령님의 인격 즉 성령님이 어떤 분이신가를 알 수 있고, 성령님의 사역 즉 성령님이 어떤 일을 하시는가를 알 수 있습니다. 또한 성경에는 성령님이 여러 가지로 상징되어 있습니다. 그리고 성령님의 여러 상징에도 각각 그 의미가 있습니다. 우리는 성령님의 상징에서 성령님이 임하실 때 나타나는 현상과 성령님이 하시는 사역 즉 성령을 받은 자가 어떻게 되는가를 알 수 있습니다.

1. 성령님의 명칭

성령님의 명칭에는 성령님의 속성과 관련된 명칭이 있고, 성부 하나님과 관련된 명칭이 있으며, 예수님과 관련된 명칭이 있고, 성령님의 사역과 관련된 명칭이 있습니다.

1) 성령님의 속성과 관련된 성령님의 명칭

성령님의 속성과 관련된 명칭으로는 '영', '성령', '영광의 영', '영원하신 성령', '일곱 영'이란 명칭이 있습니다. 이 명칭들은 성령님이 거룩하시며, 영광스러우시고, 영원하시며, 완전하신 영이심을 말합니다.

① 영
성령님을 '영'이라 부릅니다(롬7:6, 롬8:13). 성경에서 성령님의 명칭으로 사용된 가장 단순한 명칭은 '영(the Spirit)'입니다. 성령님을 '영'이

라 부름은 성령님이 영으로 오셨기 때문입니다. 영이라 번역된 헬라어 '프뉴마'는 문자적으로 '호흡, 바람'을 의미합니다. 성령님의 '영'이라는 명칭에는 이 두 가지 뜻이 있습니다.

> **롬7:6** "이제는 우리가 얽매였던 것에 대하여 죽었으므로 율법에서 벗어났으니 이러므로 우리가 영의 새로운 것으로 섬길 것이요 율법 조문의 묵은 것으로 아니할지니라"
>
> **롬8:13** "너희가 육신대로 살면 반드시 죽을 것이로되 영으로써 몸의 행실을 죽이면 살리니"

성경에는 성령님을 호흡과 관련하여 말씀합니다. 예수님이 부활하신 후 제자들에게 나타나셔서 숨을 내쉬며 "성령을 받으라"고 말씀하셨습니다(요20:22). 성령님을 호흡과 관련하여 말씀하신 것은 호흡이 생명을 의미하듯이 성령님은 생명을 주시기 때문입니다. 그래서 만일 우리 속에 성령님이 계시지 아니하면 우리는 그리스도의 사람이 아닙니다(롬8:9). 성령님이 속에 계시지 아니하면 그는 생명이 없는 사람입니다.

> **요20:22** "이 말씀을 하시고 그들을 향하사 숨을 내쉬며 이르시되 성령을 받으라"
>
> **롬8:9** "만일 너희 속에 하나님의 영이 거하시면 너희가 육신에 있지 아니하고 영에 있나니 누구든지 그리스도의 영이 없으면 그리스도의 사람이 아니라"

또한 성경에는 성령님을 바람과 관련하여 말씀합니다. 성령님이 강림하실 때 하늘로부터 급하고 강한 바람 같은 소리가 제자들이 앉은 온 집에 가득했습니다(행2:2). 성령님이 임하실 때 급하고 강한 바람 같은 소리의 증상이 나타난 것입니다. 그리고 예수님께서 니고데모에게 성령으로 거듭 남에 대하여 말씀하실 때 성령으로 거듭난 사람을 바람이 부는 것과 같다고 말씀하셨습니다(요3:6-8). 바람이 임의로 부는 것처럼 성령님도 그 뜻대로 행하십니다. 또한 우리가 바람 그 자체는 볼 수 없으나 바람의 소리는 들을 수 있는 것처럼 성령님을 볼 수 없으나 성령님을 느끼고 그가 하시는 일을 볼 수 있습니다. 성령님은 보이지 않는 영이십니다. 그러나 성령님은 실제로 계시고 우리가 지각할 수 있는 분이십니다.

행2:2 "홀연히 하늘로부터 급하고 강한 바람 같은 소리가 있어 그들이 앉은 온 집에 가득하며"
요3:6-8 "육으로 난 것은 육이요 영으로 난 것은 영이니 내가 네게 거듭 나야 하겠다 하는 말을 놀랍게 여기지 말라 바람이 임의로 불매 어디서 와서 어디로 가는지 알지 못하나니 성령으로 난 사람도 다 그러하니라"

② 성령

성령님을 '성령'이라 부릅니다(눅11:13). 성령님을 '성령'이라 부름은 성령님은 거룩하신 영이시기 때문입니다. 성령님은 거룩하신 영이십니다. 그러므로 우리는 성령님이 거룩하신 영이심을 알고 우리 마음에 오시도록 기도해야 합니다. 그러나 만일 우리가 불결함과 이기심과 세상적인 마음과 죄를 버리려고 생각하지 않으면서 거룩하신 성령님께서 우리 마음에 오시도록 구하면 이는 잘못된 것입니다. 우리는 거룩하신 영이신 성령님께서 우리 마음과 삶을 전적으로 지배하시도록 우리 자신을 맡겨 드려야 합니다.

눅11:13 "너희가 악할지라도 좋은 것을 자식에게 줄 줄 알거든 하물며 너희 하늘 아버지께서 구하는 자에게 성령을 주시지 않겠느냐 하시니라"

③ 영광의 영

성령님을 '영광의 영'이라 부릅니다(벧전4:14). 성령님을 '영광의 영'이라 부름은 성령님 자신이 무한하게 영광스러운 분이시기 때문입니다. 뿐만 아니라 성령님은 하나님의 영광을 우리에게 주시는 분이기 때문입니다. 그러므로 영광의 영이 그 위에 계신 자는 그리스도의 이름으로 치욕을 당합니다. 그리고 그리스도의 고난에 참여하는 자들은 그의 영광을 나타내실 때에 즐거워하고 기뻐하게 될 것입니다(벧전4:13).

벧전4:14 "너희가 그리스도의 이름으로 치욕을 당하면 복 있는 자로다 영광의 영 곧 하나님의 영이 너희 위에 계심이라"

벧전4:13 "오히려 너희가 그리스도의 고난에 참여하는 것으로 즐거워하라 이는 그의 영광을 나타내실 때에 너희로 즐거워하고 기뻐하게 하려 함이라"

④ 영원하신 성령

성령님을 '영원하신 성령'이라 부릅니다(히9:14). 성령님을 '영원하신 성령'이라 부름은 성령님은 영원하신 분이시기 때문입니다. 영원하신 성령이란 성령님의 영원성, 신성, 무한한 위엄을 나타냅니다.

히9:14 "하물며 영원하신 성령으로 말미암아 흠 없는 자기를 하나님께 드린 그리스도의 피가 어찌 너희 양심을 죽은 행실에서 깨끗하게 하고 살아 계신 하나님을 섬기게 하지 못하겠느냐"

⑤ 일곱 영

성령님을 '일곱 영'이라 부릅니다. 특별히 하나님 보좌 앞에 계신 성령님(계1:4, 4:5)과 부활하시고 승천하신 예수님에게 계신 성령님(계3:1, 5:6)을 '일곱 영'이라 부릅니다. 성령님을 '일곱 영'이라 부름은 성령님은 완전한 분이시며 그 사역이 다양하고 완전하시기 때문입니다. 일곱은 완전수입니다.

> **계1:4** "요한은 아시아에 있는 일곱 교회에 편지하노니 이제도 계시고 전에도 계셨고 장차 오실 이와 그의 보좌 앞에 있는 일곱 영과"
> **계4:5** "보좌로부터 번개와 음성과 우렛소리가 나고 보좌 앞에 켠 등불 일곱이 있으니 이는 하나님의 일곱 영이라"
> **계3:1** "사데 교회의 사자에게 편지하라 하나님의 일곱 영과 일곱 별을 가지신 이가 이르시되 내가 네 행위를 아노니 네가 살았다 하는 이름은 가졌으나 죽은 자로다"
> **계5:6** "내가 또 보니 보좌와 네 생물과 장로들 사이에 한 어린 양이 서 있는데 일찍이 죽임을 당한 것 같더라 그에게 일곱 뿔과 일곱 눈이 있으니 이 눈들은 온 땅에 보내심을 받은 하나님의 일곱 영이더라"

2) 성부 하나님과 관련된 명칭

성부 하나님과 관련된 명칭으로는 하나님의 성령, 여호와의 영, 살아 계신 하나님의 영, 약속의 성령이란 명칭이 있습니다.

성부 하나님과 관련된 성령님의 명칭은 성부 하나님과 성령 하나님의 관계를 말씀합니다. 성령님은 하나님께 속하시고 하나님으로부터 오셨으며, 살아 계신 하나님을 경험하게 하십니다. 그리고 성령님은 하나님의 약속으로 오셨습니다.

① 하나님의 성령

성령님을 '하나님의 성령'이라 부릅니다(고전3:16). 성령님을 '하나님의 성령'이라 부름은 성령님이 하나님께 속한 영이시기 때문입니다. 성령님의 기원은 하나님이십니다. 성령님의 성품은 하나님의 성품이요 성령님의 능력은 하나님의 능력입니다. 성령님은 하나님으로부터 오셨습니다(고전2:12). 즉 하나님이 성령을 주십니다. 그러므로 우리는 영들이 하나님께 속하였나를 분별해야 합니다(요일4:1).

> **고전3:16** "너희는 너희가 하나님의 성전인 것과 하나님의 성령이 너희 안에 계시는 것을 알지 못하느냐"
>
> **고전2:12** "우리가 세상의 영을 받지 아니하고 오직 하나님으로부터 온 영을 받았으니 이는 우리로 하여금 하나님께서 우리에게 은혜로 주신 것들을 알게 하려 하심이라"
>
> **요일4:1** "사랑하는 자들아 영을 다 믿지 말고 오직 영들이 하나님께 속하였나 분별하라 많은 거짓 선지자가 세상에 나왔음이라"

② 여호와의 영(주 여호와의 영)

성령님을 '여호와의 영(주 여호와의 영)'이라 부릅니다(사11:2, 61:1). 성령님을 '여호와의 영(주 여호와의 영)'이라 부름은 '하나님의 성령'이란 의미와 동일하며 성령님을 구약에서 부르는 명칭입니다. 그리고 성부 하나님도 우리의 주이시며, 성자 하나님도 우리의 주이시며, 성령 하나님도 우리의 주이십니다.

> **사11:2** "그의 위에 여호와의 영 곧 지혜와 총명의 영이요 모략과 재능의
> 영이요 지식과 여호와를 경외하는 영이 강림하시리니"
> **사61:1** "주 여호와의 영이 내게 내리셨으니 이는 여호와께서 내게 기
> 름을 부으사 가난한 자에게 아름다운 소식을 전하게 하려 하심이라 나
> 를 보내사 마음이 상한 자를 고치며 포로 된 자에게 자유를, 갇힌 자에
> 게 놓임을 선포하며"

③ 살아 계신 하나님의 영

성령님을 '살아계신 하나님의 영'이라 부릅니다(고후3:3). 성령님을 '
살아 계신 하나님의 영'이라 부름은 성령님이 우리로 하여금 하나님을 단
순한 지적 개념으로서가 아니라 살아 계신 하나님으로 직접 경험하게 하시
기 때문입니다. 고후3:3의 말씀은 먹으로 양피지 위에 쓴 하나님의 말씀과
성령으로 사람의 마음에 쓴 하나님의 말씀을 대조시키는 말씀입니다. 성령
님은 살아 계신 하나님의 영이십니다. 그래서 성령님은 우리가 직접 하나
님의 말씀을 체험하고 하나님을 실재하시는 분으로 체험하도록 하십니다.
하나님은 지금도 살아 계시며 행동하시고 말씀하십니다. 이를 알게 하시는
이는 성령님이십니다. 그러므로 우리가 하나님의 존재를 믿는데 단지 지
적으로만 안다면 살아 계신 하나님을 체험하지 못하고 있는 것입니다. 성
령님의 사역은 우리로 실재하는 살아 계신 하나님을 알게 하시며 하나님과
교제하게 하시는 것입니다.

> **고후3:3** "너희는 우리로 말미암아 나타난 그리스도의 편지니 이는 먹으
> 로 쓴 것이 아니요 오직 살아 계신 하나님의 영으로 쓴 것이며 또 돌 판

에 쓴 것이 아니요 오직 육의 마음 판에 쓴 것이라"

④ 약속의 성령

성령님을 '약속의 성령'이라 부릅니다(엡1:13). 성령님을 '약속의 성령'이라 부름은 성령을 주심은 성부와 성자의 약속이기 때문입니다. 예수님은 승천하시면서 제자들에게 "아버지께서 약속하신 것을 기다리라"고 명하셨습니다(행1:4). 아버지께서 약속하신 것은 성령입니다.

그리스도 예수께서 오시기 전까지 성부 하나님의 큰 약속은 그리스도 예수께서 오시는 것이었습니다. 그리고 예수 그리스도께서 오셔서 십자가에 죽으시고 부활하셔서 승천하신 후에 성부 하나님의 두 번째 큰 약속은 성령님이 오시는 것이었습니다. 오신 성령님은 예수님을 대신합니다. 즉 성령님이 오신 것은 예수님이 영으로 오신 것입니다.

엡1:13 "그 안에서 너희도 진리의 말씀 곧 너희의 구원의 복음을 듣고 그 안에서 또한 믿어 약속의 성령으로 인 치심을 받았으니"

행1:4 "사도와 함께 모이사 그들에게 분부하여 이르시되 예루살렘을 떠나지 말고 내게서 들은 바 아버지께서 약속하신 것을 기다리라"

3) 예수님과 관련된 성령님의 명칭

예수님과 관련된 성령님의 명칭으로는 그리스도의 영(예수의 영, 예수 그리스도의 성령)이란 명칭이 있습니다.

예수님과 관련된 성령님의 명칭은 예수님과 성령님과의 관계를 말씀합니다.

① 그리스도의 영(예수의 영, 예수 그리스도의 성령)

성령님을 '그리스도의 영(예수의 영, 예수 그리스도의 성령)'이라 부릅니다(롬8:9, 행16:6-7, 빌1:19). 성령님을 '그리스도의 영(예수의 영, 예수 그리스도의 성령)'이라 부름은 예수 그리스도께서 성령으로 성육신 하셨으며, 예수 그리스도께서 성령님을 보내셨고, 성령님이 예수 그리스도를 우리에게 나타내시며, 성령님이 우리 안에 계심은 예수 그리스도께서 계신 것과 같기 때문입니다.

> **롬8:9** "만일 너희 속에 하나님의 영이 거하시면 너희가 육신에 있지 아니하고 영에 있나니 누구든지 그리스도의 영이 없으면 그리스도의 사람이 아니라"
>
> **행16:6-7** "성령이 아시아에서 말씀을 전하지 못하게 하시거늘 그들이 브루기아와 갈라디아 땅으로 다녀가 무시아 앞에 이르러 비두니아로 가고자 애쓰되 예수의 영이 허락하지 아니하시는지라"
>
> **빌1:19** "이것이 너희의 간구와 예수 그리스도의 성령의 도우심으로 나를 구원에 이르게 할 줄 아는고로"

예수님은 성령으로 성육신하셨습니다. 성령님은 그리스도의 영일뿐만 아니라 예수의 영이시기도 합니다. 성령님은 성육신하신 예수님과 관계되어 있습니다. 예수님은 성령으로 잉태되셨습니다(마1:18).

> **마1:18** "예수 그리스도의 나심은 이러하니라 그의 어머니 마리아가 요셉과 약혼하고 동거하기 전에 성령으로 잉태된 것이 나타났더니"

예수님이 성령을 아버지께 받아서 부어 주셨습니다. 예수님은 제자들에게 성령을 받으라고 명하셨습니다. 또한 예수님은 자신이 아버지께로 가면 아버지께 구하여 성령을 제자들에게 보내시겠다고 약속하셨습니다(요14:16). 그리고 예수님은 약속하신 대로 아버지께로 가셔서 성령을 아버지께 받아서 제자들에게 부어주셨습니다(행2:33). 성령을 주신 분은 성부 하나님이시오 성자 하나님이십니다. 하나님의 오른손으로 높임을 받으신 예수님께서 그의 기도의 응답으로 하나님 아버지로부터 성령을 받아 부어주셨습니다. 예수님은 성령으로 세례를 주십니다(마3:11).

요14:16 "내가 아버지께 구하겠으니 그가 또 다른 보혜사를 너희에게 주사 영원토록 너희와 함께 있게 하리니"

행2:33 "하나님이 오른손으로 예수님을 높이시매 그가 약속하신 성령을 아버지께 받아서 너희가 보고 듣는 이것을 부어 주셨느니라"

마3:11 "나는 너희로 회개하게 하기 위하여 물로 세례를 베풀거니와 내 뒤에 오시는 이는 나보다 능력이 많으시니 나는 그의 신을 들기도 감당하지 못하겠노라 그는 성령과 불로 너희에게 세례를 베푸실 것이요"

성령님이 예수 그리스도를 우리에게 나타내십니다. 성령님은 예수 그리스도의 영광을 나타내시고(요16:14), 예수 그리스도를 증언하십니다(요15:26). 사람들에게 예수 그리스도를 증언하는 것과 예수 그리스도를 계시하는 일이 성령님의 사역입니다.

요16:14 "그가 내 영광을 나타내리니 내 것을 가지고 너희에게 알리겠음이라"

요15:26 "내가 아버지께로부터 너희에게 보낼 보혜사 곧 아버지께로부터 나오시는 진리의 성령이 오실 때에 그가 나를 증언하실것이요"

성령님이 우리 속에 계심은 곧 예수 그리스도께서 계시는 것입니다. 성령님이 우리에게 오신 것은 예수님 자신이 오신 것과 같습니다. 성령님께서 우리 마음에 거하시려고 오신 것은 예수님 자신이 오신 것이 됩니다. 예수님은 성령님께서 우리 속에 계시겠다고 말씀하시면서 예수님 자신이 우리에게로 오시리라고 말씀하셨습니다(요14:17-18). 그러므로 성령님이 오셔서 우리 속에 계심은 예수님이 오셔서 우리 속에 계신 것과 같습니다. 그래서 성령님이 우리에게 오시면 우리가 예수님 안에, 예수님이 우리 안에 계신 것을 우리가 알게 됩니다(요14:20).

> **요14:17-18** "그는 진리의 영이라 세상은 능히 그를 받지 못하나니 이는 그를 보지도 못하고 알지도 못함이라 그러나 너희는 그를 아나니 그는 너희와 함께 거하심이요 또 너희 속에 계시겠음이라 내가 너희를 고아와 같이 버려두지 아니하고 너희에게로 오리라"
>
> **요14:20** "그 날에는 내가 아버지 안에, 너희가 내 안에, 내가 너희 안에 있는 것을 너희가 알리라"

4) 성령님의 사역과 관련된 성령님의 명칭

성령님의 사역과 관련된 성령님의 명칭으로는 아들의 영(양자의 영), 은혜의 성령, 진리의 영, 생명의 성령, 지혜와 총명의 영, 모략과 재능의 영, 지식과 여호와를 경외하는 영, 간구하는 심령(영), 심판의 영, 소멸하는 영, 보혜사란 명칭이 있습니다.

성령님의 사역과 관련된 성령님의 명칭은 성령님이 오셔서 하시는 사역을 말씀합니다. 성령님은 우리에게 오셔서 하나님의 아들임을 알게 하시며, 하나님의 은혜를 받게 하시고, 진리 가운데로 인도하시며, 생명을 주시고, 지혜와 총명을 주시며, 모략과 재능을 주시고, 지식을 주시며 하나님을 경외하게 하시고, 기도하도록 인도하시며, 죄를 책망하시며, 거룩하게 하시고, 항상 함께 계셔서 인도하십니다.

① 아들의 영(양자의 영)

성령님을 '아들의 영(양자의 영)'이라 부릅니다(갈4:6, 롬8:15). 성령님을 '아들의 영(양자의 영)'이라 부름은 성령님이 하나님의 아들인 우리 마음 가운데 오셔서 하나님을 아버지라 부르게 하시기 때문입니다. 하나님은 그 아들의 영이신 성령님을 우리 마음 가운데 보내셔서 우리로 하나님을 아버지라 부르게 하셨습니다.

우리가 하나님의 자녀임을 증언하시는 분은 성령님이십니다(롬8:16). 그리고 하나님의 아들은 성령님의 인도를 받습니다(롬8:14). 성령을 받은 자는 다시 무서워하는 종의 영을 받지 아니하고 양자의 영을 받았으므로 하나님을 아빠 아버지라 부르짖습니다. 성령을 받은 자는 하나님을 두려워하지 아니하고 오히려 하나님을 신뢰하고 하나님으로 인하여 즐거워합니다. 그러므로 우리가 성령을 받으면 더 이상 압박과 속박을 받으면서 섬기는 하나님으로 생각하지 않습니다. 우리가 성령을 받으면 하나님의 자녀로서 즐거운 자유 가운데서 살며 섬기는 하나님을 생각하게 됩니다.

갈4:6 "너희가 아들이므로 하나님이 그 아들의 영을 우리 마음 가운데 보내사 아빠 아버지라 부르게 하셨느니라"

롬8:15 "너희는 다시 무서워하는 종의 영을 받지 아니하고 양자의 영을 받았으므로 우리가 아빠 아버지라고 부르짖느니라"

롬8:16 "성령이 친히 우리의 영과 더불어 우리가 하나님의 자녀인 것을 증언하시나니"

롬8:14 "무릇 하나님의 영으로 인도함을 받는 사람은 곧 하나님의 아들이라"

② 은혜의 성령

성령님을 '은혜의 성령'이라 부릅니다(히10:29). 성령님을 '은혜의 성령'이라 부름은 성령님이 하나님의 은혜를 공급하시고 적용하시는 일을 하시기 때문입니다. 성령님은 은혜로우십니다. 뿐만 아니라 성령님은 하나님이 주신 다양한 은혜를 우리로 하여금 경험적으로 알게 하십니다(고전2:12). 우리는 우리 마음에 계시는 은혜의 성령의 사역으로 하나님께서 그리스도 예수 안에서 우리에게 주신 무한하고 충만한 은혜를 소유하게 되었습니다.

히10:29 "하물며 하나님의 아들을 짓밟고 자기를 거룩하게 한 언약의 피를 부정한 것으로 여기고 은혜의 성령을 욕되게 하는 자가 당연히 받을 형벌은 얼마나 더 무겁겠느냐 너희는 생각하라"
고전2:12 "우리가 세상의 영을 받지 아니하고 오직 하나님으로부터 온 영을 받았으니 이는 우리로 하여금 하나님께서 우리에게 은혜로 주신 것들을 알게 하려 하심이라"

③ 진리의 영(진리의 성령)

성령님을 '진리의 영(진리의 성령)'이라 부릅니다(요14:17, 요16:13). 성령님을 '진리의 영(진리의 성령)'이라 부름은 성령님이 그를 영접한 자에게 진리를 전달하여 주시고 알려 주시며 진리 가운데로 인도하시기 때문입니다. 모든 진리는 성령님에 의해서 전달됩니다. 그러므로 성령님께서 가르쳐 주실 때 우리가 진리를 알게 됩니다. 그리고 우리가 진리를 성령으로 전해야 진리가 됩니다.

요14:17 "그는 진리의 영이라 세상은 능히 그를 받지 못하나니 이는 그를 보지도 못하고 알지도 못함이라 그러나 너희는 그를 아나니 그는 너희와 함께 거하심이요 또 너희 속에 계시겠음이라"

요16:13 "그러나 진리의 성령이 오시면 그가 너희를 모든 진리 가운 데로 인도하시리니 그가 스스로 말하지 않고 오직 들은 것을 말하며 장래 일을 너희에게 알리시리라"

④ 생명의 성령

성령님을 '생명의 성령'이라 부릅니다(롬8:2). 성령님을 '생명의 성령'이라 부름은 생명을 주시는 것이 성령님의 사역이기 때문입니다. 성령님은 그를 영접하는 자들에게 영적인 생명을 주시고 죄에서 해방시키십니다. 또한 성령님은 죄에 대하여 계속적으로 승리하게 하십니다. 그래서 성령님은 생명의 성령이라 불리우십니다.

율법은 거룩하고 선하고 정당하지만 율법이 육신으로 말미암아 연약하여 할 수 없는 그것을 우리 마음 안에 거하시는 성령님이 우리가 할 수 있도록 해주십니다. 그래서 율법의 요구가 육신을 따라 행하는 자가 아니라 성령을 따라 행하는 자들에게 이루어집니다(롬8:4).

롬8:2 "이는 그리스도 안에 있는 생명의 성령의 법이 죄와 사망의 법에서 너를 해방하였음이라"

롬8:4 "육신을 따르지 않고 그 영을 따라 행하는 우리에게 율법의 요구가 이루어지게 하려 하심이니라"

⑤ 지혜와 총명의 영

성령님을 '지혜와 총명의 영'이라 부릅니다(사11:2). 성령님을 '지혜와 총명의 영'이라 부름은 성령님이 그를 영접하는 자들에게 지혜와 총명을 주시기 때문입니다. 성령님을 영접한 자는 지혜와 총명을 받게 됩니다. 성령님을 영접한 자는 능력과 사랑과 절제(근신)하는 마음과 건전한 의식을 받게 됩니다.

사11:2 "그의 위에 여호와의 영 곧 지혜와 총명의 영이요 모략과 재능의 영이요 지식과 여호와를 경외하는 영이 강림하시리니"

⑥ 모략과 재능의 영

성령님을 '모략과 재능의 영'이라 부릅니다(사11:2). 성령님을 '모략과 재능의 영'이라 부름은 성령님이 모략과 재능을 주시기 때문입니다. 성령님은 그를 영접한 자가 계획하는 모든 계획에 모략을 주십니다. 또한 성령님은 그를 영접한 자가 그 계획을 수행할 힘을 주십니다. 그러므로 우리가 성령님을 영접함으로 우리의 모든 계획에 성령님이 모략으로 함께 하십니다. 또한 성령님은 하나님을 위하여 우리가 맡은 모든 일에 그 일을 행할 능력을 주십니다.

사11:2 "그의 위에 여호와의 영 곧 지혜와 총명의 영이요 모략과 재능의 영이요 지식과 여호와를 경외하는 영이 강림하시리니"

⑦ 지식과 여호와를 경외하는 영

성령님을 '지식과 여호와를 경외하는 영'이라 부릅니다(사11:2). 성령님을 '지식과 여호와를 경외하는 영'이라 부름은 성령님이 지식을 주시며 여호와 하나님을 경외하게 하시기 때문입니다. 성령님을 영접한 자는 여호와 하나님을 알고 경외합니다. 그런데 여호와를 경외함은 무엇보다도 하나님의 계명들을 순종하는데서 드러납니다. 또한 성령님을 영접한 자는 여호와를 경외함으로 즐거움을 삼습니다(사11:3).

사11:2에서 말씀한 성령님의 명칭은 특별히 예수님에게 나타날 성령님의 사역에 관계된 것이며 그대로 이루어졌습니다.

사11:2 "그의 위에 여호와의 영 곧 지혜와 총명의 영이요 모략과 재능의 영이요 지식과 여호와를 경외하는 영이 강림하시리니"
사11:3 "그가 여호와를 경외함으로 즐거움을 삼을 것이며 그의 눈에 보이는 대로 심판하지 아니하며 그의 귀에 들리는 대로 판단하지 아니하며"

⑧ 간구하는 심령 (영 : Spirit)

성령님을 '간구하는 심령(영)'이라 부릅니다(슥12:10). 성령님을 '간구하는 심령(영)'이라 부름은 성령님이 기도하도록 가르치시고 더욱 강렬하게 간구하도록 하시기 때문입니다. 성령님은 말할 수 없는 탄식으로 우리를 위하여 친히 간구하시고 하나님의 뜻에 따라 기도하도록 우리를 인도하십니다(롬8:26-27). 그러므로 참된 기도는 성령 안에서 하는 기도입니다. 그래서 우리는 성령으로 기도해야 합니다(유1:20).

슥12:10 "내가 다윗의 집과 예루살렘 주민에게 은총과 간구하는 심령을 부어 주리니 그들이 그 찌른 바 그를 바라보고 그를 위하여 애통하기를 독자를 위하여 애통하듯 하며 그를 위하여 통곡하기를 장자를 위하여 통곡하듯 하리라"

롬8:26-27 "이와 같이 성령도 우리의 연약함을 도우시나니 우리는 마땅히 기도할 바를 알지 못하나 오직 성령이 말할 수 없는 탄식으로 우리를 위하여 친히 간구하시느니라 마음을 살피시는 이가 성령의 생각을 아시나니 이는 성령이 하나님의 뜻대로 성도를 위하여 간구하심이니라"
유1:20 "사랑하는 자들아 너희는 너희의 지극히 거룩한 믿음 위에 자신을 세우며 성령으로 기도하며"

⑨ 심판하는 영

성령님을 '심판하는 영'이라 부릅니다(사4:4). 성령님을 '심판하는 영'이라 부름은 성령님이 죄를 드러내시고 죄에 대하여 책망하시기 때문입니다. 성령님은 죄에 대하여 세상을 책망하십니다(요16:8). 성령님이 우리에게 오셔서 우리의 눈을 열어서 우리로 우리의 죄를 보게 하십니다. 그리고 성령님은 우리의 더러움을 씻으시며 정결하게 하십니다.

사4:4 "이는 주께서 심판하는 영과 소멸하는 영으로 시온의 딸들의 더러움을 씻기시며 예루살렘의 피를 그 중에서 청결하게 하실 때가 됨이라"
요16:8 "그가 와서 죄에 대하여, 의에 대하여, 심판에 대하여 세상을 책망하시리라"

⑩ 소멸하는 영

성령님을 '소멸하는 영'이라 부릅니다(사4:4). 성령님을 '소멸하는 영'이라 부름은 성령님이 그가 거하시는 자의 마음 안에서 더러움을 씻기시며 거룩하게 하시기 때문입니다. 성령님은 우리를 거룩하게 하십니다(벧전1:2).

사4:4 "이는 주께서 심판하는 영과 소멸하는 영으로 시온의 딸들의 더러움을 씻기시며 예루살렘의 피를 그 중에서 청결하게 하실 때가 됨이라"

벧전1:2 "곧 하나님 아버지의 미리 아심을 따라 성령이 거룩하게 하심으로 순종함과 예수 그리스도의 피 뿌림을 얻기 위하여 택하심을 받은 자들에게 편지하노니 은혜와 평강이 너희에게 더욱 많을지어다"

⑪ 보혜사

성령님을 '보혜사'라 부릅니다(요14:26, 요15:26). 성령님을 '보혜사'라 부름은 성령님이 항상 우리와 함께 계셔서 우리를 지지하시며 도와주시고 우리 편을 들어주시기 때문입니다. '보혜사'는 '대언 자, 도움을 주는 자'로 번역되기도 합니다. 보혜사란 '다른 사람의 옆에 불리움 받은 자'란 의미가 있습니다. 그리고 그 뜻은 '다른 사람을 편들기 위해 바로 가까이 오는 자'입니다.

성령님은 우리에게서 멀리 떨어져 계시지 아니하고 우리에게 아주 가까이 계십니다. 예수님께서 이 세상에 계실 때는 예수님 자신이 그 제자들의 보혜사이셨습니다. 그래서 그 제자들은 어떤 어려운 일이 있으면 예수님에게 도움을 구하였습니다. 그런데 이제 예수님께서는 성부 하나님께로 가서 계시고, 우리에게는 성령님이 와서 계십니다. 성령님은 예수님과 꼭같이 하나님이시고 전지하시며 전능하십니다. 성령님은 언제나 우리 옆에 계십니다. 그뿐만 아니라 성령님이 우리 마음에 거하시며 우리가 그를 신뢰하여 그에게 도와달라고 요청하면 우리를 도와주십니다.

요14:26 "보혜사 곧 아버지께서 내 이름으로 보내실 성령 그가 너희에게 모든 것을 가르치고 내가 너희에게 말한 모든 것을 생각나게 하리라"

<u>요15:26</u> "내가 아버지께로부터 너희에게 보낼 보혜사 곧 아버지께로부터 나오시는 진리의 성령이 오실 때에 그가 나를 증언하실 것이요"

2. 성령님의 상징

성령님의 상징으로는 비둘기, 바람, 불, 기름, 생수(물), 이른 비와 늦은 비, 인과 보증이 있습니다.

1) 비둘기

성령님을 '비둘기'로 상징합니다. 예수님께서 요단강에서 세례 요한에게 세례를 받으시고 물에서 올라오시며 기도하실 때에 하늘이 열리며 하나님의 성령이 비둘기 같은 형체로 그의 위에 강림하셨습니다(눅3:21-22). 예수님은 하나님의 성령이 비둘기 같이 자기 위에 임하심을 보셨습니다(마3:16). 그리고 세례 요한도 성령이 예수님 위에 내려서 머무는 것을 보고 그가 하나님의 아들이심을 증언하였습니다(요1:33-34). 성령님이 비둘기 같은 형체로 예수님 위에 강림하셨습니다. 성령님이 비둘기로 상징되셨습니다.

> <u>눅3:21-22</u> "백성이 다 세례를 받을새 예수도 세례를 받으시고 기도하실 때에 하늘이 열리며 성령이 비둘기 같은 형체로 그의 위에 강림하시더니 하늘로부터 소리가 나기를 너는 내 사랑하는 아들이라 내가 너를 기뻐하노라 하시니라"
>
> <u>마3:16</u> "예수께서 세례를 받으시고 곧 물에서 올라오실새 하늘이 열리고 하나님의 성령이 비둘기 같이 내려 자기 위에 임하심을 보시더니"

<u>요1:33-34</u> "나도 그를 알지 못하였으나 나를 보내어 물로 세례를 베풀라 하신 그이가 나에게 말씀하시되 성령이 내려서 누구 위에든지 머무는 것을 보거든 그가 곧 성령으로 세례를 베푸는 이인 줄 알라 하셨기에 내가 보고 그가 하나님의 아들이심을 증언하였노라 하니라"

그러면 성령님을 비둘기로 상징함은 어떤 의미가 있을까요?

① 성령님은 자기 처소(지위)로 돌아오게 하십니다.

비둘기는 자기 처소로 돌아옴을 의미합니다. 비둘기는 그 보금자리로 날아갑니다(사60:8). 비둘기는 귀소본능이 있습니다. 비둘기는 그 보금자리로 날아가서 편히 쉽니다(시55:6). 성령님을 비둘기로 상징함은 비둘기가 그 보금자리로 날아가 편히 쉬는 것 같이 성령님은 우리로 자기 처소로 돌아와 편히 쉬게 하심을 의미합니다. 영원하신 하나님이 우리의 처소가 되십니다(신33:27).

<u>사60:8</u> "저 구름 같이, 비둘기들이 그 보금자리로 날아가는 것 같이 날아오는 자들이 누구냐"

<u>시55:6</u> "나는 말하기를 만일 내게 비둘기 같이 날개가 있다면 날아가서 편히 쉬리로다"

<u>신33:27</u> "영원하신 하나님이 네 처소가 되시니 그의 영원하신 팔이 네 아래에 있도다 그가 네 앞에서 대적을 쫓으시며 멸하라 하시도다"

② 성령님은 슬피 울며 회개하게 하십니다.

비둘기는 슬피 울며 회개함을 의미합니다. 비둘기는 슬피 울며(사38:14), 그 소리는 부드럽습니다(아2:14). 성령님을 비둘기로 상징함은 비둘기가 부드러운 소리를 내며 슬피 우는 것처럼 성령님은 친히 간구하시며 우리로 슬피 울며 회개하게 하시고 말을 부드럽게 하게 하심을 의미합니다.

> **사38:14** "나는 제비 같이, 학 같이 지저귀며 비둘기 같이 슬피 울며 내 눈이 쇠하도록 앙망하나이다 여호와여 내가 압제를 받사오니 나의 중보가 되옵소서"
>
> **아2:14** "바위 틈 낭떠러지 은밀한 곳에 있는 나의 비둘기야 내가 네 얼굴을 보게 하라 네 소리를 듣게 하라 네 소리는 부드럽고 네 얼굴은 아름답구나"

③ 성령님은 순결하게 하십니다.

비둘기는 순결을 의미합니다. 비둘기는 순결합니다(마10:16). 성령님을 비둘기로 상징함은 비둘기가 순결한 것처럼 성령님은 순결하시며 우리를 순결하게 하심을 의미합니다.

> **마10:16** "보라 내가 너희를 보냄이 양을 이리 가운데 보냄과 같도다 그러므로 너희는 뱀 같이 지혜롭고 비둘기 같이 순결하라"

④ 성령님은 어여쁘고 사랑 받게 하십니다.

비둘기는 어여쁘고 사랑받게 하심을 의미합니다. 비둘기는 어여쁘며 사랑을 받습니다(아1:15). 성령님을 비둘기로 상징함은 비둘기가 어여쁘고 사랑받는 것처럼 성령님은 어여쁘고 사랑받게 하심을 의미합니다. 성령님이 비둘기 같이 예수님 위에 임하신 후에 하나님이 말씀하시되 "이는 내 사랑하는 아들이요 내 기뻐하는 자라" 하셨습니다(마3:17). 성령님이 임하신 예수님은 하나님이 기뻐하시고 사랑하시는 아들이셨습니다.

아1:15 "내 사랑아 너는 어여쁘고 어여쁘다 네 눈이 비둘기 같구나"
마3:17 "하늘로부터 소리가 있어 말씀하시되 이는 내 사랑하는 아들이요 내 기뻐하는 자라 하시니라"

성령님이 임하시고 역사하시는 자는 자기 처소로 돌아와 편히 쉬며 슬프게 울고 회개하여 순결하고 부드러운 말을 하며 어여쁘고 사랑받게 됩니다. 이는 비둘기로 상징되는 성령님의 역사입니다. 비둘기 같은 성령님의 강력한 임재 앞에서는 한없이 울며 회개하게 되며 회개를 강력하게 선포하는 자가 되기도 합니다.

2) 바람

성령님을 '바람'으로 상징합니다. 예수님께서 니고데모에게 성령으로 거듭남에 대하여 말씀하실 때 "바람이 임의로 불매 네가 그 소리를 들어도 어디서 와서 어디로 가는지 알지 못하나니 성령으로 난 사람도 다 그러하니라"고 하셨습니다(요3:8). 그리고 오순절 날 마가의 다락방에 모인 제자들에게 성령이 임하실 때 홀연히 하늘로부터 급하고 강한 바람 같은 소리가 있어 그들이 앉은 온 집에 가득하였습니다(행2:2). 성령님이 임하실 때 급하고 강한 바람 같은 소리가 있었고 온 집에 가득했습니다. 성령님이 바람으로 상징되었습니다.

요3:8 "바람이 임의로 불매 네가 그 소리는 들어도 어디서 와서 어디로 가는지 알지 못하나니 성령으로 난 사람도 다 그러하니라"

<u>행2:2</u> "홀연히 하늘로부터 급하고 강한 바람 같은 소리가 있어 그들이 앉은 온 집에 가득하며"

그러면 성령님을 바람으로 상징함은 어떤 의미가 있을까요?

① 성령님은 하나님이 보내신 전지전능하신 분이십니다.

바람은 신비로움을 의미합니다. 바람을 창조하시는 분은 하나님이시며(암4:13), 사람은 바람의 길이 어떠함을 알지 못하며(전11:5), 사람은 바람을 주장하여 바람을 움직이게 할 수 없습니다(전8:8). 성령님을 바람으로 상징함은 성령님은 신비로우시며, 성령님을 보내신 이는 하나님이시며, 사람은 성령님의 하시는 일을 알 수 없고 성령님을 주장하거나 대항할 수 없음을 의미합니다.

<u>암4:13</u> "보라 산들을 지으며 바람을 창조하며 자기 뜻을 사람에게 보이며 아침을 어둡게 하며 땅의 높은 데를 밟는 이는 그의 이름이 만군의 하나님 여호와시니라"
<u>전11:5</u> "바람의 길이 어떠함과 아이 밴 자의 태에서 뼈가 어떻게 자라는지를 네가 알지 못함 같이 만사를 성취하시는 하나님의 일을 네가 알지 못하느니라"
<u>전8:8</u> "바람을 주장하여 바람을 움직이게 할 사람도 없고 죽는 날을 주장할 사람도 없으며 전쟁할 때를 모면할 사람도 없으니 악이 그의 주민들을 건져낼 수는 없느니라"

② 성령님은 하나님의 임재와 심판을 체험하게 하십니다.

바람은 하나님의 임재와 심판의 능력을 의미합니다. 바람은 하나님의 임재(삼하22:11)와 심판의 능력을 나타내기도 합니다(시77:18, 잠10:25, 시18:42). 성령님을 바람으로 상징함은 성령님이 임하셔서 우리로 하나님의 임재와 심판의 능력을 알고 체험하게 하심을 의미합니다.

> **삼하22:11** "그룹을 타고 날으심이여 바람 날개 위에 나타나셨도다"
> **시77:18** "회오리바람 중에 주의 우렛소리가 있으며 번개가 세계를 비추며 땅이 흔들리고 움직였나이다"
> **잠10:25** "회오리바람이 지나가면 악인은 없어져도 의인은 영원한 기초 같으니라"
> **시18:42** "내가 그들을 바람 앞에 티끌 같이 부서뜨리고 거리의 진흙같이 쏟아 버렸나이다"

③ 성령님은 하나님의 사신이 되게 하십니다.

바람은 하나님의 사신을 의미합니다. 하나님은 그의 천사들을 바람으로(히1:7), 바람을 자기 사신으로 삼으십니다(시104:4, 슥6:5). 성령님을 바람으로 상징함은 성령님이 임하셔서 우리로 하나님의 사신이 되게 하심을 의미합니다.

> **히1:7** "또 천사들에 관하여는 그는 그의 천사들을 바람으로, 그의 사역자들을 불꽃으로 삼으시느니라"
> **시104:4** "바람을 자기 사신으로 삼으시고 불꽃으로 자기 사역자를 삼으시며"
> **슥6:5** "천사가 대답하여 이르되 이는 하나님의 네 바람인데 온 세상의 주 앞에 서 있다가 나가는 것이라 하더라"

성령님이 임하시고 역사하신 자는 성령님은 하나님이 보내신 전지전능하신 하나님이심을 알고, 자신의 무지와 무능을 깨달으며, 그 심판하시는 능력 앞에 넘어지고 깨어지고 부서져서, 하나님의 사신이 되게 됩니다. 이는 바람으로 상징되는 성령님의 역사입니다. 바람 같은 성령님의 강력한 임재 앞에서는 떨기도 하고 쓰러질 수도 있습니다. 또한 성령 충만한 자는 강한 바람과 같은 능력의 사역자가 되기도 합니다.

바람이 환난을 의미하기도 합니다(계7:1). 그리고 동풍은 재앙을 가져오고(출10:13, 겔19:12, 시48:7), 서풍은 재앙이 물러가게 합니다(출10:19). 또한 남풍은 따뜻하게 하고(욥37:17, 눅12:55), 북풍은 비를 일으키고(잠25:23), 추위를 오게 합니다(욥37:9). 이러한 바람을 일으키고 불게 하시는 이는 하나님이십니다. 우리에게는 영적으로 어떤 바람이 불고 있는가요?

> **계7:1** "이 일 후에 내가 네 천사가 땅 네 모퉁이에 선 것을 보니 땅의 사방의 바람을 붙잡아 바람으로 하여금 땅에나 바다에나 각종 나무에 불지 못하게 하더라"
> **출10:13** "모세가 애굽 땅 위에 그 지팡이를 들매 여호와께서 동풍을 일으켜 온 낮과 온 밤에 불게 하시니 아침이 되매 동풍이 메뚜기를 불어 들인지라"
> **겔19:12** "분노 중에 뽑혀서 땅에 던짐을 당하매 그 열매는 동풍에 마르고 그 강한 가지들은 꺾이고 말라 불에 탔더니"
> **시48:7** "주께서 동풍으로 다시스의 배를 깨뜨리시는도다"
> **출10:19** "여호와께서 돌이켜 강렬한 서풍을 불게 하사 메뚜기를 홍해에 몰아넣으시니 애굽 땅에 메뚜기가 하나도 남지 아니하니라"

욥37:17 "땅이 고요할 때에 남풍으로 말미암아 그대의 의복이 따뜻한 까닭을 그대가 아느냐"

눅12:55 "남풍이 부는 것을 보면 말하기를 심히 더우리라 하나니 과연 그러하니라"

잠25:23 "북풍이 비를 일으킴 같이 참소하는 혀는 사람의 얼굴에 분을 일으키느니라"

욥37:9 "폭풍우는 그 밀실에서 나오고 추위는 북풍을 타고 오느니라"

3) 불

성령님을 '불'로 상징합니다. 세례 요한은 예수님을 증언하면서 "그는 성령과 불로 너희에게 세례를 베푸실 것이요" 라고 했습니다(마3:11). 그리고 오순절 날 마가의 다락방에 모인 제자들에게 성령님이 임하실 때 마치 불의 혀처럼 갈라지는 것들이 그들에게 보여 각 사람 위에 하나씩 임하여 있었습니다(행2:3). 성령님이 임하실 때 마치 불의 혀처럼 갈라지는 것들이 보이고 임하여 있었습니다. 성령님이 불로 상징되었습니다. 하나님은 소멸하는 불이십니다(히12:29). 또한 하나님의 말씀이 불 같습니다(렘23:29).

마3:11 "나는 너희로 회개하게 하기 위하여 물로 세례를 베풀거니와 내 뒤에 오시는 이는 나보다 능력이 많으시니 나는 그의 신을 들기도 감당하지 못하겠노라 그는 성령과 불로 세례를 베푸실 것이요"

행2:3 "마치 불의 혀처럼 갈라지는 것들이 그들에게 보여 각 사람 위에 하나씩 임하여 있더니"

히12:29 "우리 하나님은 소멸하는 불이시니라"

렘23:29 "여호와의 말씀이니라 내 말이 불같지 아니하냐 바위를 쳐서 부스러뜨리는 방망이 같지 아니하냐"

그러면 성령님을 불로 상징함은 어떤 의미가 있을까요?

① 성령님은 하나님의 임재를 체험하게 하십니다.

불은 하나님의 임재를 의미합니다. 여호와의 사자가 떨기나무 가운데로부터 나오는 불꽃 안에서 모세에게 나타나셨으며(출3:2), 예수님은 하늘로부터 불꽃 가운데에 나타나실(재림하실) 것입니다(살후1:7). 성령님을 불로 상징함은 불이 하나님의 임재를 의미하듯이 성령님이 하나님이시며 우리로 하나님의 임재를 체험하게 하심을 의미합니다.

> **출3:2** "여호와의 사자가 떨기나무 가운데로부터 나오는 불꽃 안에서 그에게 나타나시니라 그가 보니 떨기나무에 불이 붙었으니 그 떨기나무가 사라지지 아니하는지라"
>
> **살후1:7** "환난을 받는 너희에게는 우리와 함께 안식으로 갚으시는 것이 하나님의 공의시니 주 예수께서 자기의 능력의 천사들과 함께 하늘로부터 불꽃 가운데에 나타나실 때에"

② 성령님은 시험으로 연단을 받게 하시며 하나님의 재앙과 영원한 형벌(지옥)을 알게 하십니다.

불은 시험과 연단과 재앙과 영원한 형벌(지옥)을 의미합니다. 사도 베드로는 연단하려고 오는 불 시험을 이상한 일 당하는 것같이 이상히 여기지 말라고 증언했습니다(벧전4:12). 그리고 예수님은 사데교회에게 불로 연단한 금을 사서 부요하게 하라 명하셨습니다(계3:18). 첫째 나팔 재앙은

피 섞인 우박과 불이 나와서 땅에 쏟아지는 재앙입니다(계8:7). 그리고 소돔과 고모라는 영원한 불의 형벌을 받음으로 거울이 되었으며(유1:7), 누구든지 생명책에 기록되지 못한 자는 불 못(지옥)에 던져집니다(계20:14-15). 성령님을 불로 상징함은 불로 시험하고 연단하는 것 같이 성령님이 우리를 시험으로 연단하시며 우리로 하나님이 내리시는 재앙과 영원한 형벌(지옥)을 알게 하심을 의미합니다.

> **벧전4:12-13** "사랑하는 자들아 너희를 연단하려고 오는 불 시험을 이상한 일 당하는 것 같이 이상히 여기지 말고 오히려 너희가 그리스도의 고난에 참여하는 것으로 즐거워하라 이는 그의 영광을 나타내실 때에 너희로 즐거워하고 기뻐하게 하려 함이라"
>
> **계3:18** "내가 너를 권하노니 내게서 불로 연단한 금을 사서 부요하게 하고 흰 옷을 사서 입어 벌거벗은 수치를 보이지 않게 하고 안약을 사서 눈에 발라 보게 하라"
>
> **계8:7** "첫째 천사가 나팔을 부니 피 섞인 우박과 불이 나와서 땅에 쏟아지매 땅의 삼분의 일이 타 버리고 수목의 삼분의 일도 타 버리고 각종 푸른 풀도 타 버렸더라"
>
> **유1:7** "소돔과 고모라와 그 이웃 도시들도 그들과 같은 행동으로 음란하며 다른 육체를 따라 가다가 영원한 불의 형벌을 받음으로 거울이 되었느니라"
>
> **계20:14-15** "사망과 음부도 불못에 던져지니 이것은 둘째 사망 곧 불못이라 누구든지 생명책에 기록되지 못한 자는 불못에 던져지더라"

③ 성령님은 불일듯이 뜨거운 열정으로 열심히 일하게 하십니다.

불은 열정과 열심을 의미합니다. 사도 바울은 디모데에게 안수함으로 그 속에 있는 은사를 다시 불일듯하게 하기를 원했습니다(딤후1:6). 하나님은 그의 사역자들을 불꽃으로 삼으십니다(히1:7). 성령님을 불로 상징함은 성령님이 우리로 사명과 은사를 뜨겁게 불일듯 일어나게 하셔서 열정으로 열심히 일하는 사역자가 되게 하심을 의미합니다.

> **딤후1:6** "그러므로 내가 나의 안수함으로 네 속에 있는 하나님의 은사를 다시 불일듯 하게 하기 위하여 너로 생각하게 하노니"
> **히1:7** "또 천사들에 관하여는 그는 그의 천사들을 바람으로, 그의 사역자들을 불꽃으로 삼으시느니라 하셨으되"

성령님이 임하시고 역사하시는 자는 성령님이 하나님이심을 알고, 하나님의 임재를 경험하며, 시험으로 연단을 받으며, 하나님이 내리시는 심판인 재앙과 영원한 형벌(지옥)을 알게 됩니다. 그리고 사명과 은사가 뜨겁게 불같이 일어나 열정으로 열심히 일하는 사역자가 됩니다. 이는 불 같이 임하시는 성령님의 역사입니다. 불같은 성령님의 강력한 임재 앞에서는 견디기가 힘들 정도로 마음이 뜨거워짐을 체험하며 불과 같이 강력한 능력으로 열심히 일하는 사역자가 되기도 합니다.

4) 기름

성령을 '기름'으로 상징합니다. 예수님에게 성령님이 임하실 것을 예언한 말씀에서 "주 여호와의 영이 내게 내리셨으니 이는 여호와께서 내게 기름을 부으사"라고 말씀하십니다(사61:1). 또 사도들은 예수님을 "하나님께서 기름 부으신 거룩한 종"이라고 증언했습니다(행4:27). 성령님이 기름으로 상징되셨습니다.

기름을 부으신 이는 하나님이십니다(고후1:21). 하나님이 예수님에게 성령과 능력을 기름 붓듯 하셨으므로 예수님이 두루 다니시며 착한 일을 행하시고 마귀에게 눌린 모든 자를 풀어 고치셨습니다(행10:38).

> **사61:1** "주 여호와의 영이 내게 내리셨으니 이는 여호와께서 내게 기름을 부으사 가난한 자에게 아름다운 소식을 전하게 하려 하심이라 나를 보내사 마음이 상한 자를 고치며 포로된 자에게 자유를, 갇힌 자에게 놓임을 선포하며"
>
> **행4:27** "과연 헤롯과 본디오 빌라도는 이방인과 이스라엘 백성과 합세하여 하나님께서 기름 부으신 거룩한 종 예수를 거슬러"
>
> **고후1:21** "우리를 너희와 함께 그리스도 안에서 굳건하게 하시고 우리에게 기름을 부으신 이는 하나님이시니"
>
> **행10:38** "하나님이 나사렛 예수에게 성령과 능력을 기름 붓듯 하셨으매 그가 두루 다니시며 선한 일을 행하시고 마귀에게 눌린 모든 사람을 고치셨으니 이는 하나님이 함께 하셨음이라"

그러면 성령님을 기름으로 상징함은 어떤 의미가 있을까요?

① 성령님은 거룩하게 하시며 직분을 위임받게 하십니다.

기름은 거룩과 위임을 의미합니다. 제사장이나 왕을 세울 때 기름을 부어 거룩하게 하여 위임하였습니다. 하나님은 아론과 그 아들들에게 기름을 부어 위임하고 거룩하게 하여 그들이 제사장 직분을 행하게 하셨습니다(출28:41). 그리고 사무엘이 기름 뿔병을 가져다가 다윗에게 부었더니 다윗이 성령에게 크게 감동되었습니다(삼상16:13). 성령님을 기름으로 상징함은 성령님이 우리를 거룩하게 하시며 우리로 하나님이 주신 직분을 위임

받게 하심을 의미합니다.

> **출28:41** "너는 그것들로 네 형 아론과 그와 함께 한 그의 아들들에게 입히고 그들에게 기름을 부어 위임하고 거룩하게 하여 그들이 제사장 직분을 내게 행하게 할지며"
>
> **삼상16:13** "사무엘이 기름 뿔병을 가져다가 그의 형제 중에서 그에게 부었더니 이 날 이후로 다윗이 여호와의 영에게 크게 감동되니라 사무엘이 떠나서 라마로 가니라"

② 성령님은 구원을 알게 하시고 구원을 전하게 하십니다.

기름은 구원을 의미합니다. (시20:6, 시28:8). 성령 받은 다윗은 하나님이 기름 부음 받은 자를 구원하시는 줄 알았습니다(시20:6). 하나님은 그의 기름 부음 받은 자의 구원의 요새십니다(시28:8). 성령님을 기름으로 상징함은 성령님께서 우리로 하나님이 주신 구원을 알게 하시며 구원의 복음을 전하게 하심을 의미합니다.

> **시20:6** "여호와께서 자기에게 기름 부음 받은 자를 구원하시는 줄 이제 내가 아노니 그의 오른손의 구원하는 힘으로 그의 거룩한 하늘에서 그에게 응답하시리로다"
>
> **시28:8** "여호와는 그들의 힘이시요 그의 기름 부음 받은 자의 구원의 요새시로다"

③ 성령님은 부드럽게 하시며 치유하십니다.

기름은 부드럽게 함과 치유를 의미합니다. 이스라엘 백성은 온 몸에 성한 곳이 없었지만 기름으로 부드럽게 함을 받지 못하였습니다(사1:6). 사도 야고보는 병든 자가 있으면 주의 이름으로 기름을 바르며 그를 위하여 기도하라고 증언했습니다(약5:14). 그리고 예수님의 보내심을 받아 전도한 열두 제자들은 회개하라 전파하고 많은 귀신을 쫓아내며 많은 병자에게 기름을 발라 고쳤습니다(막6:12-13). 성령님을 기름으로 상징함은 성령님이 우리의 마음을 부드럽게 하시며, 병을 치유 받게 하시고, 우리로 병든 자를 치유하게 하심을 의미합니다.

> **사1:6** "발바닥에서 머리까지 성한 곳이 없이 상한 것과 터진 것과 새로 맞은 흔적뿐이거늘 그것을 짜며 싸매며 기름으로 부드럽게 함을 받지 못하였도다"
>
> **약5:14** "너희 중에 병든 자가 있느냐 그는 교회의 장로들을 청할 것이요 그들은 주의 이름으로 기름을 바르며 그를 위하여 기도할지니라"
>
> **막6:12-13** "제자들이 나가서 회개하라 전파하고 많은 귀신을 쫓아내며 많은 병자에게 기름을 발라 고치더라"

④ 성령님은 즐거워하게 하십니다.

기름은 즐거움(기쁨)을 의미합니다. 기름은 사람의 마음을 즐겁게 합니다(잠27:9). 하나님께서 예수님에게 즐거움의 기름을 부셨습니다(시45:7). 그래서 예수님은 성령으로 기뻐하셨습니다(눅10:21). 성령님을 기름으로 상징함은 성령님이 우리로 말할 수 없는 영광스러운 즐거움으로 기뻐하게 하심을 의미합니다.

> **잠27:9** "기름과 향이 사람의 마음을 즐겁게 하나니 친구의 충성된 권고가 이와 같이 아름다우니라"
>
> **시45:7** "왕은 정의를 사랑하고 악을 미워하시니 그러므로 하나님 곧 왕

의 하나님이 즐거움의 기름을 왕에게 부어 왕의 동료보다 뛰어나게 하셨나이다"

<u>눅10:21</u> "그 때에 예수께서 성령으로 기뻐하시며 이르시되 천지의 주재이신 아버지여 이것을 지혜롭고 슬기 있는 자들에게는 숨기시고 어린 아이들에게는 나타내심을 감사하나이다 옳소이다 이렇게 된 것이 아버지의 뜻이니이다"

⑤ 성령님은 보호하시며 윤택하게 하십니다.

기름은 보호와 윤택함을 의미합니다. 하나님은 "나의 기름 부은 자를 손대지 말며 나의 선지자들을 해하지 말라" 고 명하셨습니다(시105:15). 그리고 하나님은 기름 부은 자의 방패가 되십니다(시84:9). 또한 하나님은 사람의 얼굴을 윤택(윤기 있고 빛나며 넉넉함)하게 하는 기름을 주셨습니다(시104:15). 성령님을 기름으로 상징함은 성령님이 우리를 보호하시며 윤택하게 하심을 의미합니다.

<u>시105:15</u> "이르시기를 나의 기름 부은 자를 손대지 말며 나의 선지자들을 해하지 말라 하셨도다"

<u>시84:9</u> "우리 방패이신 하나님이여 주께서 기름 부으신 자의 얼굴을 살펴보옵소서"

<u>시104:15</u> "사람의 마음을 기쁘게 하는 포도주와 사람의 얼굴을 윤택하게 하는 기름과 사람의 마음을 힘있게 하는 양식을 주셨도다"

⑥ 성령님이 가르치십니다.

기름은 가르침을 의미합니다. 하나님께 기름 부음을 받은 자는 모든 것을 압니다(요일2:20). 즉 기름 부음을 받은 자는 기름 부음이 그 안에 거하며 모든 것을 가르치며 참되고 거짓이 없습니다(요일2:27). 성령님을 기름으로 상징함은 성령님이 우리로 모든 것을 알도록 가르치심을 의미합니다.

> **요일2:20** "너희는 거룩하신 자에게서 기름 부음을 받고 모든 것을 아느니라"
>
> **요일2:27** "너희는 주께 받은 바 기름 부음이 너희 안에 거하나니 아무도 너희를 가르칠 필요가 없고 오직 그의 기름 부음이 모든 것을 너희에게 가르치며 또 참되고 거짓이 없으니 너희를 가르치신 그대로 주 안에 거하라"

성령님이 임하시고 역사하시는 자는 거룩하며 직분을 위임받아 구원을 받은 자로 구원을 전하는 자가 되며, 치유를 받으며, 즐거워하며, 보호를 받고 윤택하며, 가르침을 받는 자가 됩니다. 이는 기름 같이 임하시는 성령님의 역사입니다. 기름 같은 성령님의 강력한 임재 앞에서는 말할 수 없는 영광스러운 즐거움으로 기뻐하며 병을 치유 받고 병을 치유하는 자가 되기도 합니다.

5) 생수(물)

성령님을 '생수'로 상징합니다. 예수님께서 외쳐 이르시되 "누구든지 목마르거든 내게로 와서 마시라 나를 믿는 자는 성경에 이름과 같이 그 배에서 생수의 강이 흘러나오리라"고 하셨는데(요7:37-38) 이는 예수님을 믿는 자들이 받을 성령을 가리켜 말씀하신 것입니다(요7:39). 하나님은 생수의 근원이 되시며(렘17:13) 예수님이 생수를 주십니다(요4:10). 예수님이 주시는 생수는 성령이십니다. 성령님이 생수로 상징되셨습니다.

요7:37-38 "명절 끝날 곧 큰 날에 예수께서 서서 외쳐 이르시되 누구든지 목마르거든 내게로 와서 마시라 나를 믿는 자는 성경에 이름과 같이 그 배에서 생수의 강이 흘러나오리라 하시니"

요7:39 "이는 그를 믿는 자들이 받을 성령을 가리켜 말씀하신 것이라 (예수께서 아직 영광을 받지 않으셨으므로 성령이 아직 그들에게 계시지 아니하시더라)

렘17:13 "이스라엘의 소망이신 여호와여 무릇 주를 버리는 자는 다 수치를 당할 것이라 무릇 여호와를 떠나는 자는 흙에 기록이 되오리니 이는 생수의 근원이신 여호와를 버림이니이다"

요4:10 "예수께서 대답하여 이르시되 네가 만일 하나님의 선물과 또 네게 물 좀 달라 하는 이가 누구인 줄 알았더라면 네가 그에게 구하였을 것이요 그가 생수를 네게 주었으리라"

그러면 성령님을 생수로 상징함은 어떤 의미가 있을까요?

① 성령님이 생명을 주십니다.

생수는 생명을 의미합니다. 예수님이 성도들을 생명수 샘으로 인도하시며(계7:17), 생명수 샘물을 목마른 자에게 값없이 주십니다(계21:6). 또한 성령과 신부가 말씀하시기를 원하는 자는 값없이 생명수를 받으라 하십니다(계22:17). 성령님을 생수로 상징함은 성령님이 우리에게 생명을 주심을 의미합니다.

계7:17 "이는 보좌 가운데에 계신 어린 양이 그들의 목자가 되사 생명수 샘으로 인도하시고 하나님께서 그들의 눈에서 모든 눈물을 씻어 주실 것임이라"

<u>계21:6</u> "또 내게 말씀하시되 이루었도다 나는 알파와 오메가요 처음과 마지막이라 내가 생명수 샘물을 목마른 자에게 값없이 주리니"

<u>계22:17</u> "성령과 신부가 말씀하시기를 오라 하시는도다 듣는 자도 오라 할 것이요 목마른 자도 올 것이요 또 원하는 자는 값없이 생명수를 받으라 하시더라"

② 성령님이 풍성하게 하시고 만족하게 하십니다.

생수는 풍성함과 만족함을 의미합니다. 생수는 예수님이 주시며 예수님이 주시는 물을 마시는 자는 영원히 목마르지 아니하며 그 물은 그 속에서 영생하도록 솟아나는 샘물이 됩니다(요4:14). 성령님을 생수로 상징함은 성령님이 우리로 풍성하게 하시며 만족하게 하심을 의미합니다.

<u>요4:14</u> "내가 주는 물을 마시는 자는 영원히 목마르지 아니하리니 내가 주는 물은 그 속에서 영생하도록 솟아나는 샘물이 되리라"

성령님이 임하시고 역사하시는 자는 생명을 얻은 자요 생명이 풍성하며 만족하는 자가 됩니다. 이는 생수 같이 임하시는 성령님의 역사입니다. 생수 같은 성령님의 강력한 임재 앞에서는 생명이 있음을 확신하게 되며 그 생명이 풍성하고 만족하는 자가 되어 원망과 불평이 없고 감사하는 자가 되기도 합니다.

6) 이른 비와 늦은 비

성령님을 '이른 비'와 '늦은 비'로 상징합니다. 이른 비는 가을에 밀이나 보리를 뿌릴 때 내리는 비를 말하며, 늦은 비는 봄에 밀이나 보리가 자라서 열매를 맺을 때 내리는 비를 말합니다. 렘5:24에 "또 너희 마음으로 우리에게 이른 비와 늦은 비를 때를 따라 주시며 우리를 위하여 추수 기한을 정하시는 우리 하나님 여호와를 경외하자 말하지도 아니하니"라고 말씀하며, 약5:7-8에 "그러므로 형제들아 주께서 강림하시기까지 길이 참으라 보라 농부가 땅에서 나는 귀한 열매를 바라고 길이 참아 이른 비와 늦은 비를 기다리나니 너희도 길이 참고 마음을 굳건하게 하라 주의 강림이 가까우니라"고 말씀합니다. 이 말씀에서 이른 비와 늦은 비는 성령을 상징합니다.

렘5:24 "또 너희 마음으로 우리에게 이른 비와 늦은 비를 때를 따라 주시며 우리를 위하여 추수 기한을 정하시는 우리 하나님 여호와를 경외하자 말하지도 아니하니"

약5:7-8 "그러므로 형제들아 주께서 강림하시기까지 길이 참으라 보라 농부가 땅에서 나는 귀한 열매를 바라고 길이 참아 이른 비와 늦은 비를 기다리나니 너희도 길이 참고 마음을 굳건하게 하라 주의 강림이 가까우니라"

그러면 성령님을 이른 비와 늦은 비로 상징함은 어떤 의미가 있을까요?

① 성령님이 하나님의 임재를 체험하게 하십니다.

비는 하나님의 임재를 의미합니다. 하나님의 나타나심은 새벽 빛 같이 어김없으며 비와 같이, 땅을 적시는 늦은 비와 같이 우리에게 임하십니다(호6:3). 성령님을 이른 비와 늦은 비로 상징함은 성령님이 하나님이시며 우리로 반드시 나타나시는 하나님의 임재를 체험하게 하심을 의미합니다.

호6:3 "그러므로 우리가 여호와를 알자 힘써 여호와를 알자 그의 나타나심은 새벽 빛 같이 어김없나니 비와 같이, 땅을 적시는 늦은 비와 같이 우리에게 임하시리라 하니라"

② 성령님이 은택과 복을 주십니다.

비는 하나님이 주시는 은택과 복을 의미합니다. 하나님의 은택은 늦은 비를 내리는 구름과 같습니다(잠16:15). 그리고 이른 비가 복을 채워줍니다(시84:6). 성령님을 이른 비와 늦은 비로 상징함은 성령님이 우리에게 은택과 복을 주심을 의미합니다.

잠16:15 "왕의 희색은 생명을 뜻하나니 그의 은택이 늦은 비를 내리는 구름과 같으니라"
시84:6 "그들이 눈물 골짜기로 지나갈 때에 그 곳에 많은 샘이 있을 것이며 이른 비가 복을 채워 주나이다"

③ 성령님이 싹이 나도록 부드럽게 하시고 열매를 맺게 하십니다.

비는 싹이 남과 열매 맺음을 의미합니다. 하나님은 밭의 이랑을 단비로 부드럽게 하시고 그 싹에 복을 주십니다(시65:10). 하나님이 땅에 이른 비, 늦은 비를 적당한 때에 내리셔서 우리가 곡식을 얻게 하십니다(신11:14). 성령님을 이른 비와 늦은 비로 상징함은 성령님이 우리로 싹이 나서 자라게 하시고 열매를 맺게 하심을 의미합니다.

시65:10 "주께서 밭고랑에 물을 넉넉히 대사 그 이랑을 평평하게 하시며 또 단비로 부드럽게 하시고 그 싹에 복을 주시나이다"

신11:14 "여호와께서 너희의 땅에 이른 비, 늦은 비를 적당한 때에 내리시리니 너희가 곡식과 포도주와 기름을 얻을 것이요"

성령님이 임하시고 역사하시는 자는 하나님의 임재를 체험하며 하나님께 은택과 복을 받고 싹이 나고 자라서 열매를 맺게 됩니다. 이는 이른 비와 늦은 비같이 임하시는 성령님의 역사입니다. 이른 비와 늦은 비 같은 성령님의 강력한 임재 앞에서는 하나님의 임재를 체험하며 하나님이 주시는 은택과 복을 받고 말씀의 싹이 나고 풍성한 열매를 맺는 자가 되기도 합니다.

7) 인과 보증

성령님을 '인'과 '보증'으로 상징합니다. 하나님이 우리에게 인치시고 보증으로 우리 마음에 성령을 주셨습니다(고후1:22). 즉 하나님이 죽을 것이 생명에 삼킨바 되게 한 것을 우리에게 이루시고 보증으로 성령을 우리에게 주셨습니다(고후5:5). 성령님이 인과 보증으로 상징되셨습니다.

고후1:22 "그가 또한 우리에게 인치시고 보증으로 우리 마음에 성령을 주셨느니라"
고후5:5 "곧 이것을 우리에게 이루게 하시고 보증으로 성령을 우리에게 주신 이는 하나님이시니라"

그러면 성령님을 인과 보증으로 상징함은 어떤 의미가 있을까요?

① 성령님은 하나님의 소유가 되게 하십니다.

인은 소유를 의미합니다. 예수님은 아버지 하나님께서 인 치신 자이십니다(요6:27). 우리는 그리스도 안에서 구원의 복음을 듣고 믿어 약속의 성령으로 인 치심을 받았습니다(엡1:13). 우리는 성령 안에서 구원의 날까지 인 치심을 받았으므로 성령을 근심하게 하지 말아야 합니다(엡4:30). 성령님을 인으로 상징함은 성령님이 우리로 하나님의 소유(그리스도의 것)가 되게 하심을 의미합니다.

요6:27 "썩을 양식을 위하여 일하지 말고 영생하도록 있는 양식을 위하여 하라 이 양식은 인자가 너희에게 주리니 인자는 아버지 하나님께서 인치신 자니라"

엡1:13 "그 안에서 너희도 진리의 말씀 곧 너희의 구원의 복음을 듣고 그 안에서 또한 믿어 약속의 성령으로 인 치심을 받았으니

엡4:30 "하나님의 성령을 근심하게 하지 말라 그 안에서 너희가 구원의 날까지 인치심을 받았느니라"

② 성령님은 보호하십니다.

인은 보호를 의미합니다. 하나님은 그 종들의 이마에 인치기까지 땅의 사방의 환난의 바람이 불지 못하게 하십니다(계7:3). 이는 하나님이 그 종들을 보호하시는 것입니다. 성령님을 인으로 상징함은 성령님이 우리를 보호하심을 의미합니다.

계7:3 "이르되 우리가 우리 하나님의 종들의 이마에 인치기까지 땅이나 바다나 나무들을 해하지 말라 하더라"

③ 성령님은 확신하게 하십니다.

보증은 확신을 의미합니다. 예수님은 더 좋은 언약의 보증이 되셨습니다(히7:22). 하나님은 아브라함에게 복 주고 복 주며 번성하게 하고 번성하게 하실 일을 맹세로 보증하셨습니다(히6:17). 하나님은 우리를 보증하사 복을 얻게 하십니다(시119:122). 성령님을 보증으로 상징함은 성령님이 우리로 확신하게 하심을 의미합니다.

히7:22 "이와 같이 예수는 더 좋은 언약의 보증이 되셨느니라"
히6:17 "하나님의 약속을 기업으로 받는 자들에게 그 뜻이 변하지 아니함을 충분히 나타내시려고 그 일을 맹세로 보증하셨나니"
시119:122 "주의 종을 보증하사 복을 얻게 하시고 교만한 자들이 나를 박해하지 못하게 하소서"

인과 보증 같은 성령님이 임하시고 역사하시는 자는 하나님의 소유가 됨을 알고, 하나님이 보호하심을 알며 확신하게 됩니다. 이는 인과 보증 같이 임하시는 성령님의 역사입니다. 인과 보증 같은 성령님의 강력한 임재 앞에서는 구원받은 하나님의 자녀임을 확신하며 이 세상에서 하나님의 보호를 받음과 천국에 들어감을 확신하게 되기도 합니다.

성경에는 성령님의 명칭이 여러 가지로 사용되어 있습니다. 성령님의 속성과 관련된 명칭으로는 "영, 성령, 영광의 영, 영원하신 성령, 일곱 영"이란 명칭이 있습니다. 성령님은 우리에게 생명을 주시는 영이십니다. 그리고 성령님은 거룩하시며, 영광스러우시며, 영원하시며 완전하신 영이십니다.

성부 하나님과 관련된 성령님의 명칭으로는 "하나님의 성령, 여호와의 영, 살아 계신 하나님의 영, 약속하신 성령"이란 명칭이 있습니다. 성령님은 하나님께서 보내신 하나님께 속한 영이십니다. 그리고 성령님은 하나님의 약속으로 우리에게 오셨고 살아 계신 하나님을 알게 하십니다.

예수님과 관련된 성령님의 명칭으로는 '그리스도의 영(예수의 영, 예수 그리스도의 성령)'이란 명칭이 있습니다. 예수님은 성령으로 잉태되어 나심으로 이 세상에 오셨습니다. 그리고 승천하신 예수님께서 성령님을 보내셨으며, 성령님은 예수님을 증언하십니다.

성령님의 사역과 관련된 성령님의 명칭으로는 '아들의 영, 은혜의 성령, 진리의 영, 생명의 성령, 지혜와 총명의 영, 모략과 재능의 영, 지식과 여호와를 경외하는 영, 간구하는 심령(영), 심판하는 영, 소멸하는 영, 보혜사'란 명칭이 있습니다. 성령님은 하나님의 아들들에게 오시며 하나님을 아버지라 부르게 하십니다. 그리고 성령님은 하나님께서 은혜로 주신 것들을 알게 하십니다. 또한 성령님은 진리 가운데로 인도하시며 생명을 주십니다. 그리고 성령님은 지혜와 총명과 모략과 재능을 주시며, 지식을 주시며 여호와를 경외하게 하십니다. 또한 성령님은 간절히 기도하도록 도우시고 죄를 책망하시고 거룩하게 하십니다. 그리고 성령님은 항상 우리와 함께 계시며 우리를 도와주시고 우리 편을 들어주십니다.

성경에는 성령님을 여러 가지로 상징합니다. 성령님을 비둘기로 상징함은 성령님이 비둘기 같이 임하시고 역사하시는 자는 자기 처소로 돌아와 편히 쉬며 슬피 울고 회개하며 순결하고 부드러운 말을 하며 어여쁘고 사랑 받음을 의미합니다.

성령님을 바람으로 상징함은 성령님이 바람 같이 임하시고 역사하시는 자는 성령님이 하나님이 보내신 신비하고 전지전능하신 하나님이심을 알고, 자신의 무지와 무능을 깨달으며, 그 심판하시는 능력 앞에 넘어지고 깨어지고 부셔져서 하나님의 사신이 됨을 의미합니다.

성령님을 불로 상징함은 성령님이 불 같이 임하시고 역사하시는 자는 성령님이 하나님이심을 알고 하나님의 임재를 체험하며 시험으로 연단을 받으며, 하나님이 내리시는 심판인 재앙과 영원한 형벌(지옥)을 알게 됨을 의미합니다.

성령님을 기름으로 상징함은 성령님이 기름 같이 임하시고 역사하시는 자는 거룩하게 되며 직분을 위임받고, 구원을 전하는 자가 되며, 마음이 부드러워지고 치유를 받으며, 즐거워하고, 보호를 받으며, 가르침을 받아 모든 것을 알게 됨을 의미합니다.

성령님을 생수로 상징함은 성령님이 생수 같이 임하시고 역사하시는 자는 생명을 얻은 자요, 생명이 풍성하며 만족함을 의미합니다.

성령님을 이른 비와 늦은 비로 상징함은 성령님이 이른 비와 늦은 비 같이 임하시고 역사하시는 자는 하나님의 임재를 체험하며, 하나님의 은택과 복을 받고, 말씀의 싹이 나고 자라서 열매를 맺음을 의미합니다.

성령님을 인과 보증으로 상징함은 성령님이 인과 보증 같이 임하시고 역사하시는 자는 하나님의 소유가 됨을 알고, 하나님의 보호하심과 하나님의 자녀 됨과 천국에 들어감을 확신함을 의미합니다. 할렐루야! 아멘.

3장

성령 체험(받음)을 압시다

성부 하나님께서 예수님을 이 세상에 보내셨습니다. 이 세상에 오신 예수님은 우리의 죄를 정결하게 하는 일을 하시고 아버지 하나님께로 승천하셨습니다. 그리고 아버지 하나님께로 가신 예수님이 성령님을 보내셨습니다. 예수님께서 승천하심으로 성령님이 우리에게 임하신 것입니다. 우리는 우리에게 임하신 성령을 받아야(체험해야) 합니다. 즉 우리는 성령에 참여해야 합니다(히6:4).

우리가 성령을 받는(체험하는) 것은 성령으로 세례를 받고, 기름 부음을 받으며, 성령으로 충만함을 받는 것입니다. 성령으로 세례를 받는 것은 성령님이 내 마음에 들어오시는 것(내주하심)이며, 기름 부음은 성령님의 능력이 내게 입혀지는 것이며, 성령으로 충만함을 받는 것은 성령님이 나를 지배하시는 것입니다.

히6:4 "한 번 빛을 받고 하늘의 은사를 맛보고 성령에 참여한바 되고"

1. 성령 체험

성령 체험이란 우리가 성령님의 임재를 각자 체험하는 것입니다. 즉 성령 체험이란 우리가 성령님을 아는 것입니다. 우리가 성령님을 아는 것은 지식으로나 육체의 감각으로 아는 것이 아닙니다. 우리가 성령님을 아는 것은 영적으로 아는 영적 체험입니다. 즉 성령님을 아는 것은 인격적으로 아는 것입니다. 성령 체험이란 승천하신 예수님이 보내신 성령님이 우리에게 오셔서 우리와 함께 거하시며 우리 속에 계시므로 우리가 성령님을 알고 성령님의 일을 받아 성령님으로 살며 성령으로 행하는 것입니다(요14:17, 갈5:25).

<u>요14:17</u> "그는 진리의 영이라 세상은 능히 그를 받지 못하나니 이는 그를 보지도 못하고 알지도 못함이라 그러나 너희는 그를 아나니 그는 너희와 함께 거하심이요 또 너희 속에 계시겠음이라"

<u>갈5:25</u> "만일 우리가 성령으로 살면 또한 성령으로 행할지니"

우리는 하나님 아버지를 알아야 하고, 하나님의 아들 예수님을 알아야 하고, 성령님을 알아야 합니다. 우리는 성부, 성자, 성령 하나님을 알아야 할 뿐만 아니라 예수님이 행하신 일을 믿어야 하고, 성령님의 일을 받아야 합니다. 우리는 성령님의 일을 받을 뿐만 아니라 성령으로 살아야 합니다.

1) 우리는 성부, 성자, 성령 하나님을 알아야 합니다.

우리가 성부, 성자, 성령 하나님을 아는 것은 별개가 아니고 하나입니다. 성부를 아는 자는 성자는 당연히 알아야 합니다. 또한 성자를 아는 자는 성령은 당연히 알아야 합니다. 우리는 성령으로 예수님이 주이심을 알 수 있습니다(고전12:3). 또 예수님을 아는 우리는 아버지 하나님을 알 수 있습니다. 예수님을 알게 하시는 이는 하나님이시며(마16:17), 예수님의 소원대로 계시를 받는 자가 하나님 아버지를 알 수 있습니다(마11:27).

<u>고전12:3</u> "그러므로 내가 너희에게 알리노니 하나님의 영으로 말하는 자는 누구든지 예수를 저주할 자라 하지 아니하고 또 성령으로 아니하고는 누구든지 예수를 주시라 할 수 없느니라"

<u>마16:17</u> "예수께서 대답하여 이르시되 바요나 시몬아 네가 복이 있도다 이를 네게 알게 한 이는 혈육이 아니요 하늘에 계신 내 아버지시니라"

<u>마11:27</u> "내 아버지께서 모든 것을 내게 주셨으니 아버지 외에는 아들을 아는 자가 없고 아들과 또 아들의 소원대로 계시를 받는 자 외에는 아버지를 아는 자가 없느니라"

① 우리는 하나님 아버지를 알아야 합니다.

영생은 유일하신 참 하나님과 그의 보내신 자 예수 그리스도를 아는 것입니다(요17:3). 우리가 하나님을 아는 것은 하나님께서 지혜와 계시의 영을 주셔서 알게 하십니다(엡1:7). 또한 아들(예수님)의 소원대로 계시를 받는 자가 아버지를 알 수 있습니다(마11:27). 사도들도 예수님이 지각을 주셔서 하나님을 알게 하셨습니다(요일5:20).

그러므로 우리가 하나님께서 지혜와 계시의 영을 주셔서 알게 하심으로 하나님을 알고, 예수님의 소원대로 계시를 받아서 즉 예수님이 지각을 주셔서 알게 하심으로 하나님을 알아야 참으로 아는 것입니다.

<u>요17:3</u> "영생은 곧 유일하신 참 하나님과 그가 보내신 자 예수 그리스도를 아는 것이니이다"

<u>엡1:17</u> "우리 주 예수 그리스도의 하나님, 영광의 아버지께서 지혜와 계시의 영을 너희에게 주사 하나님을 알게 하시고"

<u>마11:27</u> "내 아버지께서 모든 것을 내게 주셨으니 아버지 외에는 아들을 아는 자가 없고 아들과 또 아들의 소원대로 계시를 받는자 외에는 아버지를 아는 자가 없느니라"

<u>요일5:20</u> "또 아는 것은 하나님의 아들이 이르러 우리에게 지각을 주사 우리로 참된 자를 알게 하신 것과 또한 우리가 참된 자 곧 그의 아들 예수 그리스도 안에 있는 것이니 그는 참 하나님이시오 영생이시라"

② 우리는 하나님의 아들 예수님을 알아야 합니다.

우리는 예수님을 믿어야 하고 또 예수님을 알아야 합니다(엡4:13). 영생을 얻은 자는 하나님 아버지를 알고 또 하나님 아버지께서 보내신 예수 그리스도를 압니다(요17:3). 그리고 아들을 아는 자는 아버지를 알고, 아들을 본 자는 아버지를 본 자입니다(요14:7-9). 그러나 아들을 알지 못하는 자는 아버지도 모르는 자입니다. 서기관과 바리새인들은 아버지를 안다고 자처했으나 아들을 모르기에 아버지를 진실로 아는 것이 아니었습니다. 그러므로 우리는 하나님의 아들 예수 그리스도를 알아야 합니다.

예수님을 알게 하시는 이는 하나님 아버지십니다. 즉 우리가 성령으로 아니하고는 예수님을 주시라 할 수 없습니다. 그러므로 우리가 예수님을 알되 하나님께서 성령으로 예수님을 알게 하심으로 알아야 참으로 아는 것입니다.

엡4:13 "우리가 다 하나님의 아들을 믿는 것과 아는 일에 하나가 되어 온전한 사람을 이루어 그리스도의 장성한 분량이 충만한 데까지 이르리니"

요17:3 "영생은 곧 유일하신 참 하나님과 그가 보내신 자 예수 그리스도를 아는 것이니이다"

요14:7-9 "너희가 나를 알았더라면 내 아버지도 알았으리로다 이제부터는 너희가 그를 알았고 또 보았느니라 빌립이 이르되 주여 아버지를 우리에게 보여 주옵소서 그리하면 족하겠나이다 예수께서 이르시되 빌립아 내가 이렇게 오래 너희와 함께 있으되 나를 알지 못하느냐 나를 본 자는 아버지를 보았거늘 어찌하여 아버지를 보이라 하느냐"

③ 우리는 성령님을 알아야 합니다.

예수님을 아는 자는 성령님을 알아야 합니다. 우리가 성령님을 아는 것은 성령님이 우리와 함께 거하시고 우리 속에 계시기 때문입니다(요 14:17). 즉 우리가 성령님을 아는 것은 지식으로 아는 것이 아니고 체험으로 압니다. 왜냐하면 성령님이 우리와 함께 거하시고 우리 속에 계시면 우리가 성령님을 체험할 수 있기 때문입니다. 그러므로 성령님을 참으로 아는 자는 성령님이 그와 함께 거하시고 성령님이 그 속에 계시는 자입니다.

요14:17 "그는 진리의 영이라 세상은 능히 그를 받지 못하나니 이는 그를 보지도 못하고 알지도 못함이라 그러나 너희는 그를 아나니 그는 너희와 함께 거하심이요 또 너희 속에 계시겠음이라"

2) 우리는 예수님이 행하신 일을 믿어야 하고, 성령님이 행하신 일을 받아야 하며, 성령으로 살아야 합니다.

우리는 예수님이 행하신 일을 믿어야 합니다. 또한 우리는 성령님이 행하신 일을 받아야 합니다. 그리고 우리는 성령으로 살아야 합니다.

① 우리는 예수님이 행하신 일을 믿어야 합니다.

예수님은 이 세상에 오셔서 아버지께서 그에게 하라고 주신 일을 이루셨습니다(요17:4). 그래서 예수님은 십자가에서 운명하시면서 "다 이루었다"고 말씀하셨습니다. 우리는 예수님이 행하신 일을 믿어야 합니다(요10:37-38). 예수님이 행하신 일은 아버지께서 하라고 주셨습니다. 그리고 예수님이 행하신 일은 아버지 하나님의 일이며 아버지 하나님을 영화롭게 하였습니다.

요17:4 "아버지께서 내게 하라고 주신 일을 이루어 아버지를 이 세상에서 영화롭게 하였사오니"

요10:37-38 "만일 내가 내 아버지의 일을 행하지 아니하거든 나를 믿지 말려니와 내가 행하거든 나를 믿지 아니할지라도 그 일은 믿으라 그러면 너희가 아버지께서 내 안에 계시고 내가 아버지 안에 있음을 깨달아 알리라 하시니"

② 우리는 성령님이 행하신 일을 받아야 합니다.

성령님은 예수님의 것을 가지고 알리시며 예수님의 영광을 나타내십니다(요16:14). 이것이 성령님의 일입니다. 그러므로 우리는 성령님의 일을 받아야 합니다. 그런데 육신에 속한 자는 성령님의 일을 받지 아니합니다(고전2:14). 육신에 속한 자는 그리스도 안에서 어린아이들을 말하는데 육신에 속한 자는 성령님을 따라 행하지 아니하고 사람을 따라 행합니다. 그래서 육신에 속한 자는 시기하고 분쟁합니다(고전3:3). 그러므로 우리는 영에 속한 자가 되어서 성령님의 일을 받아야 합니다.

요16:14 "그가 내 영광을 나타내리니 내 것을 가지고 너희에게 알리겠음이라"

고전2:14 "육에 속한 사람은 하나님의 성령의 일들을 받지 아니하나니 이는 그것들이 그에게는 어리석게 보임이요, 또 그는 그것들을 알 수도 없나니 그러한 일은 영적으로 분별되기 때문이라"

고전3:3 "너희는 아직도 육신에 속한 자로다 너희 가운데 시기와 분쟁이 있으니 어찌 육신에 속하여 사람을 따라 행함이 아니리요"

③ 우리는 성령으로 살며 성령으로 행해야 합니다.

우리가 성령으로 살면 성령으로 행해야 합니다(갈5:25). 우리가 성령으로 살고 성령으로 행하기 위해서는 먼저 성령 안에서 거룩하게 되어야 합니다(롬15:16). 그리고 우리는 성령의 능력으로 속사람이 강건해야 합니다(엡3:16). 그래서 우리는 성령으로 기도하며(유1:20), 성령으로 봉사해야 하고(빌3:3), 복음도 성령으로 전해야 합니다(살전1:5). 우리가 성령을 따라 행하면 육체의 욕심을 이루지 아니합니다(갈5:16).

갈5:25 "만일 우리가 성령으로 살면 또한 성령으로 행할지니"

롬15:16 "이 은혜는 곧 나로 이방인을 위하여 그리스도 예수의 일꾼이 되어 하나님의 복음의 제사장 직분을 하게 하사 이방인을 제물로 드리는 것이 성령 안에서 거룩하게 되어 받으실 만하게 하려 하심이라"

엡3:16 "그의 영광의 풍성함을 따라 그의 성령으로 말미암아 너희 속사람을 능력으로 강건하게 하시오며"

유1:20 "사랑하는 자들아 너희는 너희의 지극히 거룩한 믿음 위에 자신을 세우며 성령으로 기도하며"

빌3:3 "하나님의 성령으로 봉사하며 그리스도 예수로 자랑하고 육체를 신뢰하지 아니하는 우리가 곧 할례파라"

살전1:5 "이는 우리 복음이 너희에게 말로만 이른 것이 아니라 또한 능력과 성령과 큰 확신으로 된 것임이라 우리가 너희 가운데서 너희를 위하여 어떤 사람이 된 것은 너희가 아는 바와 같으니라"

갈5:16 "내가 이르노니 너희는 성령을 따라 행하라 그리하면 육체의 욕심을 이루지 아니하리라"

2. 성령 세례

예수님께서 사도들에게 "너희는 몇 날이 못 되어 성령으로 세례를 받으리라"고 약속하셨습니다(행1:5)(말씀). 이에 사도들은 예수님께서 약속하신 말씀을 믿고 순종하였습니다(행1:12-14)(믿음). 그리고 사도들은 성령의 충만함을 받았습니다(행2:4)(실상). 사도들은 성령으로 세례를 받았을 때 성령의 충만함을 받았습니다. 그리고 성령의 충만함을 받은 사도들은 성령을 받는 약속이 모든 믿는 자에게 주신 약속임을 알고 증언하였습니다(행2:39). 우리도 하나님께서 성령을 주시리라는 약속을 듣고 믿음으로 성령(성령 세례)을 받았습니다(갈3:2).

행1:5 "요한은 물로 세례를 베풀었으나 너희는 몇 날이 못 되어 성령으로 세례를 받으리라 하셨느니라"

행1:12-14 "제자들이 감람원이라 하는 산으로부터 예루살렘에 돌아오니 이 산은 예루살렘에서 가까워 안식일에 가기 알맞은 길이라 들어가 그들이 유하는 다락방으로 올라가니 베드로, 요한, 야고보, 안드레와 빌립, 도마와 바돌로매, 마태와 및 알패오의 아들 야고보, 셀롯인 시몬, 야고보의 아들 유다가 다 거기 있어 여자들과 예수의 어머니 마리아와 예수의 아우들과 더불어 마음을 같이하여 오로지 기도에 힘쓰더라"

행2:4 "그들이 다 성령의 충만함을 받고 성령이 말하게 하심을 따라 다른 언어들로 말하기를 시작하니라"

행2:39 "이 약속은 너희와 너희 자녀와 모든 먼 데 사람 곧 주 우리 하나님이 얼마든지 부르시는 자들에게 하신 것이라 하고"

갈3:2 "내가 너희에게서 다만 이것을 알려 하노니 너희가 성령을 받은 것이 율법의 행위로냐 혹은 듣고 믿음으로냐"

1) 성령 세례란 무엇인가?

성경에 성령님과 관계된 말씀 중에 "성령으로 세례를 받으리라(베푸시리라)"는 말씀이 있습니다. 이 말씀은 세례 요한이 증언하였고(막1:8), 예수님이 증언하셨으며(행1:5), 사도 베드로도 증언하였고(행11:16), 사도 바울도 말하였습니다(고전12:13).

> **막1:8** "나는 너희에게 물로 세례를 베풀었거니와 그는 너희에게 성령으로 세례를 베푸시리라"
> **행1:5** "요한은 물로 세례를 베풀었으나 너희는 몇 날이 못 되어 성령으로 세례를 받으리라 하셨느니라"
> **행11:16** "내가 주의 말씀에 요한은 물로 세례를 베풀었으나 너희는 성령으로 세례를 받으리라 하신 것이 생각났노라"
> **고전12:13** "우리가 유대인이나 헬라인이나 종이나 자유인이나 다 한 성령으로 세례를 받아 한 몸이 되었고 또 다 한 성령을 마시게 하셨느니라"

성령 세례란 성령님이 예수님을 믿는 자에게 임하시는 것입니다. 즉 승천하신 예수님이 약속하신 성령을 아버지께 받아서 부어주시는 것입니다. 성령 세례란 승천하신 예수님이 약속하신 성령을 아버지께 받아서 부어주시므로 성령님이 믿는 자에게 임하셔서 성령의 충만함을 받는 것인데 성령님이 맨 처음 임하신 것을 성령 세례라고 합니다. 즉 성령 세례는 성령님이 내 마음에 오신 것입니다(내주하심).

예수님은 그의 제자들에게 "너희는 몇 날이 못 되어 성령으로 세례를 받으리라"고 말씀하셨습니다(행1:5). 또 예수님은 그의 제자들에게 "오직 성령이 너희에게 임하시면 너희가 권능을 받고 예루살렘과 온 유대와 사마리아와 땅 끝까지 이르러 내 증인이 되리라" 고 말씀하셨습니다(행1:8). 그리고 예수님이 말씀하신대로 오순절 날 성령님이 제자들에게 임하셨습니다. 즉 제자들이 성령으로 세례를 받았습니다. 그런데 성경에는 제자들이 "다 성령의 충만함을 받았다" 고 말씀합니다(행2:4). 베드로는 성령으로 세례를 받은 후에 승천하신 예수님이 약속하신 성령을 아버지께 받아서 부어주셨다고 말했습니다(행2:33). 그러므로 성령으로 세례를 받는 것은 성령님이 임하신 것이요, 성령의 충만함을 받는 것이요, 예수님이 성령을 부어주신 것입니다.

> **행1:5** "요한은 물로 세례를 베풀었으나 너희는 몇 날이 못 되어 성령으로 세례를 받으리라 하셨느니라"
>
> **행1:8** "오직 성령이 너희에게 임하시면 너희가 권능을 받고 예루살렘과 온 유대와 사마리아와 땅 끝까지 이르러 내 증인이 되리라 하시니라"
>
> **행2:4** "그들이 다 성령의 충만함을 받고 성령이 말하게 하심을 따라 다른 언어들로 말하기를 시작하니라"
>
> **행2:33** "하나님이 오른손으로 예수를 높이시매 그가 약속하신 성령을 아버지께 받아서 너희가 보고 듣는 이것을 부어 주셨느니라"

① 성령 세례는 하나님이 약속하신 성령님이 임하신 것입니다.

성령 세례는 하나님 아버지께서 약속하신 것입니다(행1:4). 하나님은 선지자 요엘로 성령을 부어주실 것을 약속하셨습니다(행2:16-17, 욜 2:28-29). 그래서 예수님은 제자들에게 하나님 아버지께서 약속하신 성령을 기다리라고 명하셨고, 성령으로 세례를 받으리라고 약속하셨습니다(행1:5). 그리고 예수님은 승천하셔서 약속하신 성령을 아버지께 받아서 제자들에게 오순절 날 부어주셨습니다(행2:33). 성령 세례는 하나님께서 모든 육체(모든 믿는 자들)에게 부어 주리라고 약속하신 성령님이 임하신 것입니다.

> **행1:4** "사도와 함께 모이사 그들에게 분부하여 이르시되 예루살렘을 떠나지 말고 내게서 들은 바 아버지께서 약속하신 것을 기다리라"
>
> **행2:16-18** "이는 곧 선지자 요엘을 통하여 말씀하신 것이니 일렀으되 하나님이 말씀하시기를 말세에 내가 내 영을 모든 육체에 부어 주리니 너희의 젊은이들은 환상을 보고 너희의 늙은이들은 꿈을 꾸리라 그 때에 내가 내 영을 내 남종과 여종들에게 부어 주리니 그들이 예언할 것이요"
>
> **욜2:28-29** "그 후에 내가 내 영을 만민에게 부어 주리니 너희 자녀들이 장래 일을 말할 것이며 너희 늙은이는 꿈을 꾸며 너희 젊은이는 이상을 볼 것이며 그 때에 내가 또 내 영을 남종과 여종에게 부어 줄 것이며"
>
> **행1:5** "요한은 물로 세례를 베풀었으나 너희는 몇 날이 못 되어 성령으로 세례를 받으리라 하셨느니라"
>
> **행2:33** "하나님이 오른손으로 예수를 높이시매 그가 약속하신 성령을 아버지께 받아서 너희가 보고 듣는 이것을 부어 주셨느니라"

② 성령 세례는 하나님께서 약속의 성령으로 인치시고 보증하신 것입니다.

하나님께서는 우리에게 인치시고 보증으로 성령을 우리 마음에 주셨습니다(고후1:22). 즉 하나님은 우리의 죽을 육체가 생명에게 삼킨 바가 되게 하시고 그 보증으로 성령을 주셨습니다. 그리고 하나님이 우리에게 약속의 성령으로 인 치신 것은 우리의 기업의 보증이 되는 것입니다.

고후1:22 "그가 또한 우리에게 인치시고 보증으로 우리 마음에 성령을 주셨느니라"

a. 성령 세례는 우리가 생명을 얻었다는 보증입니다.

하나님은 우리의 죽을 육체가 생명에게 삼킨 바가 되게 하시고 그 보증으로 성령을 주셨습니다(고후5:4-5). 즉 우리 죽을 육체가 생명에게 삼킨 바 된 것입니다. 그래서 우리 죽을 육체에 예수 그리스도의 생명이 나타납니다(고후4:11). 그리고 우리가 성령 세례를 받아 성령님이 우리 안에 거하시면 하나님이 우리 안에 거하시는 성령으로 말미암아 우리 죽을 몸도 살리실(부활하게 하실) 것입니다(롬8:11).

고후5:4-5 "참으로 이 장막에 있는 우리가 짐 진 것 같이 탄식하는 것은 벗고자 함이 아니요 오히려 덧입고자 함이니 죽을 것이 생명에 삼킨 바 되게 하려 함이라 곧 이것을 우리에게 이루게 하시고 보증으로 성령을 우리에게 주신 이는 하나님이시니라"

고후4:11 "우리 살아 있는 자가 항상 예수를 위하여 죽음에 넘겨짐은 예수의 생명이 또한 우리 죽을 육체에 나타나게 하려 함이라"

롬8:11 "예수를 죽은 자 가운데서 살리신 이의 영이 너희 안에 거하시면 그리스도 예수를 죽은 자 가운데서 살리신 이가 너희 안에 거하시는 그의 영으로 말미암아 너희 죽을 몸도 살리시리라"

b. 성령 세례는 우리가 하나님의 아들이 되었다는 보증입니다.

우리가 믿음으로 말미암아 그리스도 예수 안에서 하나님의 아들이 되었고(갈3:26), 우리가 하나님의 아들인고로 하나님이 그 아들의 영을 우리 마음 가운데 보내셨습니다(갈4:6).

갈3:26 "너희가 다 믿음으로 말미암아 그리스도 예수 안에서 하나님의 아들이 되었으니"

갈4:6 "너희가 아들이므로 하나님이 그 아들의 영을 우리 마음 가운데 보내사 아빠 아버지라 부르게 하셨느니라"

c. 성령 세례는 우리 기업(천국의 상속자)의 보증이 됩니다.

성령 세례는 우리가 천국의 상속자임을 보증하는 것입니다. 하나님의 계획을 따라 우리가 예정을 입어 그리스도 안에서 기업(천국의 상속자)이 되었습니다(엡1:11). 그래서 우리는 그리스도 안에서 진리의 말씀 곧 구원의 복음을 듣고 그리스도 안에서 또한 믿어 약속의 성령으로 인 치심을 받았습니다(엡1:13). 우리가 약속의 성령으로 인 치심을 받은 것은 우리 기업의 보증 곧 우리가 천국의 상속자가 된 것의 보증이 되어서 그 얻으신 것을 속량하시고 그의 영광을 찬미하게 하는 것입니다(엡1:14).

엡1:11 "모든 일을 그의 뜻의 결정대로 일하시는 이의 계획을 따라 우리가 예정을 입어 그 안에서 기업이 되었으니"

엡1:13 "그 안에서 너희도 진리의 말씀 곧 너희의 구원의 복음을 듣고 그 안에서 또한 믿어 약속의 성령으로 인 치심을 받았으니"

엡1:14 "이는 우리 기업의 보증이 되사 그 얻으신 것을 속량하시고 그의 영광을 찬송하게 하려 하심이라"

③ 성령 세례는 분명한 사실입니다.

성령 세례는 받았는지 받지 못했는지 분명하게 알아야 하고 또 알 수 있습니다. 예수님은 제자들에게 "아버지의 약속하신 것(성령 세례)을 받을 때까지 예루살렘을 떠나지 말고 기다리라" 고 명하셨습니다(행1:4). 그런데 성령 세례를 받는 것이 분명하지 않다면 기다리라는 명령을 할 수가 없습니다. 이는 성령 세례 받는 것이 분명하지 않다면 언제까지 기다려야 하는지 알 수 없기 때문입니다.

행1:4 "사도와 함께 모이사 그들에게 분부하여 이르시되 예루살렘을 떠나지 말고 내게서 들은 바 아버지께서 약속하신 것을 기다리라"

사도들에게 성령님이 임하심은 분명한 일이었습니다. 사도들에게 성령님이 임하심은 본인들이 듣고 볼 수 있었으며(행2:2-3), 다른 사람들도 성령이 임하심이 무엇인지 분별은 못했으나 보고 들을 수는 있었습니다(행2:33).

행2:2-3 "홀연히 하늘로부터 급하고 강한 바람 같은 소리가 있어 그들이 앉은 온 집에 가득하며 마치 불의 혀처럼 갈라지는 것들이 그들에게 보여 각 사람 위에 임하여 있더니"
행2:33 "하나님이 오른손으로 예수를 높이시매 그가 약속하신 성령을 아버지께 받아서 너희가 보고 들은 이것을 부어주셨느니라"

사도 바울은 에베소에서 만난 어떤 제자들에게 "너희가 믿을 때에 성령을 받았느냐?" 고 물었습니다(행19:2). 그들은 "성령이 계심도 듣지 못하였노라" 고 대답했습니다. 이 대답을 들은 사도 바울은 말씀을 전하고 그들에게 안수하였으며 성령님이 그들에게 임하셨습니다. 성령 받은 것을 알 수 없다면 "성령을 받았느냐?"고 물을 수 없습니다. 그러므로 성령 세례는 분명한 사실이며 성령 받은 자들이 알 수 있습니다.

사도 바울은 갈라디아 지방에 있는 교회들의 성도들이 성령을 받은 것을 알고 있었습니다. 그리고 그들 자신들도 성령을 받은 것을 알고 있었습니다. 사도 바울은 그들이 성령을 받은 것이 듣고 믿음으로 받은 것임을 알기를 원하였습니다(갈3:2).

> **행19:2** "이르되 너희가 믿을 때에 성령을 받았느냐 이르되 아니라 우리는 성령이 계심도 듣지 못하였노라"
> **갈3:2** "내가 너희에게 다만 이것을 알려 하노니 너희가 성령을 받은 것은 율법의 행위로냐 혹은 듣고 믿음으로냐"

④ 성령 세례를 받으면 예수님의 증인이 됩니다.

성령 세례는 권능을 수반합니다. 하나님 아버지께서 약속하신 성령님이 임하시면 위로부터 오는 능력을 입게 됩니다(눅24:49), 또 성령님이 임하시면 권능을 받고 예수님의 증인이 됩니다.(행1:8). 그래서 성령 세례를 받은 결과는 권능으로 그리스도와 그 말씀을 증거 하는 것이었습니다. 성령 받은 사도들은 담대하게 말씀을 증거 하였고(행2:14), 성령 받은 사도 베드로가 증언한 말씀을 들은 3,000명이 믿고 세례를 받았습니다(행2:41). 그리고 성령으로 충만한 사도 바울은 즉시로 각 회당에서 예수 그리스도를 전파하였습니다(행9:20).

> **눅24:49** "볼지어다 내가 내 아버지께서 약속하신 것을 너희에게 보내리니 너희는 위로부터 능력으로 입혀질 때까지 이 성에 머물라 하시니라"
> **행1:8** "오직 성령이 너희에게 임하시면 너희가 권능을 받고 예루살렘과 온 유대와 사마리아와 땅 끝까지 이르러 내 증인이 되리라 하시니라"
> **행2:14** "베드로가 열한 사도와 함께 서서 소리를 높여 이르되 유대인들

과 예루살렘에 사는 모든 사람들아 이 일을 너희로 알게할 것이니 내 말에 귀를 기울이라"

행9:20 "즉시로 각 회당에서 예수가 하나님의 아들이심을 전파하니"

행2:41 "그 말을 받은 사람들은 세례를 받으매 이 날에 신도의 수가 삼천이나 더하더라"

성령님이 임하시면 행복하게 됩니다. 성령님이 임하시면 기쁨이 넘치게 되고 황홀하게 됩니다. 그러나 이것이 성령님이 임하신 주된 목적은 아닙니다. 성령님이 임하시면 하나님께 쓸모없던 사람이 쓸모 있는 사람이 되어 능력으로 증언하는 예수님의 증인이 됩니다. 이것이 성령님이 임하신 주된 목적입니다. 성령 세례를 받으면, 즉 성령님이 임하시면 예수님의 증인이 됩니다.

성령 세례는 예수님을 믿는 자에게 성령님이 임하셔서 그 마음에 계시는 것입니다. 그리고 성령님이 임하셔서 그 마음에 계신 자는 성령님의 지배를 받아(성령으로 충만하여) 성령님으로 살게 됩니다. 물세례를 받는 것은 내가 예수님을 알고 믿는 고백입니다. 반면에 성령세례를 받는 것은 예수님이 나를 아시고 믿어 주시는 보증입니다. 물세례는 내가 예수님과 연합(함께)하는 고백입니다. 반면에 성령세례는 예수님이 나와 함께 해 주시는 보증입니다.

2) 성령 세례의 필요성

예수님을 믿는 자에게 성령 세례가 필요할까요? 꼭 필요합니다. 성경은 예수님을 믿는 자에게 성령 세례가 필요함을 말씀합니다. 예수님에게 성령님이 임하셔야 했고, 예수님은 성령 세례를 강조하셨으며, 사도들에게 성령 세례가 꼭 필요했고, 사도들은 성령 세례의 중요함을 알았으며, 하나님의 말씀은 성령으로 전해져야 하고, 모든 믿는 자들은 성령 세례를 받아야 합니다.

① 예수님에게도 성령님이 임하셔야 했습니다.

예수님도 성령님이 임하신 후에야 공적 사역을 시작하셨습니다. 예수님이 세례 요한에게 세례를 받으시고 물에서 올라오시며 기도하실 때 성령님이 임하셨습니다(마3:16, 눅3:21-22). 그리고 예수님은 성령에게 이끌리어 마귀의 시험을 받으러 광야로 가셨고 이기셨습니다(마4:1). 또한 예수님은 성령의 권능으로 갈릴리에 돌아가셨습니다(눅4:14). 예수님은 하나님 아버지께 성령과 능력을 기름 붓듯 받고 일을 하셨습니다(행10:38).

마3:16 "예수께서 세례를 받으시고 곧 물에서 올라오실새 하늘이 열리고 하나님의 성령이 비둘기 같이 내려 자기 위에 임하심을 보시더니"

눅3:21-22 "백성이 다 세례를 받을새 예수도 세례를 받으시고 기도하실 때에 하늘이 열리며 성령이 비둘기 같은 형체로 그의 위에 강림하시더니 하늘로부터 소리가 나기를 너는 내 사랑하는 아들이라 내가 너를 기뻐하노라 하시니라"

마4:1 "그 때에 예수께서 성령에게 이끌리어 마귀에게 시험을 받으러 광야로 가사"

눅4:14 "예수께서 성령의 능력으로 갈릴리에 돌아가시니 그 소문이 사방에 퍼졌고"

행10:38 "하나님이 나사렛 예수에게 성령과 능력을 기름 붓듯 하셨으매 그가 두루 다니시며 선한 일을 행하시고 마귀에게 눌린 모든 사람을 고치셨으니 이는 하나님이 함께 하셨음이라"

예수님은 어떤 분이십니까? 예수님은 성령의 능력으로 초자연적으로 잉태되어 나셨으며, 하나님의 독생자이시며 참 하나님이십니다. 또 예수님은 죄가 없으십니다. 그런데도 예수님은 성령님이 임하심으로 하나님 아버지께서 보내어 시키시는 일을 하셨습니다. 그렇다면 우리가 어떻게 성령님의 임하심(성령 세례)이 없이 하나님께서 시키시는 일을 할 수 있겠습니까? 우리에게는 성령 세례가 꼭 필요합니다.

② 예수님은 성령 세례(성령님이 오심)를 강조하셨습니다.

예수님은 성령님이 오심을 강조하셨습니다. 예수님은 자신이 떠나가시고 성령님이 제자들에게로 오시는 것이 그들에게 유익이라고 말씀하셨습니다(요16:7). 그리고 실제로 예수님이 제자들과 함께 계신 것보다 예수님이 떠나가시고 성령님이 오신 것이 제자들에게 유익이 되었습니다.

요16:7 "그러나 내가 너희에게 실상을 말하노니 내가 떠나가는 것이 너희에게 유익이라 내가 떠나가지 아니하면 보혜사가 너희에게로 오시지 아니할 것이요 가면 내가 그를 너희에게로 보내리니"

③ 사도들에게 성령 세례가 꼭 필요했습니다.

예수님은 승천하시기 전에 사도들의 마음을 열어서 성경을 깨닫게 하셨고(눅24:45), 또 복음이 예루살렘으로부터 시작하여 모든 족속에게 전파될 것을 말씀하셨습니다(눅24:46-47). 그리고 예수님은 사도들이 그 증인이라고 말씀하셨습니다. 그래서 사도들은 복음을 증거 해야 함을 알았습니다. 또 사도들은 주께서 깨닫게 하신 말씀을 증거 할 수 있었습니다. 그러나 예수님은 사도들에게 아버지의 약속하신 것을 보낼 때까지 예루살렘 성에 머물라고 명하셨습니다(눅24:49). 아버지의 약속하신 것은 성령(성령 세례)이십니다(행1:4-5).

> **눅24:45** "이에 그들의 마음을 열어 성경을 깨닫게 하시고"
>
> **눅24:46-47** "또 이르시되 이같이 그리스도가 고난을 받고 제삼 일에 죽은 자 가운데서 살아날 것과 또 그의 이름으로 죄 사함을 받게 하는 회개가 예루살렘에서 시작하여 모든 족속에게 전파될 것이 기록되었으니"
>
> **눅24:49** "볼지어다 내가 내 아버지께서 약속하신 것을 너희에게 보내리니 너희는 위로부터 능력으로 입혀질 때까지 이 성에 머물라 하시니라"
>
> **행1:4-5** "사도와 함께 모이사 그들에게 분부하여 이르시되 예루살렘을 떠나지 말고 내게서 들은 바 아버지께서 약속하신 것을 기다리라 요한은 물로 세례를 베풀었으나 너희는 몇 날이 못 되어 성령으로 세례를 받으리라 하셨느니라"

예수님께서 성령을 받으라고 명하셨던 사도들은 누구입니까? 그들은 예수님이 훈련시키셨던 사도들이었습니다. 그들은 삼년 이상 예수님과 가장 친밀하게 살았으며, 예수님이 행하신 표적을 직접 보았고, 예수님의 죽으심과 부활하심을 직접 목격한 자들이었습니다. 그래서 그들은 전할 준비가 되어 있었고 자신들이 보고 들은 것을 사람들에게 전하면 되었습니다.

그러나 예수님이 보실 때는 준비가 다 된 것이 아니었습니다. 사도들에게 절대적으로 필요한 것이 있었습니다. 그것은 그들이 아버지의 약속하신 것 곧 성령으로 세례를 받는 것이었습니다. 이렇게 사도들에게 성령 세례가 필요하였다면 우리에게는 성령 세례가 더 필요합니다. 그러므로 우리는 오직 성령으로 충만함을 받아야 합니다(엡5:18).

엡5:18 "술 취하지 말라 이는 방탕한 것이니 오직 성령으로 충만함을 받으라"

④ 사도들은 성령 세례의 중요함을 알았습니다.

사도들은 성령 받음(성령 세례)의 중요함을 알았습니다. 성령을 받은 자는 성령 받음의 중요함을 압니다. 그래서 사도들은 예수 그리스도를 믿는 자들에게 제일 먼저 성령(성령 세례)을 받도록 기도하고 안수하여 성령을 받게 했습니다.

사도 베드로와 요한은 사마리아에 내려가서 빌립의 전도를 받고 믿는 자들을 위하여 성령 받기를 기도하였습니다. 왜냐하면 그들은 아직 한 사람에게도 성령 내리신 일이 없고 오직 주 예수의 이름으로 세례만 받을 뿐이었기 때문입니다. 즉 그들은 성령 세례를 받지 못하였기 때문입니다. 그래서 두 사도가 저희에게 안수하였으며 그들이 성령을 받았습니다(행 8:14-17).

행8:14-17 "예루살렘에 있는 사도들이 사마리아도 하나님의 말씀을 받았다 함을 듣고 베드로와 요한을 보내매 그들이 내려가서 그들을 위하여 성령 받기를 기도하니 이는 아직 한 사람에게도 성령 내리신 일이 없고 오직 주 예수의 이름으로 세례만 받을 뿐이더라 이에 두 사도가 그들에게 안수하매 성령을 받는지라"

사도 바울은 에베소에서 어떤 제자들(믿는 자들)을 만났을 때 성령을 받았는가를 물었습니다. 그들은 성령이 계심도 듣지 못하였다고 대답하였습니다(행19:2). 이에 바울은 그들에게 무슨 세례를 받았느냐고 물었고 그들은 요한의 세례를 받았다고 대답했습니다(행19:3). 그들은 성령 세례를 받지 못한 것입니다. 그래서 사도 바울이 성령을 받도록 가르치고, 기도하고 안수하였으며 그들에게 성령님이 임하셨습니다(행19:6-7).

> **행19:2** "이르되 너희가 믿을 때에 성령을 받았느냐 이르되 아니라 우리
> 는 성령이 계심도 듣지 못하였노라"
> **행19:3** "바울이 이르되 그러면 너희가 무슨 세례를 받았느냐 대답하되
> 요한의 세례니라"
> **행19:6-7** "바울이 그들에게 안수하매 성령이 그들에게 임하시므로 방
> 언도 하고 예언도 하니 모두 열두 사람쯤 되니라"

⑤ 하나님의 진리의 말씀은 성령으로 전해야 합니다.

하나님의 진리의 말씀은 성령을 받아 성령으로 전해야 합니다. 하나님의 진리의 말씀을 전하고 잘못된 것을 전하지 않으면서도 하나님의 진리의 말씀을 전하지 않게 되는 경우도 있습니다. 성령의 나타나심과 능력으로가 아니라 설득력 있는 사람의 지혜의 말로 전하면 진리를 전하지 않는 것과 같습니다. 이는 설득력 있는 지혜의 말로 전하면 듣는 자의 믿음이 사람의 지혜에 있게 되기 때문입니다. 진리의 말씀은 성령의 나타나심과 능력으로 전해야 받는 자의 믿음이 하나님의 능력에 있게 됩니다(고전2:4-5). 그리고 복음을 말의 지혜로 전하면 그리스도의 십자가가 헛되게 됩니다(고전1:17).

> **고전2:4-5** "내 말과 내 전도함이 설득력 있는 지혜의 말로 아니하고 다
> 만 성령의 나타나심과 능력으로 하여 너희 믿음이 사람의 지혜에 있지
> 아니하고 다만 하나님의 능력에 있게 하려 하였노라"
> **고전1:17** "그리스도께서 나를 보내심은 세례를 베풀게 하려 하심이 아

니요 오직 복음을 전하게 하려 하심이로되 말의 지혜로 하지 아니함은 그리스도의 십자가가 헛되지 않게 하려 함이라"

우리가 진리를 바르게 받게 되면 진리를 알게 되고, 진리가 우리를 자유하게 합니다(요8:32). 하나님의 아들 예수님이 진리십니다(요14:6). 그러므로 예수님이 우리를 자유하게 하시면 우리가 참으로 자유 합니다(요8:36). 성령님이 진리의 영이십니다(요14:17). 그러므로 성령님이 계신 곳에는 자유함이 있습니다(고후3:17).

> <u>요8:32</u> "진리를 알지니 진리가 너희를 자유롭게 하리라"
> <u>요14:6</u> "예수께서 이르시되 내가 곧 길이요 진리요 생명이니 나로 말미암지 않고는 아버지께로 올 자가 없느니라"
> <u>요8:36</u> "그러므로 아들이 너희를 자유롭게 하면 너희가 참으로 자유로우리라"
> <u>요14:17</u> "그는 진리의 영이라 세상은 능히 그를 받지 못하나니 이는 그를 보지도 못하고 알지도 못함이라 그러나 너희는 그를 아나니 그는 너희와 함께 거하심이요 또 너희 속에 계시겠음이라"
> <u>고후3:17</u> "주는 영이시니 주의 영이 계신 곳에는 자유가 있느니라"

⑥ 예수님을 믿는 자들은 모두 성령 세례를 받아야 합니다.

성령 세례는 예수님을 믿는 자에게 반드시 필요합니다. 그래서 예수님을 믿는 자는 성령을 받아야 하고 또 받을 수 있습니다. 이는 성령을 선물로 받는 약속은 하나님께서 모든 믿는 자에게 주셨기 때문입니다(행2:39). 이미 성령으로 세례를 받은 자는 계속하여 성령의 충만을 받아야 합니다. 성령으로 세례를 받은 자는 항상 충만하도록 성령 충만을 계속 받아야 합니다. 사도 베드로는 오순절 날 성령의 충만함(성령 세례)을 받았습니다(행 2:4). 사도 베드로는 그 후에도 성령이 충만하였으며(행4:8), 또 성령의 충만함을 받았습니다(행4:31).

> **행2:39** "이 약속은 너희와 너희 자녀와 모든 먼 데 사람 곧 하나님이 얼마든지 부르시는 자들에게 하신 것이라 하고"
> **행2:4** "그들이 다 성령의 충만함을 받고 성령이 말하게 하심을 따라 다른 언어들로 말하기를 시작하니라"
> **행4:8** "이에 베드로가 성령이 충만하여 이르되 백성의 관리들과 장로들아"
> **행4:31** "빌기를 다하매 모인 곳이 진동하더니 무리가 다 성령이 충만하여 담대히 하나님의 말씀을 전하니라"

3. 기름 부음

하나님은 예수 그리스도를 믿는 자에게 기름을 부으십니다. 그리고 하나님은 기름 부음 받은 자에게 역사하시고, 그를 보호하십니다. 그러므로 우리는 기름 부음을 받아야 합니다. 기름 부음이 우리를 거룩하게 하고, 우리에게 모든 것을 가르치며, 우리로 복음을 전하게 하고, 우리로 보호를 받게 합니다. 우리가 기름 부음을 받기 위해서는 주님을 사모해야 하고, 자기를 부인하며, 기도해야 합니다. 그리고 우리가 기름 부음을 받으면 그 기름 부음(성령의 능력)을 선용해야 합니다.

1) 기름 부음이란 무엇인가요?

행10:38에 하나님 아버지께서 예수님에게 성령과 능력을 주신 것을 "성령과 능력을 기름 붓듯 하셨으매" 라고 말씀합니다. 기름 부음이란 표현은 하나님께서 성령과 능력을 주시되 마치 기름 붓듯이 충만하게 부어주심을 의미합니다.

행10:38 "하나님이 나사렛 예수에게 성령과 능력을 기름 붓듯 하셨으매 그가 두루 다니시며 선한 일을 행하시고 마귀에게 눌린 모든 사람을 고치셨으니 이는 하나님이 함께 하셨음이라"

① 기름 부음은 하나님이 성령과 능력을 부어주심을 의미합니다.

하나님은 믿는 자에게 성령과 능력을 부어주십니다. 하나님이 성령을 부어주심을 성령 세례라 하며 능력을 부어주심을 기름 부음이라 할 수 있습니다. 우리에게 성령님이 임하시면 우리가 권능을 받습니다(행1:8). 그리고 우리가 권능을 받으면 예수님의 증인이 됩니다. 우리에게 성령님이 임하시는 것이 성령 세례이며, 우리가 권능을 받는 것은 기름 부음입니다. 성령 세례와 기름 부음은 함께 이루어지며 성령 세례는 단 한번이지만 기름 부음은 계속 받아야 합니다. 그리고 우리가 기름 부음을 계속 받으면 성령님의 임재(성령 세례)를 계속 알 수 있습니다.

행1:8 "오직 성령이 너희에게 임하시면 너희가 권능을 받고 예루살렘과 온 유대와 사마리아와 땅 끝까지 이르러 내 증인이 되리라 하시니라"

② 기름 부음의 목적은 복음을 전하게 하는 것입니다.

예수님에게도 성령님이 임하셨는데 이는 예수님에게 기름을 부셔서 복음을 전하게 하려 하심이었습니다(사61:1). 이렇게 성령님이 임하신 것은 권능을 주셔서(기름을 부셔서) 예수님의 증인이 되게 하신 것입니다(행1:8). 성령님은 가만히 계시려고 오신 것이 아닙니다. 성령님은 오셔서 능력으로 역사하십니다. 성령님이 임하시면 기름 부음이 있습니다. 그리고 기름을 부신 목적은 복음을 전하게 하는 것입니다. 그러므로 우리가 하나님께 쓰임을 받으며 복음을 전하려면 성령님이 임하시므로 기름 부심이 반드시 있어야 합니다.

사61:1 "주 여호와의 영이 내게 내리셨으니 이는 여호와께서 내게 기름을 부으사 가난한 자에게 아름다운 소식을 전하게 하려 하심이라 나를 보내사 마음이 상한 자를 고치며 포로 된 자에게 자유를, 갇힌 자에게 놓임을 선포하며"

행1:8 "오직 성령이 너희에게 임하시면 너희가 권능을 받고 예루살렘과 온 유대와 사마리아와 땅 끝까지 이르러 내 증인이 되리라 하시니라"

2) 하나님이 기름을 부십니다.

우리에게 기름을 부신 이는 하나님이십니다. 하나님은 예수님을 믿는 자들에게 기름을 부십니다. 그리고 하나님은 기름 부음 받은 자에게 역사하시고 보호하십니다. 다윗은 자신을 하나님에게 기름 부음 받은 자라고 고백했습니다.

① 기름을 부신 이는 하나님이십니다.

하나님은 다윗에게 기름을 부셨습니다(시89:20). 하나님은 그의 아들 예수님에게도 기름을 부셨습니다(사61:1). 하나님은 예수님에게 성령과 능력을 기름 붓 듯 부셨습니다(행10:38). 사도시대 성도들은 거룩하신 하나님에게서 기름 부음을 받았습니다(요일2:20). 하나님은 우리에게도 기름을 부십니다(고후1:21).

시89:20 "내가 내 종 다윗을 찾아내어 나의 거룩한 기름으로 그에게 부었도다"

사61:1 "주 여호와의 영이 내게 내리셨으니 이는 여호와께서 내게 기름을 부으사 가난한 자에게 아름다운 소식을 전하게 하려 하심이라 나를 보내사 마음이 상한 자를 고치며 포로된 자에게 자유를, 갇힌 자에게 놓임을 선포하며"

행10:38 "하나님이 나사렛 예수에게 성령과 능력을 기름 붓듯 하셨으매 그가 두루 다니시며 선한 일을 행하시고 마귀에게 눌린 모든 사람을 고치셨으니 이는 하나님이 함께 하셨음이라"

요일2:20 "너희는 거룩하신 자에게서 기름 부음을 받고 모든 것을 아느니라"

고후1:21 "우리를 너희와 함께 그리스도 안에서 굳건하게 하시고 우리에게 기름을 부으신 이는 하나님이시니라"

② 하나님은 기름 부음 받은 자에게 역사하십니다.

하나님께 기름 부음 받은 자는 하나님께 속한 자이므로 하나님께서 기름 부음 받은 자를 구원하십니다(시20:6). 그리고 하나님은 기름 부음 받은 자에게 인자를 베푸십니다(삼하22:51). 또한 하나님은 기름 부음 받은 자의 산성이시며(시28:8), 기름 부음 받은 자를 높이십니다(삼상2:10).

<u>시20:6</u> "여호와께서 자기에게 기름 부음 받은 자를 구원하시는 줄 이제 내가 아노니 그의 오른손의 구원하는 힘으로 그의 거룩한 하늘에서 그에게 응답하시리로다"

<u>삼하22:51</u> "여호와께서 그의 왕에게 큰 구원을 주시며 기름 부음 받은 자에게 인자를 베푸심이여 영원하도록 다윗과 그 후손에게로다 하였더라"

<u>시28:8</u> "여호와는 그들의 힘이시오 그의 기름 부음 받은 자의 구원의 요새이시로다"

<u>삼상2:10</u> "여호와를 대적하는 자는 산산이 깨어질 것이라 하늘에서 우레로 그들을 치시리로다 여호와께서 땅 끝까지 심판을 내리시고 자기 왕에게 힘을 주시며 자기의 기름 부음을 받은 자의 뿔을 높이시리로다 하니라"

③ 하나님은 기름 부음 받은 자를 보호하십니다.

하나님은 열왕들에게 "나의 기름 부은 자를 손대지 말라"고 명하셨습니다(시105:15). 이는 하나님이 기름 부은 자를 보호하신다는 말씀입니다. 그러나 사람들은 하나님의 기름 부음 받은 자를 대적하였습니다(시2:2). 사람들은 하나님이 기름 부신 예수님을 거슬렸습니다(행4:27). 하나님께 기름 부음 받은 자를 해치는 것은 하나님을 대적하는 것입니다.

<u>시105:15</u> "이르시기를 나의 기름 부은 자를 손대지 말며 나의 선지자들을 해하지 말라 하셨도다"

<u>시2:2</u> "세상의 군왕들이 나서며 관원들이 서로 꾀하여 여호와와 그의 기름 부음 받은 자를 대적하며"

행4:27 "과연 헤롯과 본디오 빌라도는 이방인과 이스라엘 백성과 합세하여 하나님께서 기름 부으신 거룩한 종 예수를 거슬러"

하나님께서 다윗에게 기름을 부으셨습니다(시89:20). 이에 다윗은 자신을 하나님에게 기름 부음 받은 자로 여겼습니다(삼하23:1). 그리고 기름 부음을 받은 다윗은 기름 부음의 가치를 알았고, 하나님께서 기름 부음 받은 자를 구원하시는 줄을 알았으며(시20:6), 하나님께서 기름부음 받은 자를 치는 것을 금하시는 것도 알았습니다(삼상26:11). 그래서 다윗은 기름 부음 받은 사울 왕을 해치지 않았습니다. 그리고 다윗은 죄를 회개할 때 성령을 거두지 마시기를 기도했으며(시51:11), 항상 성령님을 의식하면서 살았습니다(시139:7).

시89:20 "내가 내 종 다윗을 찾아내어 나의 거룩한 기름으로 그에게 부었도다"

삼하23:1 "이는 다윗의 마지막 말이라 이새의 아들 다윗이 말함이여 높이 세워진 자, 야곱의 하나님께로부터 기름 부음 받은자, 이스라엘의 노래 잘 하는 자가 말하노라"

시20:6 "여호와께서 자기에게 기름 부음 받은 자를 구원하시는 줄 이제 내가 아노니 그의 오른손의 구원하는 힘으로 그의 거룩한 하늘에서 그에게 응답하시리로다"

삼상26:11 "내가 손을 들어 여호와의 기름 부음 받은 자를 치는 것을 여호와께서 금하시나니 너는 그의 머리 곁에 있는 창과 물병만 가지고 가자하고"

시51:11 "나를 주 앞에서 쫓아내지 마시며 주의 성령을 내게서 거두지 마소서"

시139:7 "내가 주의 영을 떠나 어디로 가며 주의 앞에서 어디로 피하리이까"

3) 기름 부음의 능력

우리가 하나님께 기름 부음을 받으면 기름 부음이 우리 안에 거합니다(요일2:27). 그리고 그 기름 부음이 우리 안에서 역사합니다.

요일2:27 "너희는 주께 받은바 기름 부음이 너희 안에 거하나니 아무도 너희를 가르칠 필요가 없고 오직 그의 기름 부음이 모든 것을 너희에게 가르치며 또 참되고 거짓이 없으니 너희를 가르치신 그대로 주 안에 거하라"

그러면 기름 부음이 우리 안에서 어떤 역사를 할까요?

① 기름 부음이 우리를 거룩하게 합니다.

기름 부음은 거룩하게 구별하는 것입니다. 하나님께서 모세에게 명하셔서 아론과 그 아들들에게 기름을 발라 거룩하게 하고 제사장 직분을 행하게 하셨습니다(출30:30). 또 하나님은 모세에게 명하셔서 성막을 세우게 하시고 그것에 기름을 발라 거룩하게 구별하고 모든 기구와 제단과 그 모든 기구에 기름을 발라 거룩히 구별하게 하셨습니다(민7:1). 이와 같이 기름 부음은 거룩하게 구별하는 것입니다. 그러므로 기름 부음이 항상 있으려면 세상과 구별되어야 합니다.

출30:30 "너는 아론과 그의 아들들에게 기름을 발라 그들을 거룩하게 하고 그들이 내게 제사장 직분을 행하게 하고"

민7:1 "모세가 장막 세우기를 끝내고 그것에 기름을 발라 거룩히 구별
하고 또 그 모든 기구와 제단과 그 모든 기물에 기름을 발라 거룩히 구
별한 날에"

우리가 기름 부음을 받으려면 기름 부으심 전에 반드시 예수 그리스도
의 피로 죄 사함을 받아야 합니다. 하나님께서 모세에게 명하신 나병 환자
를 정결하게 하는 예식에서 제사장은 희생의 피를 취하여 정결함을 받을
자에게 바르고 그 피 위에 기름을 발랐습니다(레14:14-17). 즉 피는 정결
함을 받을 자에게 바르고 기름은 피로 정결함을 받은 자에게 발랐습니다.
나병 환자는 죄인을 상징합니다. 죄인은 예수님의 피로 정결함을 받아야
합니다. 그리고 예수님의 피로 정결함을 받은 자는 기름 부음을 받아야 합
니다. 예수님의 피는 우리의 죄를 사해줍니다. 그리고 기름 부음은 죄 사함
을 받은 우리로 죄를 짓지 않게 하는 능력입니다. 우리가 기름 부음을 받고
성령을 따라 행하면 육체의 욕심을 이루지 아니합니다(갈5:16). 즉 우리가
기름 부음으로 충만하면 죄를 짓지 않습니다. 우리가 하나님에게서 나서(
요일3:9) 예수님 안에 거하면 범죄 하지 아니 합니다(요일3:6).

레14:14-17 "제사장은 그 속건제물의 피를 취하여 정결함을 받을 자
의 오른쪽 귓부리와 오른쪽 엄지 손가락과 오른쪽 엄지 발가락에 바를
것이요 제사장은 또 그 한 록의 기름을 취하여 자기 왼쪽 손바닥에 따르
고 오른쪽 손가락으로 왼쪽 손의 기름을 찍어 그 손가락으로 그것을 여
호와 앞에 일곱 번 뿌릴 것이요 손에 남은 기름은 제사장이 정결함을 받
을 자의 오른쪽 귓부리와 오른쪽 엄지 손가락과 오른쪽 엄지 발가락 곧
속건제물의 피 위에 바를 것이며"

갈5:16 "내가 이르노니 너희는 성령을 따라 행하라 그리하면 육체의 욕심을 이루지 아니하리라"

요일3:9 "하나님께로부터 난 자마다 죄를 짓지 아니하나니 이는 하나님의 씨가 그의 속에 거함이요 그도 범죄 하지 못하는 것은 하나님께로부터 났음이라"

요일3:6 "그 안에 거하는 자마다 범죄 하지 아니하나니 범죄 하는 자마다 그를 보지도 못하였고 그를 알지도 못하였느니라"

② 기름 부음이 우리에게 모든 것을 가르칩니다.

우리가 하나님에게서 기름 부음을 받으면 모든 것을 알게 됩니다(요일2:20). 이는 기름 부음이 모든 것을 가르치기 때문입니다(요일2:27). 그리고 기름 부음의 가르침은 참되고 거짓이 없습니다. 그러므로 우리는 하나님에게서 기름 부음을 받아야 합니다. 그래서 기름 부음의 가르침을 받고 모든 것을 알아야 합니다. 성령님은 우리에게 모든 것을 가르치십니다(요14:26).

요일2:20 "너희는 거룩하신 자에게서 기름 부음을 받고 모든 것을 아느니라"

요일2:27 "너희는 주께 받은바 기름 부음이 너희 안에 거하나니 아무도 너희를 가르칠 필요가 없고 오직 그의 기름 부음이 모든 것을 너희에게 가르치며 또 참되고 거짓이 없으니 너희를 가르치신 그대로 주 안에 거하라"

요14:26 "보혜사 곧 아버지께서 내 이름으로 보내실 성령 그가 너희에게 모든 것을 가르치고 내가 너희에게 말한 모든 것을 생각나게 하리라"

③ 기름 부음이 우리로 복음을 전하게 합니다.

성령님이 임하신 것은 기름을 부으사 복음을 전하게 하려 하심입니다(사61:1). 예수님은 성령님이 임하시므로 기름 부음을 받고 복음을 전하셨습니다. 기름 부음은 복음을 전할 때에 능력으로 전하게 합니다. 그러므로 우리도 기름 부음을 받아 복음을 말로만이 아니라 능력과 성령과 큰 확신으로 전해야 합니다(살전1:5).

사61:1 "주 여호와의 영이 내게 내리셨으니 이는 여호와께서 내게 기름을 부으사 가난한 자에게 아름다운 소식을 전하게 하려 하심이라 나를 보내사 마음이 상한 자를 고치며 포로된 자에게 자유를, 갇힌 자에게 놓임을 선포하며"

살전1:5 "이는 우리 복음이 너희에게 말로만 이른 것이 아니라 또한 능력과 성령과 큰 확신으로 된 것임이라 우리가 너희 가운데서 너희를 위하여 어떤 사람이 된 것은 너희가 아는 바와 같으니라"

④ 기름 부음이 우리로 보호를 받게 합니다.

다윗은 "주께서 기름을 내 머리에 부으셨으니(바르셨으니)"라고 찬양했습니다(시23:5). 기름을 머리에 바름은 보호를 의미합니다. 양들의 머리에 기름을 발라주는데 이는 해충으로부터 양을 보호하기 위한 것이라고 합니다. 또 방패에다 기름을 발랐는데 방패는 기름을 발라야 방패 역할을 할 수 있습니다(사21:5). 머리에 기름을 바르고 방패에 기름을 바름은 성령의 기름 부음을 상징하며 보호를 의미합니다. 우리가 기름 부음을 받으면 보호를 받습니다. 사울왕의 방패는 기름 부음을 받지 않음같이 되어 버린바 되었습니다(삼하1:21). 기름을 바르지 아니한 방패는 버릴 수밖에 없습니다. 그래서 사울왕은 버림을 받았습니다. 그러나 기름 부음 받은 자는 하나님께서 보호하십니다(시28:8).

> **시23:5** "주께서 내 원수의 목전에서 내게 상을 차려 주시고 기름을 내 머리에 부으셨으니 내 잔이 넘치나이다"
>
> **사21:5** "그들이 식탁을 베풀고 파수꾼을 세우고 먹고 마시도다 너희 고관들아 일어나 방패에 기름을 바를지어다"
>
> **삼하1:21** "길보아 산들아 너희 위에 이슬과 비가 내리지 아니하며 제물 낼 밭도 없을지어다 거기서 두 용사의 방패가 버린바 됨이니라 곧 사울의 방패가 기름 부음을 받지 아니함 같이 됨이로다"
>
> **시28:8** "여호와는 그들의 힘이시오 그의 기름 부음 받은 자의 구원의 요새이시로다"

4) 기름 부음이 충만하려면 어떻게 해야 하는가요?

하나님이 우리를 그리스도 안에서 견고하게 하시고 우리에게 기름을 부셨습니다. 또한 하나님이 우리에게 인치시고 보증으로 성령을 우리 마음에 주셨습니다(고후1:21-22). 그리고 기름 부음의 결과는 우리가 예수님 안에 거하는 것이요(요일2:27), 하나님과 함께 하는 것입니다(행10:38). 그러므로 우리가 주 안에 거하고 하나님과 함께 하면 기름 부음을 계속 받습니다. 우리는 기름 부음을 계속 받아서 기름 부음이 충만해야 합니다.

> **고후1:21-22** "우리를 너희와 함께 그리스도 안에서 굳건하게 하시고 우리에게 기름을 부으신 이는 하나님이시니 그가 또한 우리에게 인치시고 보증으로 우리 마음에 성령을 주셨느니라"

요일2:27 "너희는 주께 받은 바 기름 부음이 너희 안에 거하나니 아무도 너희를 가르칠 필요가 없고 오직 그의 기름 부음이 모든 것을 너희에게 가르치며 또 참되고 거짓이 없으니 너희를 가르치신 그대로 주 안에 거하라"

행10:38 "하나님이 나사렛 예수에게 성령과 능력을 기름 붓듯 하셨으매 그가 두루 다니시며 선한 일을 행하시고 마귀에게 눌린 모든 사람을 고치셨으니 이는 하나님이 함께 하셨음이라"

그러면 우리가 기름 부음이 충만하기 위해서는 어떻게 해야 할까요?

① 주님을 간절히 찾으며 바라보아야 합니다.

우리에게 성령을 주시고 우리 가운데서 능력을 행하시는 하나님의 일은 믿음에 의해서 역사됩니다(갈3:5). 우리에게 성령을 주심은 성령 세례요 우리 가운데서 능력을 행하심은 기름 부으심입니다. 우리가 기름 부음을 받기 위해서는 믿어야 합니다. 믿음은 바라는 것들의 실상입니다(히11:1). 믿음이 실상이 되려면 믿음으로 바라는 것이 있어야 합니다. 믿음으로 간절히 바라야 실상이 됩니다. 그러므로 우리는 기름 부음을 간절히 바라야 합니다. 다윗은 주님을 간절히 찾으며 성소에서 주님을 바라보았습니다(시63:1-2). 주님을 바라보는 것은 영혼이 주님을 갈망하며 육체가 주님을 앙모하는 것입니다.

갈3:5 "너희에게 성령을 주시고 너희 가운데서 능력을 행하시는 이의 일이 율법의 행위에서냐 혹은 듣고 믿음에서냐"

히11:1 "믿음은 바라는 것들의 실상이요 보이지 않는 것들의 증거니"

시63:1-2 "하나님이여 주는 나의 하나님이시라 내가 간절히 주를 찾되

물이 없어 마르고 황폐한 땅에서 내 영혼이 주를 갈망하며 내 육체가 주를 앙모하나이다 내가 주의 권능과 영광을 보기 위하여 이와 같이 성소에서 주를 바라보았나이다"

a. 우리의 육체가 주님을 앙모해야 합니다.

앙모는 '우러러 사모하는 것'입니다. 다윗은 주님의 권능과 영광을 보려하여 성소에서 주님을 바라보았습니다(시63:2). 성소에서 주님을 바라본 다윗은 그 입술이 주를 찬양하였고(시63:3), 그 손을 들었습니다(시63:4). 성소에서 주님을 바라보기 위해서는 우리의 육체가 성소에 나와야 합니다. 아울러 우리의 육체가 성소가 되어야 합니다. 이것이 육체가 주님을 앙모하는 것입니다. 다윗은 그 육체가 주님을 앙모하였습니다. 육체가 주님을 앙모하는 것은 성소에서 그 입술이 주님을 찬양하며 그 손을 드는 것입니다.

> **시63:2** "내가 주의 권능과 영광을 보기 위하여 이와 같이 성소에서 주를 바라보았나이다"
>
> **시63:3** "주의 인자하심이 생명보다 나으므로 내 입술이 주를 찬양할 것이라"
>
> **시63:4** "이러므로 나의 평생에 주를 송축하며 주의 이름으로 말미암아 나의 손을 들리이다"

이 단계에서는 자기의 죄와 육체의 욕심(소욕, 사욕)을 발견하게 되며 울며 회개합니다. 그리고 육체의 욕심이 죽어지기 시작하며 죄 사함을 확신하게 됩니다.

b. 우리 영혼이 주님을 갈망해야 합니다.

갈망은 목이 마른 자가 물을 찾듯이 '간절히 바라는 것'입니다. 죄 사함을 확신하게 되면 그 영혼이 죄 사함을 얻게 하신 주님을 찾게 됩니다. 이는 그 영혼이 주님 없이는 살 수 없기 때문입니다. 그래서 그 영혼이 주님을 찾기에 갈급합니다(시42:1). 그래서 그 영혼이 주님을 만나게 되고 만족하게 됩니다. 성소에서 주님을 바라본 다윗은 그 영혼이 만족하며 그 입이 기쁜 입술로 주님을 찬송했습니다(시63:5). 또한 다윗은 침상에서 주님을 기억하며 새벽에 주의 말씀을 읊조릴 때에 기쁜 입술로 주님을 찬송했습니다(시63:6).

> **시42:1** "하나님이여 사슴이 시냇물을 찾기에 갈급함 같이 내 영혼이 주를 찾기에 갈급하니이다"
>
> **시63:5** "골수와 기름진 것을 먹음과 같이 나의 영혼이 만족할 것이라 나의 입이 기쁜 입술로 주를 찬양하되"
>
> **시63:6** "내가 나의 침상에서 주를 기억하며 새벽에 주의 말씀을 작은 소리로 읊조릴 때에 하리니"

이 단계에서는 그 영혼이 주님을 찾아 만남으로 환희가 넘치게 됩니다. 그리고 기쁜 입술로 주님을 찬양합니다. 또 언제나 주님을 기억하며 묵상합니다. 우리 영혼이 주님을 만나게 되면 우리 자신이 무엇을 하려고 하지 않고 주님이 주시는 것을 받기만 합니다. 이는 주님이 주시는 것이 풍성하기 때문입니다. 우리의 영이 기도하게 되면 우리 육체의 마음에는 바라는 것이 없어집니다. 그래서 무엇을 구하는 기도가 아니라 주님이 주신 것을 받고 감사하는 기도를 합니다. 그리고 깊고 더 깊은 기도를 하게 됩니다.

② 기름 부음을 선용해야 합니다.

하나님께서 모세에게 명하여 향을 제조하는 법대로 향기름을 만들게 하시고 "그것이 거룩한 관유가 될지라"고 말씀하셨습니다(출30:25). 그리고 하나님은 모세에게 명하여 "그 거룩한 관유를 회막과 증거궤에 바르고 상과 그 모든 기구며 등대와 그 기구며 분향단과 및 번제단과 그 모든 기구와 물두멍과 그 받침에 발라 그것들을 지극히 거룩한 것(지성물)으로 구별하라"고 말씀하셨습니다(출30:26-29). 또 하나님은 모세에게 명하여 "아론과 그 아들들에게 발라 그들을 거룩하고 하고 그들로 내게 제사장 직분을 행하게 하라"고 말씀하셨습니다(출30:30).

> **출30:25** "그것으로 거룩한 관유를 만들되 향을 제조하는 법대로 향기름을 만들지니 그것이 거룩한 관유가 될지라"
>
> **출30:26-29** "너는 그것을 회막과 증거궤에 바르고 상과 그 모든 기구이며 등잔대와 그 기구이며 분향단과 및 번제단과 그 모든 기구와 물두멍과 그 받침에 발라 그것들을 지극히 거룩한 것으로 구별하라 이것에 접촉하는 것은 모두 거룩하리라"
>
> **출30:30** "너는 아론과 그의 아들들에게 기름을 발라 그들을 거룩하게 하고 그들이 내게 제사장 직분을 행하게 하고"

그리고 하나님은 관유는 거룩하니 사람의 몸에 붓지 말라고 명하시며 이 방법대로 관유와 같은 것을 만들지 말며 거룩히 여기라고 명하셨습니다(출30:31-32). 또 하나님은 관유와 같은 것을 만드는 자나 관유를 타인에게 붓는 자는 그 백성 중에서 끊어지리라고 말씀하셨습니다(출30:33). 그리고 하나님은 거룩한 향을 맡으려고 그와 같은 것을 만드는 자는 그 백성 중에서 끊어지리라고 말씀하셨습니다(출30:38).

<u>출30:31-32</u> "이스라엘 자손에게 말하여 이르기를 이것은 너희 대대로 내게 거룩한 관유니 사람의 몸에 붓지 말며 이 방법대로 이와 같은 것을 만들지 말라 이는 거룩하니 너희는 거룩히 여기라"

<u>출30:33</u> "이와 같은 것을 만드는 자와 이것을 타인에게 붓는 모든 자는 그 백성 중에서 끊어지리라 하라"

<u>출30:38</u> "냄새를 맡으려고 이같은 것을 만드는 모든 자는 그 백성 중에서 끊어지리라"

관유는 기름 부음의 모형입니다. 관유는 하나님께서 명하신 방법대로 만들어야 하고 하나님께서 명하신 대로 사용해야 했습니다. 기름 부음은 하나님의 거룩한 역사입니다. 기름 부음은 하나님의 말씀대로 받아야 합니다. 그리고 기름 부음은 내가 사용하기 위해서가 아니라 내가 주님께 사용되기 위하여 받아야 합니다. 기름을 부으시는 이는 하나님이십니다. 그러므로 기름 부음은 하나님의 뜻대로 선하게 사용되어야 합니다.

4. 성령 충만

오순절 성령 강림을 성경에는 여러 가지로 표현했습니다. 오순절 성령 강림 전에는 "성령으로 세례를 받으리라"(행1:5), "성령이 임하시면 권능을 받고"(행1:8)로 표현했습니다. 그런데 오순절 성령 강림 때는 "성령의 충만함을 받고"(행2:4)로 표현했습니다. 그리고 오순절 성령 강림 후에는 "성령을 부어주셨느니라"(행2:33), "선물을 주셨다"(행11:17)로 표현했습니다.

오순절 날 성령 받음 곧 성령으로 세례를 받음을 성령의 충만함을 받았다고 말씀합니다. 사도들은 다 성령의 충만함을 받았습니다(행2:4). 또 사도들은 성령이 충만하여 담대히 하나님의 말씀을 전하였습니다(행4:31). 그리고 사도들은 성령이 충만한 자들을 일곱 집사로 세웠습니다(행6:3). 일곱 집사중 한 사람인 스데반은 성령이 충만하여 하나님의 영광과 및 예수님께서 하나님 우편에 서신 것을 보았습니다(행7:55). 이와 같이 성령 받은 자들은 성령으로 충만했습니다. 그러므로 우리도 오직 성령으로 충만함을 받아야 합니다(엡5:18).

> **행2:4** "그들이 다 성령의 충만함을 받고 성령이 말하게 하심을 따라 다른 언어들로 말하기를 시작하니라"
> **행4:31** "빌기를 다하매 모인 곳이 진동하더니 무리가 다 성령이 충만하여 담대히 하나님의 말씀을 전하니라"
> **행6:3** "형제들아 너희 가운데서 성령과 지혜가 충만하여 칭찬 받는 사람 일곱을 택하라 우리가 이 일을 그들에게 맡기고"
> **행7:55** "스데반이 성령이 충만하여 하늘을 우러러 주목하여 하나님의 영광과 및 예수께서 하나님 우편에 서신 것을 보고"
> **엡5:18** "술 취하지 말라 이는 방탕한 것이니 오직 성령으로 충만함을 받으라"

1) 성령 충만이란 무엇인가?

〈충만〉이란 말은 헬라어로 〈프레로마〉로 "충만, 완성, 가득찬 것"이란 뜻이 있습니다. 그리고 〈충만하다〉라는 말은 헬라어로 〈프레로〉로 "가득차게 하다, 꽉 채우다, 넘치게 하다, 만족하다, 공급하다, 성취하다" 라는 뜻이 있습니다. 성령 충만이란 성령과 능력으로 가득하게 넘치도록 꽉 채워져서 만족하며 다른 사람들에게 공급하는 상태를 말합니다.

① 성령 충만이란 성령님이 임하신 것입니다.

오순절 날에 제자들이 성령을 받았는데 성령님이 임하신 것을 성령의 충만함을 받았다고 말씀합니다(행2:4). 하나님은 성령을 풍성히(한량없이) 부어주십니다(요3:34). 성령 충만이란 성령님이 임하시고 권능을 받는 상태를 말하며, 현재 성령님이 역사하시고 계신 상태를 말합니다. 즉 성령 충만은 임하신 성령님께 지배를 받고 있는 상태이며 성령의 능력으로 충만한 상태입니다. 그리고 성령 충만의 결과로 성령의 은사를 받게 되며 성령의 열매를 맺게 됩니다.

행2:4 "그들이 다 성령의 충만함을 받고 성령이 말하게 하심을 따라 다른 언어들로 말하기를 시작하니라"
요3:34 "하나님이 보내신 이는 하나님의 말씀을 하나니 이는 하나님이 성령을 한량없이 주심이니라"

② 성령 충만이란 성령님의 능력으로 가득 채워진 상태입니다.

성령 충만은 하나님의 일을 위하여 성령의 능력으로 가득 채워진 상태입니다. 그런데 성령 충만한 자는 성령의 감동하심으로 하나님의 일을 해야 합니다. 우리가 성령이 충만하다고 해서 내 생각과 내 뜻대로 하나님의 일을 해서는 안 됩니다. 하나님의 일은 성령님이 역사하셔서 성령으로 해야 합니다. 사도 요한은 성령에 감동되어 나팔소리 같은 음성을 들었고(계 1:10), 스데반은 성령으로 말하였습니다(행6:10).

계1:10 "주의 날에 내가 성령에 감동되어 내 뒤에서 나는 나팔 소리같은 큰 음성을 들으니"

<u>행6:10</u> "스데반이 지혜와 성령으로 말함을 그들이 능히 당하지 못하여"

성령 충만은 성령 세례를 받은(성령님이 임하신) 후에 성령님의 인도와 지배를 온전히 받는 것입니다. 하나님은 우리에게 성령을 주시되 충만히(풍성히) 부어주셔서 성령님의 인도와 지배를 받게 하십니다. 그러므로 우리는 성령을 충만히 받아야 하고 또 받을 수 있습니다.

2) 성령 충만의 상태

성경에 성령님이 임하신 일이 증언되어 있습니다. 그런데 성경에 증언된 성령님이 임하신 일에서는 성령님이 임하심을 알 수 있었습니다. 고넬료의 집에서 고넬료와 함께 모인 자들에게 성령님이 임하실 때 베드로는 성령님이 임하심을 알았습니다(행10:47, 11:15). 또한 베드로와 함께 온 유대인들도 성령님이 임하심을 알고 이방인들에게도 성령 부어 주심을 인하여 놀랐습니다(행10:44-46). 마찬가지로 성령 충만한 상태도 알 수 있습니다. 사도들은 그 형제들에게 성령과 지혜가 충만한 사람 일곱을 택하라고 하였습니다(행6:3). 이는 성령 충만한 상태를 알 수 있음을 말합니다. 왜냐하면 성령 충만한 상태를 알 수 있어야 선택할 수 있기 때문입니다. 만약 성령 충만한 상태를 알 수 없다면 사도들도 성령 충만한 사람을 택하라고 말할 수 없었을 것입니다.

<u>행10:47</u> "이에 베드로가 이르되 이 사람들이 우리와 같이 성령을 받았으니 누가 능히 물로 세례 베풂을 금하리요 하고"

<u>행11:15</u> "내가 말을 시작할 때에 성령이 그들에게 임하시기를 처음 우리에게 하신 것과 같이 하는지라"

<u>행10:44-46</u> "베드로가 이 말을 할 때에 성령이 말씀 듣는 모든 사람에게 내려오시니 베드로와 함께 온 할례 받은 신자들이 이방인들에게도 성령 부어 주심으로 말미암아 놀라니 이는 방언을 말하며 하나님 높임을 들음이러라"

<u>행6:3</u> "형제들아 너희 가운데서 성령과 지혜가 충만하여 칭찬 받는 사람 일곱을 택하라 우리가 이 일을 그들에게 맡기고"

그러면 성령 충만의 상태는 어떤 상태일까요?

① 엡5:18에서 말씀하신 성령 충만의 상태

<u>엡5:18</u> "술 취하지 말라 이는 방탕한 것이니 오직 성령으로 충만함을 받으라"

엡5:18에서의 충만은 〈프레로〉로 "가득차게 하다, 꽉 채우다, 넘치게 하다, 만족하다, 공급하다, 성취하다" 등등의 의미가 있습니다.

이 말씀에서의 성령 충만은 마치 술이 온 몸에 배어 취하는 것같이 성령의 능력으로 가득 채워지는 것을 의미합니다. 즉 성령님의 사역과 목적을 성취하기에 합당한 능력으로 채워짐을 의미합니다. 그리고 이 상태는 외형상으로 보기에 술 취한 자의 다양한 상태처럼 다양하게 나타나기도 할 것입니다. 그리고 우리가 성령 충만할수록 방탕한 것을 끊으며 멀리하게 됩니다.

② 행2:4에서의 말씀하신 성령 충만의 상태

행2:4 "그들이 다 성령의 충만함을 받고 성령이 말하게 하심을 따라 다른 언어들로 말하기를 시작하니라"

행2:4에서의 충만은 〈핌프레미〉로 "채우다, 완성하다, 성취하다, 만족하다, 싫증나게 하다" 등등의 의미가 있습니다.

이 말씀에서의 성령 충만은 가득 채워진 상태이며, 어떤 목적을 완성하고 성취된 상태이며, 개인의 체험이나 일에 있어서 만족한 상태라 할 수 있습니다. 그리고 세속적인 일에는 싫증나는 상태라고 할 수 있습니다. 그래서 우리가 성령 충만할수록 좋아했던 세속적인 일이 싫어지고 멀리하게 됩니다.

③ 행7:55에서 말씀하신 성령 충만의 상태

행7:55 "스데반이 성령 충만하여 하늘을 우러러 주목하여 하나님의 영광과 및 예수께서 하나님 우편에 서신 것을 보고"

행7:55에서의 충만하여는 〈프레레스 후팔코〉로 〈프레레스〉는 "가득 찬, 채워진, 풍부한, 완전한, 완성한, 충만한" 등등의 의미가 있으며, 〈후팔코〉는 "시작하게 하다, 존재하다, 실제로 있다, 소유가 되다" 등등의 의미가 있습니다.

이 말씀에서의 성령 충만은 성령으로 차기 시작하여 실제로 그의 소유가 되고, 그는 성령님께 속하여진 상태라고 할 수 있습니다. 그래서 성령 충만한 스데반은 하나님의 영광과 예수님을 보았습니다. 성령 충만한 상태는 우리의 영과 육체가 함께 성령님의 쓰심에 합당하도록 성령님께 소속되는 것입니다. 그리고 성령 충만으로 주시는 성령의 은사를 우리가 받으면 그 은사가 나에게 있습니다. 그러나 성령 충만한 자는 그 은사를 자신을 위해 사용하지 않고 주님을 위해 사용합니다.

성령 충만의 상태는 하나님의 사역을 위하여 성령의 능력으로 가득 채워진 상태입니다. 그러므로 성령 충만은 우리의 사명과 관계되어 있습니다. 그러므로 우리가 성령 충만을 받아야 하나님께 받은 사명을 감당할 수 있습니다. 초대교회에서 하나님의 일을 한 자들은 모두 다 성령이 충만하였습니다. 성령 충만은 우리가 온전한 성도가 되어가고 하나님의 일을 위해 반드시 받아야 합니다. 온전한 성도는 영력과 지력과 인격이 온전한 자입니다.

3) 성령 충만을 유지하려면 어떻게 해야 하는가요?

성령 충만은 소멸될 수 있습니다. 또 성령으로 시작하였다가 육체로 마칠 수도 있습니다(갈3:3). 그러므로 우리가 성령 충만을 받고 유지하는 것은 매우 중요합니다. 우리가 성령 충만을 유지하려면 성령을 소멸하지 말고(살전5:19), 성령님을 근심하게 하지 말아야 합니다(엡4:30). 그래서 우리는 성령 충만을 유지하고 더욱 성령 충만을 받아야 합니다. 성령을 받아도 성령 충만을 유지하지 못하고 소멸하면 육신에 속한 자로 떨어집니다.

갈3:3 "너희가 이같이 어리석으냐 성령으로 시작하였다가 이제는 육체로 마치겠느냐"

살전5:19 "성령을 소멸하지 말며"

엡4:30 "하나님의 성령을 근심하게 하지 말라 그 안에서 너희가 구원의 날까지 인 치심을 받았느니라"

성령 충만을 유지하는 것을 경건의 연습 또는 영성 훈련이라고 할 수 있습니다. 사실 우리의 신앙생활의 문제는 성령과 능력을 충만히 받고, 어떻게 유지하며 하나님의 일을 하느냐에 있습니다.

① 성령을 소멸하지 말아야 합니다.
우리가 어떻게 하면 성령을 소멸하지 않을까요?

a. 성령님의 역사하심에 순종해야 합니다.

우리가 성령 충만을 받으면 성령님이 역사하십니다. 그리고 우리가 성령님의 역사하심에 순종하면 성령을 소멸하지 않습니다. 하나님은 자기에게 순종하는 자들에게 성령을 주십니다(행5:32). 그러므로 우리가 계속하여 하나님께 순종하면 성령 충만이 유지되고 소멸되지 않습니다.

행5:32 **"우리는 이 일에 증인이요 하나님이 자기에게 순종하는 사람들에게 주신 성령도 그러하니라 하더라"**

b. 기도해야 합니다.

우리가 성령을 소멸하지 않고 성령 충만을 유지하기 위해서는 기도해야 합니다. 사도들이 성령의 충만함을 받은 것은 하나님께서 성령을 주실 약속을 믿고 오로지 기도에 힘썼기 때문입니다(행1:14). 또 오순절 후에도 사도들이 빌기를 다하매 성령이 충만하였습니다(행4:31). 이렇게 성령 충만은 기도할 때 받을 수 있습니다. 또한 성령님은 말할 수 없는 탄식으로 우리를 위하여 친히 간구하시며(롬8:26), 하나님의 뜻대로 우리를 위하여 간구하십니다(롬8:27). 그러므로 우리는 쉬지 말고 기도해야 합니다(살전

5:17). 우리가 성령 충만을 받고 계속 기도하면 계속 성령이 충만합니다.

> **행1:14** "여자들과 예수의 어머니 마리아와 예수의 아우들과 더불어 마음을 같이하여 오로지 기도에 힘쓰니라"
>
> **행4:31** "빌기를 다하매 모인 곳이 진동하더니 무리가 다 성령이 충만하여 담대히 하나님의 말씀을 전하니라"
>
> **롬8:26** "이와 같이 성령도 우리의 연약함을 도우시나니 우리는 마땅히 기도할 바를 알지 못하나 오직 성령이 말할 수 없는 탄식으로 우리를 위하여 친히 간구하시느니라"
>
> **롬8:27** "마음을 살피시는 이가 성령의 생각을 아시나니 이는 성령이 하나님의 뜻대로 성도를 위하여 간구하심이니라"
>
> **살전5:17** "쉬지 말고 기도하라"

c. 복음을 전해야 합니다.

우리가 성령을 소멸하지 않고 성령 충만을 유지하기 위해서는 복음을 전해야 합니다. 사도들은 성령이 충만하였을 때 담대히 하나님의 말씀을 전했습니다(행4:31). 또한 사도들은 날마다 전도하기를 쉬지 아니하였습니다(행5:42). 우리가 성령 충만을 받은 것은 성령 충만이 목적이 아니며 복음을 전하기 위함입니다. 또한 우리가 하나님의 말씀을 전하기 위해서는 계속하여 하나님의 말씀으로 양육을 받아야 합니다. 우리가 계속 하나님의 말씀으로 양육을 받으면서 계속 하나님의 말씀을 전하면 계속 성령이 충만합니다.

> **행4:31** "빌기를 다하매 모인 곳이 진동하더니 무리가 다 성령이 충만하여 담대히 하나님의 말씀을 전하니라"

행5:42 "그들이 날마다 성전에 있든지 집에 있든지 예수는 그리스도 라고 가르치기와 전도하기를 그치지 아니하니라"

② 성령님을 근심하게 하지 말아야 합니다.
우리가 어떻게 하면 성령님을 근심하게 하지 않을 수 있을까요?

a. 죄를 짓지 아니해야 합니다.
우리가 죄를 짓지 아니하면 성령님을 근심하게 하지 아니하는 것입니다. 왜냐하면 죄들로 인하여 성령님을 근심하게 하기 때문입니다. 우리는 회개하여 죄 사함을 받음으로 성령을 받았습니다(행2:38). 그러므로 우리가 계속하여 죄 사함을 받은 상태로 살아가면 성령님을 근심하게 하지 않으며 성령 충만이 유지됩니다.

행2:38 "베드로가 이르되 너희가 회개하여 각각 예수 그리스도의 이름으로 세례를 받고 죄 사함을 받으라 그리하면 성령의 선물을 받으리니"

b. 죄를 계속하여 경계해야 합니다.
우리가 성령 충만을 유지하려면 죄를 계속하여 경계해야 합니다. 우리는 모든 악을 피해야 합니다. 그리고 악은 모양이라도 버려야 합니다(살전5:22). 또한 우리는 과시하거나 꾸미는 것을 피해야 합니다. 우리가 계속하여 죄를 경계하면서 악은 모양이라도 버리면 계속하여 성령이 충만합니다.

살전5:22 "악은 어떤 모양이라도 버리라"

c. 육에 속한 사람이 되지 아니해야 합니다.

우리가 성령 충만을 유지하려면 성령의 일을 계속 받아야 합니다. 그런데 육에 속한 사람은 성령의 일을 받지 아니합니다(고전2:14). 그러므로 우리가 성령 충만을 유지하려면 육에 속한 사람이 되지 아니해야 합니다. 우리가 육에 속한 사람이 되지 않으려면 원망하지 아니해야 하고, 불만을 토하지 아니해야 하고, 정욕대로 행하지 아니해야 하고, 분열을 일으키지 아니해야 합니다(유1:16, 19). 이는 분열을 일으키는 자는 육에 속한 자며 성령이 없는 자이기 때문입니다. 우리가 계속하여 영에 속하고 육에 속한 자가 되지 아니하면 계속하여 성령이 충만합니다.

<u>유1:16</u> "이 사람들은 원망하는 자며 불만을 토하는 자며 그 정욕대로 행하는 자라 그 입으로 자랑하는 말을 하며 이익을 위하여 아첨하느니라"
<u>유1:19</u> "이 사람들은 분열을 일으키는 자며 육에 속한 자며 성령이 없는 자니라"

우리가 성령 충만을 유지하려면 자기를 부인하고, 성령님의 지배를 받아야 합니다. 우리가 성령 충만을 유지하려면 자기 생각, 뜻, 감정대로 행해서는 안 되고 항상 성령님의 감동을 받으며 행해야 합니다. 성령님은 사람들에 의해 지배를 받지 아니하고 사람들을 지배하십니다.

우리는 성령 체험이 있어야 합니다. 우리는 예수 그리스도를 믿음으로 하나님 아버지께서 보내신 성령님이 우리와 함께 거하시며 우리 속에 계시므로 성령님을 알고, 성령님이 행하신 일을 받고, 성령으로 살며 성령으로 행해야 합니다. 우리는 날마다 성령님을 체험하며 살아야 합니다.

성령 세례란 성령님이 예수님을 믿는 자에게 임하시는 것입니다(내주하심). 즉 성령 세례란 승천하신 예수님이 약속하신 성령을 아버지께 받아서 부어주심으로 성령님이 우리에게 임하셔서 우리가 성령의 충만함을 받는 것입니다. 성령 세례는 하나님 아버지와 예수님이 약속하신 성령님이 임하신 것이며, 약속의 성령으로 인치시고 보증하는 것입니다. 그리고 성령 세례는 분명한 사실이며, 예수님의 증인이 되게 합니다.

그러면 예수 그리스도를 믿는 자에게 성령 세례가 반드시 필요할까요? 반드시 필요합니다. 예수님이 이 세상에 계실 때 예수님에게도 성령님이 임하셔야 했고, 예수님은 성령 세례를 강조하셨습니다. 그리고 사도들에게도 성령 세례가 반드시 필요했고, 사도들은 성령 세례의 중요성을 알고 믿는 자들로 성령을 받게 했습니다. 뿐만 아니라 하나님의 진리의 말씀은 성령으로 전해져야 합니다. 그러므로 모든 예수 그리스도를 믿는 자들은 성령 세례를 받아야 합니다.

기름 부음은 하나님께서 성령을 부어주시고 능력을 부어주심을 의미합니다. 성령을 부어주심을 성령 세례라고 할 수 있으며, 능력을 부어주심을 기름 부음이라고 할 수 있습니다. 그리고 기름 부음의 목적은 복음을 전하게 하는 것입니다.

기름을 부으신 이는 하나님이십니다. 그리고 하나님은 기름 부음 받은 자에게 역사하시고, 그를 보호하십니다. 기름 부음이 우리를 거룩하게 하며, 우리에게 모든 것을 가르치고, 우리로 복음을 전하게 하며, 우리로 보호를 받게 합니다.

그러므로 우리는 기름 부음이 충만해야 합니다. 우리에게 기름 부음이 충만하려면 우리가 주님을 간절히 찾고 주님을 바라보아야 합니다. 그리고 우리가 기름 부음을 받으면 선용해야 합니다. 그러면 우리에게 기름 부음이 더 충만할 것입니다.

성령 충만은 성령과 능력으로 가득하게 넘치도록 꽉 채워져 만족하며 다른 사람에게 공급하는 상태를 말합니다. 즉 성령 충만은 성령님이 임하신 것이며, 성령의 능력으로 가득 채워진 상태입니다. 또한 성령 충만은 성령 세례를 받은 후에 성령님의 지배와 인도를 온전히 받는 것입니다.

우리가 성령 충만을 유지하려면 성령을 소멸하지 아니하고 성령님을 근심하게 하지 아니해야 합니다. 우리가 성령을 소멸하지 않으려면 성령님의 역사하심에 순종하며, 기도하고, 복음을 전해야 합니다. 그리고 우리가 성령님을 근심하게 하지 않으려면 죄를 짓지 않고, 죄를 계속하여 경계하며, 육에 속한 사람이 되지 않아야 합니다. 할렐루야! 아멘.

4장

임하시고 역사(일)하신
성령님을 압시다

하나님은 일을 행하십니다. 그런데 하나님이 행하신 모든 일이 성부, 성자, 성령 하나님이 행하신 일입니다. 그러므로 하나님이 행하신 일은 성령님이 행하신 일입니다. 성경에는 성령님이 행하신 일들을 증언하고 있습니다. 또한 성경에는 성령 받은 자들의 삶을 증언하고 있습니다. 그리고 사도행전에는 예수님을 믿는 자들에게 성령님이 임하신 일을 증언하고 있습니다.

1. 성령님이 행하신 일

신, 구약 성경 전체에 성령 하나님이 행하신 일이 기록되어 있습니다. 성령 하나님은 천지를 창조하셨고, 족장들(아브라함, 이삭, 야곱)을 보호하셨으며, 모세와 여호수아에게 임하셔서 이스라엘 자손을 인도하게 하셨고, 성막을 짓는데 지혜와 총명과 지식을 주셨으며 성전의 식양을 가르쳐주셨고, 사사들에게 임하셔서 이스라엘 백성을 구하여 다스리게 하셨으며, 다윗 왕에게 임하셔서 이스라엘 백성을 다스리게 하셨고, 선지자들에게 임하셔서 하나님이 주신 말씀을 전하게 하셨으며, 예수님에게 임하셔서 하나님의 일을 하게 하셨고, 사도들에게 임하셔서 예수님의 증인이 되게 하셨으며, 교회를 세우시고 감독자들(목회자들)을 세우셨습니다.

1) 천지를 창조하신 성령님

성령 하나님은 창조자 하나님이십니다. 천지 창조는 성부, 성자, 성령 하나님의 사역입니다. 하나님이 천지를 창조하실 때 땅이 혼돈하고 공허하며 흑암이 깊은 위에 있고 하나님의 영이신 성령님은 수면에 운행하셨습니다(창1:2). 사람도 성부, 성자, 성령 하나님께서 만드셨습니다. 하나님은 "

우리(성부, 성자, 성령) 형상을 따라 우리(성부, 성자, 성령)의 모양대로 우리(성부, 성자, 성령)가 사람을 만들고"라고 말씀하셨습니다(창1:26). 욥은 하나님의 영이신 성령님이 자기를 지으셨다고 고백했습니다(욥33:4). 성령님은 만물을 창조하신 창조자이십니다.

> **창1:2** "땅이 혼돈하고 공허하며 흑암이 깊음 위에 있고 하나님의 영은 수면 위에 운행하시니라"
> **창1:26** "하나님이 이르시되 우리의 형상을 따라 우리의 모양대로 우리가 사람을 만들고 그들로 바다의 물고기와 하늘의 새와 가축과 온 땅과 땅에 기는 모든 것을 다스리게 하자 하시고"
> **욥33:4** "하나님의 영이 나를 지으셨고 전능자의 기운이 나를 살리시느니라"

2) 족장들(아브라함, 이삭, 야곱)을 보호하신 성령님

하나님께서 족장들인 아브라함, 이삭, 야곱에게 기름을 부어 그들을 보호하셨습니다(시105:12-15). 그들은 사람의 수가 적어 그 땅의 나그네가 되어 이 족속에게서 저 족속에게로, 이 나라에서 저 민족에게로 떠돌아다녔습니다. 그러나 하나님께서 그들에게 기름을 부어 사람들과 왕들에게서 그들을 보호하셨습니다.

기름부음은 성령의 능력을 의미합니다. 하나님은 아브라함과 이삭과 야곱에게 성령의 능력을 부어 그들을 보호하셨습니다. 곧 성령님께서 그들을 보호하신 것입니다. 성령님은 하나님의 자녀들을 보호하시고 변호하시는 보혜사이십니다.

시105:12-15 "그 때에 그들의 사람의 수가 적어 그 땅의 나그네가 되었고 이 족속에게서 저 족속에게로, 이 나라에서 다른 민족에게로 떠돌아다녔도다 그러나 그는 사람이 그들을 억압하는 것을 용납하지 아니하시고 그들로 말미암아 왕들을 꾸짖어 이르시기를 나의 기름 부은 자를 손대지 말며 나의 선지자들을 해하지 말라 하셨도다"

3) 모세와 여호수아에게 임하여 역사하신 성령님

모세에게 성령님이 임하셨습니다. 모세가 이스라엘 민족을 애굽에서 인도하여 낸 것은 그에게 성령님이 임하셨기에 가능했습니다. 주의 일은 성령님이 임하셔야 할 수 있습니다. 그래서 교회의 일꾼은 성령 충만한 자여야 합니다.

하나님께서는 모세의 짐을 칠십 장로들에게도 담당하게 하시려고 그들에게도 성령이 임하게 하셨습니다(민11:17). 그리고 모세는 하나님께서 모든 백성에게 성령을 주시기를 원했습니다. 이는 모세가 성령 임하심의 중요성을 알았기 때문입니다. 하나님께서 모세에게 말씀하신 대로 모세에게 임하신 성령을 칠십 장로들에게도 임하게 하셨습니다(민11:25). 성령님이 칠십 장로들에게 임하신 때에 그들이 예언을 했습니다. 그런데 칠십 장로들 중에 엘닷과 메닷이 회막에 나아가지 아니하고 자기들 처소에 있었는데 그들에게도 성령님이 임하셨으며 그들이 예언했습니다. 이는 하나님께서 칠십 장로들에게 성령을 주시겠다고 약속하셨기에 두 사람에게도 성령을 주신 것입니다. 이 때 한 소년이 모세에게 달려와서 엘닷과 메닷이 진중에서 예언함을 전했습니다. 이에 여호수아가 두 장로가 진중에서 예언하는 것을 금하도록 모세에게 요청했습니다. 그러나 모세는 모든 백성이 성령을 받고 선지자 되기를 원했습니다(민11:29). 성령님이 임하여 역사하신 자가 하나님의 자녀들을 인도할 수 있고 짐을 질 수 있습니다.

> <u>민11:17</u> "내가 강림하여 거기서 너와 말하고 네게 임한 영을 그들에게
> 도 임하게 하리니 그들이 너와 함께 백성의 짐을 담당하고 너 혼자 담당
> 하지 아니하리라"
> <u>민11:25</u> "여호와께서 구름 가운데 강림하사 모세에게 말씀하시고 그에
> 게 임한 영을 칠십 장로에게도 임하게 하시니 영이 임하신 때에 그들이
> 예언을 하다가 다시는 하지 아니하였더라"
> <u>민11:29</u> "모세가 그에게 이르되 네가 나를 두고 시기하느냐 여호와께
> 서 그의 영을 그의 모든 백성에게 주사 다 선지자가 되게 하시기를 원
> 하노라"

여호수아는 그 안에 영(성령)이 계신 자였습니다. 하나님은 모세에게
명하여 여호수아를 데려다가 안수하게 하셨습니다. 이에 모세가 여호수아
에게 안수하였으므로 그에게 지혜의 영(성령)이 충만하였습니다(민27:18,
신34:9). 그 결과 이스라엘 자손이 여호수아의 말을 순종하였습니다.

> <u>민27:18</u> "여호와께서 모세에게 이르시되 눈의 아들 여호수아는 그 안
> 에 영이 머무는 자니 너는 데려다가 그에게 안수하고"
> <u>신34:9</u> "모세가 눈의 아들 여호수아에게 안수하였으므로 그에게 지혜
> 의 영이 충만하니 이스라엘 자손이 여호와께서 모세에게 명령하신 대로
> 여호수아의 말을 순종하였더라"

4) 성전(성막)의 식양을 가르쳐주신 성령님

하나님께서 성막을 만들게 하실 때 브사렐을 지명하여 부르시고 성령을 그에게 충만하게 하여 만들게 하셨습니다(출31:2-3, 출35:30-31). 또한 솔로몬이 지은 성전도 성령님께서 다윗에게 그 식양을 가르쳐주셨습니다(대상28:11-12). 성령님이 임하여 역사하신 자들은 하나님이 거하실 성전으로 세워져 갑니다.

> **출31:2-3** "내가 유다 지파 훌의 손자요 우리의 아들인 브살렐을 지명하여 부르고 하나님의 영을 그에게 충만하게 하여 지혜와 총명과 지식과 여러 가지 재주로"
>
> **출35:30-31** "모세가 이스라엘 자손에게 이르되 볼지어다 여호와께서 유다 지파 훌의 손자요 우리의 아들인 브살렐을 지명하여 부르시고 하나님의 영을 그에게 충만하게 하여 지혜와 총명과 지식으로 여러 가지 일을 하게 하시되"
>
> **대상28:11-12** "다윗이 성전의 복도와 그 집들과 그 곳간과 다락과 골방과 속죄소의 설계도를 그의 아들 솔로몬에게 주고 또 그가 영감으로 받은(성신의 가르치신) 모든 것 곧 여호와의 성전의 뜰과 사면의 모든 방과 하나님의 성전 곳간과 성물 곳간의 설계도를 주고"

5) 사사들에게 임하여 역사하신 성령님

사사들에게 성령님이 임하셨습니다. 사사들은 성령님이 임하시므로 사사의 역할을 할 수 있었습니다. 사사들은 백성을 구하고 다스리는 일을 하였습니다. 성령님이 사사 옷니엘에게 임하셨고(삿3:10), 사사 기드온에게 임하셨으며(삿6:34), 사사 삼손에게 임하셨습니다(삿14:19). 하나님의 일은 누구든지 성령님이 임하셔야 할 수 있습니다.

삿3:10 "여호와의 영이 그에게 임하셨으므로 그가 이스라엘의 사사가 되어 나가서 싸울 때에 여호와께서 메소보다미아 왕 구산 리사다임을 그의 손에 넘겨주시매 옷니엘의 손이 구산 리사다임을 이기니라"

삿6:34 "여호와의 영이 기드온에게 임하시니 기드온이 나팔을 불매 아비에셀이 그의 뒤를 따라 부름을 받으니라"

삿14:19 "여호와의 영이 삼손에게 갑자기 임하시매 삼손이 아스글론에 내려가서 그 곳 사람 삼십 명을 쳐 죽이고 노략하여 수수께끼 푼 자들에게 옷을 주고 심히 노하여 그의 아버지의 집으로 올라갔고"

6) 왕들에게 임하여 역사하신 성령님

사울 왕에게 성령님이 임하셨습니다(삼상10:10). 그러나 사울이 하나님께 범죄 함으로 성령님이 사울에게서 떠나셨습니다. 그리고 성령님이 떠나신 사울에게는 악신이 임했습니다(삼상16:14). 그뿐만 아니라 사울은 왕위도 빼앗겼습니다.

삼상10:10 "그들이 산에 이를 때에 선지자의 무리가 그를 영접하고 하나님의 영이 사울에게 크게 임하므로 그가 그들 중에서 예언을 하니"

삼상16:14 "여호와의 영이 사울에게서 떠나고 여호와께서 부리시는 악령이 그를 번뇌하게 한지라"

다윗 왕에게 성령님이 임하셨습니다(시89:20, 삼상16:13). 다윗 왕은 성령님이 임하심의 중요성을 알았습니다. 그래서 다윗 왕은 하나님께 성령을 거두지 마시기를 간구했습니다(시51:11). 또한 다윗 왕은 성령님을 떠나 피할 수 없음을 고백했습니다(시139:7). 다윗 왕이 성령으로 행하였기에 왕의 일을 바르게 할 수 있었습니다. 성령으로 행하는 자가 주의 일을 바르게 할 수 있습니다.

> **시89:20** "내가 내 종 다윗을 찾아내어 나의 거룩한 기름을 그에게 부었도다"
>
> **삼상16:13** "사무엘이 기름 뿔병을 가져다가 그의 형제 중에서 그에게 부었더니 이 날 이후로 다윗이 여호와의 영에게 크게 감동되니라 사무엘이 떠나서 라마로 가니라"
>
> **시51:11** "나를 주 앞에서 쫓아내지 마시며 주의 성령을 내게서 거두지 마소서"
>
> **시139:7** "내가 주의 영을 떠나 어디로 가며 주의 앞에서 어디로 피하리이까"

7) 선지자들에게 임하여 역사하신 성령님

선지자들에게 성령님이 임하셨습니다. 선지자 에스겔에게 성령님이 임하셨습니다(겔2:2). 선지자들은 성령님이 임하셔야 선지자의 일을 할 수 있었습니다. 그리고 성령님이 임하시지 아니한 선지자들은 거짓 선지자들이었습니다. 성령님께서 선지자들을 통하여 말씀하셨습니다(행28:25). 즉 모든 선지자들은 예수님에 대하여 성령으로 증언했습니다(행10:43). 이렇게 예수님에 대한 증언은 성령으로 증언해야 바른 증언입니다.

겔2:2 "그가 내게 말씀하실 때에 그 영이 내게 임하사 나를 일으켜 내 발로 세우시기로 내가 그 말씀하시는 자의 소리를 들으니"

행28:25 "서로 맞지 아니하여 흩어질 때에 바울이 한 말로 이르되 성령이 선지자 이사야를 통하여 너희 조상들에게 말씀하신 것이 옳도다"

행10:43 "그에 대하여 모든 선지자도 증언하되 그를 믿는 사람들이 다 그의 이름을 힘입어 죄 사함을 받는다 하였느니라"

또한 선지자들은 성령님에 대해서도 증언했습니다. 선지자 에스겔은 하나님께서 성령을 주실 것을 예언했습니다(겔36:27). 사람은 누구든지 성령님이 임하셔야 하나님의 말씀을 지킬 수가 있습니다. 그래서 하나님께서 믿는 자들에게 성령을 주십니다. 선지자 이사야는 예수님께 성령님이 임하실 것을 예언했습니다(사11:2, 42:1, 61:1). 성령님이 임하시면 지혜와 총명이 있으며 하나님을 경외하고 복음을 전합니다. 왜냐하면 성령님이 지혜와 총명의 영이요 여호와를 경외하는 영이기 때문이며 성령님이 임하셔야 복음을 전할 수 있기 때문입니다. 또한 선지자 이사야는 성도들에게 성령을 주실 것을 예언했습니다(사32:15). 선지자 요엘도 하나님이 성령을 만민에게 부어 주실 것을 예언했습니다(욜2:28). 선지자 스가랴는 사람의 힘으로 되지 아니하며 능력으로 되지 아니하고 오직 성령으로 됨을 증언했습니다(슥4:6). 이와 같이 성령을 받은 자들은 성령님을 증언합니다.

겔36:27 "또 내 영을 너희 속에 두어 너희로 내 율례를 행하게 하리니 너희가 내 규례를 지켜 행할지라"

사11:2 "그의 위에 여호와의 영 곧 지혜와 총명의 영이요 모략과 재능의 영이요 지식과 여호와를 경외하는 영이 강림하시리니"

사42:1 "내가 붙드는 나의 종, 내 마음에 기뻐하는 자 곧 내가 택한 사람을 보라 내가 나의 영을 그에게 주었은즉 그가 이방에 정의를 베풀리라"

사61:1 "주 여호와의 영이 내게 내리셨으니 이는 여호와께서 내게 기름을 부으사 가난한 자에게 아름다운 소식을 전하게 하려하심이라 나를 보내사 마음이 상한 자를 고치며 포로된 자에게 자유를, 갇힌 자에게 놓임을 선포하며"

사32:15 "마침내 위에서부터 영을 우리에게 부어 주시리니 광야가 아름다운 밭이 되며 아름다운 밭을 숲으로 여기게 되리라"

욜2:28 "그 후에 내가 내 영을 만민에게 부어 주리니 너희 자녀들이 장래 일을 말할 것이며 너희 늙은이는 꿈을 꾸며 너희 젊은이는 이상을 볼 것이며"

슥4:6 "그가 내게 대답하여 이르되 여호와께서 스룹바벨에게 하신 말씀이 이러하니라 만군의 여호와께서 말씀하시되 이는 힘으로 되지 아니하며 능력으로 되지 아니하고 오직 나의 영으로 되느니라"

8) 예수님에게 임하여 역사하신 성령님

예수님은 성령으로 잉태되셨습니다(마1:18). 그리고 예수님에게 성령님이 임하셨습니다(마3:16). 예수님은 성령님이 자기 위에 임하심을 보셨습니다. 그리고 세례 요한도 성령님이 예수님 위에 임하심을 보았습니다(요1:32). 성령님이 임하신 예수님은 성령님의 인도하심을 받으셨으며 성령으로 행하셨습니다. 예수님은 성령님께 이끌리어 마귀에게 시험을 받으셨으며 그 시험을 이기셨습니다(마4:1). 그리고 예수님은 성령을 힘입어 귀신을 쫓아내셨으며(마12:28), 성령의 능력으로 마귀에게 눌린 모든 사람을 고치시고(행10:38), 성령으로 기뻐하셨으며(눅10:21), 성령으로 사도들에게 명하셨습니다(행1:2). 또한 예수님은 성령으로 자기를 하나님께 드리셨습니다(히9:14). 뿐만 아니라 예수님은 성령으로 부활하셨습니다(롬8:11). 이와 같이 예수님은 모든 일을 성령으로 행하셨습니다.

마1:18 "예수 그리스도의 나심은 이러하니라 그의 어머니 마리아가 요셉과 약혼하고 동거하기 전에 성령으로 잉태된 것이 나타났더니"

마3:16 "예수께서 세례를 받으시고 곧 물에서 올라오실새 하늘이 열리고 하나님의 성령이 비둘기 같이 내려 자기 위에 임하심을 보시더니"

요1:32 "요한이 또 증언하여 이르되 내가 보매 성령이 비둘기 같이 하늘로부터 내려와서 그의 위에 머물렀더라"

마4:1 "그 때에 예수께서 성령에게 이끌리어 마귀에게 시험을 받으러 광야로 가사"

마12:28 "그러나 내가 하나님의 성령을 힘입어 귀신을 쫓아내는 것이면 하나님의 나라가 이미 너희에게 임하였느니라"

행10:38 "하나님이 나사렛 예수에게 성령과 능력을 기름 붓듯 하셨으매 그가 두루 다니시며 선한 일을 행하시고 마귀에게 눌린 모든 사람을 고치셨으니 이는 하나님이 함께 하셨음이라"

눅10:21 "그 때에 예수께서 성령으로 기뻐하시며 이르시되 천지의 주재이신 아버지여 이것을 지혜롭고 슬기 있는 자들에게는 숨기시고 어린 아이들에게는 나타내심을 감사하나이다 옳소이다 이렇게 된 것이 아버지의 뜻이니이다"

행1:2 "그가 택하신 사도들에게 성령으로 명하시고 승천하신 날까지의 일을 기록하였노라"

히9:14 "하물며 영원하신 성령으로 말미암아 흠 없는 자기를 하나님께 드린 그리스도의 피가 어찌 너희 양심을 죽은 행실에서 깨끗하게 하고 살아 계신 하나님을 섬기게 하지 못하겠느냐"

롬8:11 "예수를 죽은 자 가운데서 살리신 이의 영이 너희 안에 거하시면 그리스도 예수를 죽은 자 가운데서 살리신 이가 너희 안에 거하시는 그의 영으로 말미암아 너희 죽을 몸도 살리시리라"

9) 사도들에게 임하여 역사하신 성령님

성령님이 사도들에게 임하여 역사하셨습니다. 사도들은 예수님에게서 성령님이 오실 것을 들었습니다(요16:7). 또한 사도들은 예수님께 "성령을 기다리라"는 명령과 "성령으로 세례를 받으리라"는 약속을 받았습니다(행1:4-5). 그래서 사도들은 예수님의 명령대로 예루살렘을 떠나지 않고 성령을 기다리며 전혀 기도에 힘썼습니다(행1:13-14). 그 결과 사도들에게 성령님이 임하셨으며 사도들이 다 성령의 충만함을 받았습니다(행2:2-4). 그리고 성령 충만한 사도들은 기사와 표적이 많이 나타났으며(행2:43), 담대히 하나님의 말씀을 전하였고(행4:31), 하나님께 온전히 순종하였으며(행5:29), 예수 이름을 위하여 능욕 받는 것을 기뻐했습니다(행5:41). 또한 성령 충만한 사도들은 믿는 자들을 위하여 성령 받기를 기도하고 안수했으며 그들이 성령을 받았습니다(행8:15, 17). 성령 받은 자들은 성령을 받게 하는 사역을 합니다.

요16:7 "그러나 내가 너희에게 실상을 말하노니 내가 떠나가는 것이 너희에게 유익이라 내가 떠나가지 아니하면 보혜사가 너희에게로 오시지 아니할 것이요 가면 내가 그를 너희에게로 보내리니"

행1:4-5 "사도와 함께 모이사 그들에게 분부하여 이르시되 예루살렘을 떠나지 말고 내게서 들은 바 아버지께서 약속하신 것을 기다리라 요한은 물로 세례를 베풀었으나 너희는 몇 날이 못되어 성령으로 세례를 받으리라 하셨느니라"

<u>행1:13-14</u> "들어가 그들이 유하는 다락방으로 올라가니 베드로, 요한, 야고보, 안드레와 빌립, 도마와 바돌로매, 마태와 및 알패오의 아들 야고보, 셀롯인 시몬, 야고보의 아들 유다가 다 거기 있어 여자들과 예수의 어머니 마리아와 예수의 아우들과 더불어 마음을 같이하여 오로지 기도에 힘쓰니라"

<u>행2:2-4</u> "홀연히 하늘로부터 급하고 강한 바람 같은 소리가 있어 그들이 앉은 온 집에 가득하며 마치 불의 혀처럼 갈라지는 것들이 그들에게 보여 각 사람 위에 하나씩 임하여 있더니 그들이 다 성령의 충만함을 받고 성령이 말하게 하심을 따라 다른 언어들로 말하기를 시작하니라"

<u>행2:43</u> "사람마다 두려워하는데 사도들로 말미암아 기사와 표적이 많이 나타나니"

<u>행4:31</u> "빌기를 다하매 모인 곳이 진동하더니 무리가 다 성령이 충만하여 담대히 하나님의 말씀을 전하니라"

<u>행5:29</u> "베드로와 사도들이 대답하여 이르되 사람보다 하나님께 순종하는 것이 마땅하니라"

<u>행5:41</u> "사도들은 그 이름을 위하여 능욕 받는 일에 합당한 자로 여기심을 기뻐하면서 공회 앞을 떠나니라"

<u>행8:15</u> "그들이 내려가서 그들을 위하여 성령 받기를 기도하니"

<u>행8:17</u> "이에 두 사도가 그들에게 안수하매 성령을 받는지라"

10) 교회를 세우시고 역사하신 성령님

교회는 예수님의 교회요 예수님이 세우셨습니다. 예수님은 "내가 내 교회를 세우리라"고 말씀하셨습니다(마16:18). 예수님이 교회를 세우시되 성령으로 세우셨습니다. 우리가 다 한 성령으로 세례를 받아 한 몸 즉 교회가 되었습니다(고전12:13). 우리는 성령 안에서 하나님의 거하실 처소(교회)가 됩니다(엡2:22).

오순절 날 성령을 받은 자들로 예루살렘 교회가 세워졌습니다. 그리고 성령님이 임하시고 권능을 받아 예수님의 증인이 된 자들로 인하여 복음이 각 처에 전하여졌고 교회가 세워졌습니다. 그리고 세워진 교회에 성령님이 감독자를 세워 교회를 보살피게 하셨습니다(행20:28). 또한 성령님은 교회들에게 말씀하십니다(계2:7). 그리고 성령님과 신부(교회)가 사람들을 예수님께로 부릅니다(계22:17). 성령님은 교회를 세우시고 목회자를 세우시며 역사하십니다.

마16:18 "또 내가 네게 이르노니 너는 베드로라 내가 이 반석 위에 내 교회를 세우리니 음부의 권세가 이기지 못하리라"

고전12:13 "우리가 유대인이나 헬라인이나 종이나 자유인이나 다 한 성령으로 세례를 받아 한 몸이 되었고 또 다 한 성령을 마시게 하셨느니라"

엡2:22 "너희도 성령 안에서 하나님이 거하실 처소가 되기 위하여 그리스도 예수 안에서 함께 지어져 가느니라 '

행20:28 "여러분은 자기를 위하여 또 온 양떼를 위하여 삼가라 성령이 그들 가운데 여러분을 감독자로 삼고 하나님이 자기 피로 사신 교회를 보살피게 하셨느니라"

계2:7 "귀 있는 자는 성령이 교회들에게 하시는 말씀을 들을지어다 이기는 그에게는 내가 하나님의 낙원에 있는 생명나무의 열매를 주어 먹게 하리라"

계22:17 "성령과 신부가 말씀하시기를 오라 하시는도다 듣는 자도 오라 할 것이요 목마른 자도 올 것이요 또 원하는 자는 값없이 생명수를 받으라 하시더라"

2. 성령 받은 자들의 삶

성령님이 믿음의 사람들에게 임하시고 역사하셨습니다. 그러면 성령님이 임하시고 역사하신 자들 곧 성령님이 임하셔서 함께 계시므로 성령으로 사는 자들의 삶은 어떠했을까요? 성경은 그들의 삶을 증언하고 있습니다. 그들의 삶은 복된 삶이었습니다. 족장들 곧 아브라함, 이삭, 야곱은 기름부음 받은 자로 복되게 살았습니다. 또 다윗은 거룩한 기름부음을 받고 복되게 살았습니다. 그리고 예수님도 이 세상에 계실 때 아버지 하나님께서 성령을 한량없이 부어주시므로 사셨습니다. 사도들도 성령이 임하시므로 복된 삶을 살았습니다. 우리도 성령을 받고 성령으로 살면 복된 삶을 살 수 있습니다.

1) 족장들(아브라함, 이삭, 야곱)의 삶

하나님께서 족장들에게 기름을 부셨고 그들은 복된 삶을 살았습니다. 족장들은 사람의 수가 적어 그 땅의 나그네가 되었고 이 족속에게서 저 족속에게로, 이 나라에서 다른 민족에게로 떠돌아다녔습니다(시105:12-13). 그러나 하나님께서 사람들이 족장들을 억압하는 것을 용납하지 아니하시고 그들로 말미암아 왕들을 꾸짖어 이르시기를 "나의 기름 부은 자를 손대지 말며 나의 선지자들을 해하지 말라" 하셨습니다(시105:14-15). 족장들은 하나님께 기름부음을 받아 성령으로 살았기에 하나님의 보호를 받앉습니다. 그래서 애굽 왕과 아비멜렉이 아브라함을 해치지 못하였습니다. 그리고 아비멜렉이 이삭을 해치지 못하였습니다. 또 라반과 에서가 야곱을 해치지 못하였습니다. 이와 같이 하나님께서 성령으로 인침 받은 자들을 아무도 해치지 못하도록 보호하십니다(계9:4). 하나님께서 우리에게 인치시고 보증으로 성령을 우리 마음에 주셨습니다(고후1:22). 그러므로 아무도 우리를 해칠 자가 결코 없습니다(눅10:19).

> **시105:12-13** "그 때에 그들의 사람 수가 적어 그 땅의 나그네가 되었고 이 족속에게서 저 족속에게로, 이 나라에서 다른 민족에게로 떠돌아 다녔도다"
>
> **시105:14-15** "그러나 그는 사람이 그들을 억압하는 것을 용납하지 아니 하시고 그들로 말미암아 왕들을 꾸짖어 이르시기를 나의 기름 부은 자를 손대지 말며 나의 선지자들을 해하지 말라 하셨도다"
>
> **계9:4** "그들에게 이르시되 땅의 풀이나 푸른 것이나 각종 수목은 해하지 말고 오직 이마에 하나님의 인침을 받지 아니한 사람들만 해하라 하시더라"
>
> **고후1:22** "그가 또한 우리에게 인치시고 보증으로 우리 마음에 성령을 주셨느니라"
>
> **눅10:19** "내가 너희에게 뱀과 전갈을 밟으며 원수의 모든 능력을 제어할 권능을 주었으니 너희를 해칠 자가 결코 없으리라"

2) 다윗 왕의 삶

하나님께서 그의 종 다윗에게 거룩한 기름으로 부셨습니다(시89:20). 하나님이 다윗에게 성령을 주셨습니다. 그 결과 다윗의 삶은 복되었습니다.

시89:20 "내가 내 종 다윗을 찾아내어 나의 거룩한 기름을 그에게 부었도다"

그러면 성령 받은 다윗의 삶은 어떠했는가요?

① 성령 받은 다윗은 견고하고 힘 있는 자가 되었습니다.

하나님께서 다윗에게 기름을 부심으로 하나님의 손이 다윗과 함께 하여 그를 견고히 하셨습니다. 그리고 하나님의 팔이 다윗을 힘 있게 하셨습니다(시89:21). 그래서 성령 받은 다윗은 힘 있는 자가 되었습니다. 성령님이 임하신 자는 권능을 받고 힘 있는 자가 됩니다(행1:8).

시89:21 "내 손이 그와 함께 하여 견고하게 하고 내 팔이 그를 힘이 있게 하리로다"

행1:8 "오직 성령이 너희에게 임하시면 너희가 권능을 받고 예루살렘과 온 유대와 사마리아와 땅 끝까지 이르러 내 증인이 되리라 하시니라"

② 성령 받은 다윗은 원수가 강탈하지 못하였습니다.

하나님께서 다윗에게 기름을 부심으로 원수가 다윗에게서 강탈하지 못하였으며 악한 자가 다윗을 곤고하게 하지 못하였습니다(시89:22). 사울 왕이 다윗을 죽이려고 했으나 그를 죽이지 못하고 오히려 자신이 패망하였습니다. 또 압살롬이 그 아버지 다윗의 왕위를 강탈하려 했으나 강탈하지 못하고 오히려 자신이 패망하였습니다. 그뿐만 아니라 하나님께서는 다윗 앞에서 그 대적을 박멸하셨습니다(시89:23). 그리고 하나님은 다윗의 이름을 위대하게 만들어 주셨습니다(삼하7:9). 성령을 받으면 이기는 자가 됩니다.

시89:22 "원수가 그에게서 강탈하지 못하며 악한 자가 그를 곤고하게 못하리로다"

시89:23 "내가 그의 앞에서 그 대적들을 박멸하며 그를 미워하는 자들을 치려니와"

삼하7:9 "네가 가는 모든 곳에서 내가 너와 함께 있어 네 모든 원수를 네 앞에서 멸하였은즉 땅에서 위대한 자들의 이름 같이 네 이름을 위대하게 만들어 주리라"

③ 성령 받은 다윗은 하나님을 아버지라 불렀습니다.

하나님께서 다윗에게 기름을 부심으로 다윗은 하나님을 아버지라 불렀습니다(시89:26). 다윗은 형식적으로 하나님을 아버지라 부르지 않았습니다. 다윗은 참 아들로서 하나님을 아버지라 불렀습니다. 참 아들은 죄를 범했을 때 징계를 받으나 은총을 빼앗기지는 않습니다. 하나님은 다윗의 아버지가 되시고 다윗은 하나님의 아들이 되었기에 하나님은 그 은총을 다윗에게서 빼앗지 아니하셨습니다(삼하7:14-15). 우리가 하나님의 아들인고로 하나님이 그 아들의 영을 우리 마음 가운데 보내셔서 하나님을 아버지라 부르게 하셨습니다(갈4:6).

시89:26 "그가 내게 부르기를 주는 나의 아버지시오 나의 하나님이시오 나의 구원의 바위시라 하리로다"

삼하7:14-15 "나는 그에게 아버지가 되고 그는 내게 아들이 되리니 그가 만일 죄를 범하면 내가 사람의 매와 인생의 채찍으로 징계하려니와 내가 네 앞에서 물러나게 한 사울에게서 내 은총을 빼앗은 것처럼 그에게서 빼앗지는 아니하리라"

갈4:6 "너희가 아들이므로 하나님이 그 아들의 영을 우리 마음 가운데 보내사 아빠 아버지라 부르게 하셨느니라"

④ 성령 받은 다윗은 하나님의 성실하심과 선하심과 인자하심이 함께 하며 따랐습니다.

하나님께서 다윗에게 기름을 부심으로 하나님의 성실하심과 인자하심이 다윗과 함께 하였습니다(시89:24). 그래서 하나님의 이름으로 말미암아 다윗의 뿔이 높아졌습니다. 하나님은 다윗을 위하여 그의 인자함을 영원히 지키셨습니다(시89:28). 이에 다윗은 하나님의 선하심과 인자하심이 평생에 그를 따름을 알고 찬양하며 살았습니다(시23:6).

시89:24 "나의 성실함과 인자함이 그와 함께 하리니 내 이름으로 말미암아 그의 뿔이 높아지리로다"

시89:28 "그를 위하여 나의 인자함을 영원히 지키고 그와 맺은 나의 언약을 굳게 세우며"

시23:6 "내 평생에 선하심과 인자하심이 반드시 나를 따르리니 내가 여호와의 집에 영원히 살리로다"

3) 예수님의 삶

예수님은 성령으로 잉태되어 나셨으며, 성령님이 임하셨고, 성령님으로 사셨습니다. 그러면 성령님으로 사신 예수님은 어떤 삶을 사셨는가요?

① 예수님은 성령으로 살고 성령으로 행하셨습니다.

예수님은 성령으로 잉태되어 나셨습니다(마1:18). 그리고 예수님은 성령님이 임하심으로 공생애를 시작하셨습니다(마3:16). 또 예수님은 성령님에게 이끌리어 마귀에게 시험을 받으셨습니다(마4:1). 또 예수님은 성령의 권능으로 갈릴리에 돌아가셨으며 복음을 증거 하셨습니다(눅4:14).

> **마1:18** "예수 그리스도의 나심은 이러하니라 그의 어머니 마리아가 요셉과 약혼하고 동거하기 전에 성령으로 잉태된 것이 나타났더니"
>
> **마3:16** "예수께서 세례를 받으시고 곧 물에서 올라오실새 하늘이 열리고 하나님의 성령이 비둘기 같이 내려 자기 위에 임하심을 보시더니"
>
> **마4:1** "그 때에 예수께서 성령에게 이끌리어 마귀에게 시험을 받으러 광야로 가사"
>
> **눅4:14** "예수께서 성령의 능력으로 갈릴리에 가시니 그 소문이 사방에 퍼졌고"

아버지 하나님께서는 아들 예수님에게 성령을 한량없이 부어주셨습니다(요3:34). 그래서 예수님은 하나님의 말씀을 말하셨습니다. 또한 하나님께서 예수님에게 성령과 능력을 기름 붓듯 하셨습니다(행10:38). 그래서 예수님은 두루 다니시며 착한 일을 행하시고 마귀에게 눌린 모든 자를 고치셨습니다. 그뿐만 아니라 예수님은 성령으로 기뻐하셨습니다(눅10:21). 그리고 예수님은 성령으로 말미암아 자기를 하나님께 드리셨습니다(히9:14). 예수님은 성령으로 사셨으며 모든 일을 성령으로 행하셨습니다.

> **요3:34** "하나님이 보내신 이는 하나님의 말씀을 하나니 이는 하나님이 성령을 한량없이 주심이니라"
>
> **행10:38** "하나님이 나사렛 예수에게 성령과 능력을 기름 붓듯 하셨으매 그가 두루 다니시며 선한 일을 행하시고 마귀에게 눌린 모든 사람을 고치셨으니 이는 하나님이 함께 하셨음이라"

<u>눅10:21</u> "그 때에 예수께서 성령으로 기뻐하시며 이르시되 천지의 주
재이신 아버지여 이것을 지혜롭고 슬기 있는 자들에게는 숨기시고 어린
아이들에게는 나타내심을 감사하나이다 옳소이다 이렇게 된 것이 아버
지의 뜻이니이다"
<u>히9:14</u> "하물며 영원하신 성령으로 말미암아 흠 없는 자기를 하나님께
드린 그리스도의 피가 어찌 너희 양심을 죽은 행실에서 깨끗하게 하고
살아 계신 하나님을 섬기게 하지 못하겠느냐"

② 성령으로 사신 예수님은 어떤 삶을 사셨는가요?

선지자 이사야는 성령의 감동하심을 입어 예수님에게 성령님이 임하
심과 예수님이 하실 일을 예언하였습니다(사11:1-5, 사61:1-2). 즉 선지
자 이사야는 성령님이 임하신 예수님이 어떤 삶을 사실 것인가를 예언했
습니다. 그리고 예수님은 선지자 이사야가 예언한 말씀대로 사시고 행하
셨습니다.

  a. 예수님은 하나님 아버지를 경외함으로 즐거움을 삼으셨습니다.
  b. 예수님은 눈에 보이는 대로 심판하지 아니하시고 공의로 심판하시며
     귀에 들리는 대로 판단하지 아니하시고 정직으로 판단 하셨습니다.
  c. 예수님은 입의 막대기로 세상을 치며 입술의 기운으로 악인을 죽이실
     자로 사셨습니다.
  d. 예수님은 가난한 자에게 복음을 전하셨습니다.
  e. 예수님은 상한 마음을 고치셨습니다.
  f. 예수님은 포로 된 자를 자유하게 하셨습니다.
  g. 예수님은 눈 먼 자를 다시 보게 하셨습니다.
  h. 예수님은 눌린 자를 자유하게 하셨습니다.
  i. 예수님은 주의 은혜의 해(year)와 보복의 날(심판의 날)을 전파하며
     슬픈 자를 위로하셨습니다.

<u>사11:1-5</u> "이새의 줄기에서 한 싹이 나며 그 뿌리에서 한 가지가 나서 결실할 것이요 그의 위에 여호와의 영 곧 지혜와 총명의 영이요 모략과 재능의 영이요 지식과 여호와를 경외하는 영이 강림하시리니 그가 여호와를 경외함으로 즐거움을 삼을 것이며 그의 눈에 보이는 대로 심판하지 아니하며 그의 귀에 들리는 대로 판단하지 아니하며 공의로 가난한 자를 심판하며 정직으로 세상의 겸손한 자를 판단할 것이며 그의 입의 막대기로 세상을 치며 그의 입술의 기운으로 악인을 죽일 것이며 공의로 그의 허리띠를 삼으며 성실로 그의 몸의 띠를 삼으리라"

<u>사61:1-2</u> "주 여호와의 영이 내게 내리셨으니 이는 여호와께서 내게 기름을 부으사 가난한 자에게 아름다운 소식을 전하게 하려하심이라 나를 보내사 마음이 상한 자를 고치며 포로 된 자에게 자유를, 갇힌 자에게 놓임을 선포하며 여호와의 은혜의 해와 우리 하나님의 보복의 날을 선포하여 모든 슬픈 자를 위로하되"

예수님은 회당에서 이사야의 글을 읽으시고 "이 글이 오늘날 너희 귀에 응하였느니라"고 말씀하셨습니다(눅4:17-21). 예수님은 이사야의 글이 오늘날 이루어졌다고 말씀하신 것입니다.

<u>눅4:17-21</u> "선지자 이사야의 글을 드리거늘 책을 펴서 이렇게 기록된 데를 찾으시니 주의 성령이 내게 임하셨으니 이는 가난한 자에게 복음을 전하게 하시려고 내게 기름을 부으시고 나를 보내사 포로 된 자에게 자유를, 눈 먼 자에게 다시 보게 함을 전파하며 눌린 자를 자유롭게 하고 주의 은혜의 해를 전파하게 하려 하심이라 하였더라 책을 덮어 그 맡은 자에게 주시고 앉으시니 회당에 있는 자들이 다 주목하여 보더라 이에 예수께서 그들에게 말씀하시되 이 글이 오늘 너희 귀에 응하였느니라 하시니"

그런데 예수님께서 성령으로 행하신 일은 우리에게도 이루어져야 합니다. 예수님이 행하신 일을 우리도 성령으로 행해야 합니다. 우리에게 성령님이 임하시면 우리도 예수님이 성령으로 행하신 일을 할 수 있습니다. 예수님은 "나를 믿는 자는 나의 하는 일을 저도 할 것이요 또한 이보다 큰 것도 하리니" 라고 말씀하셨습니다(요14:12). 그리고 사도들은 예수님의 약속대로 예수님이 행하신 일을 성령님이 임하심으로 행하였습니다. 사도들이 예수님께서 행하신 일을 할 수 있었던 것은 예수님께서 아버지 하나님께로 가심으로 성령님이 사도들에게 오셨기 때문입니다.

요14:12 "내가 진실로 진실로 너희에게 이르노니 나를 믿는 자는 내가 하는 일을 그도 할 것이요 또한 그보다 큰일도 하리니 이는 내가 아버지께로 감이라"

4) 사도들의 삶

사도들에게 성령님이 임하심으로 그들은 어떤 자들이 되었으며 또 어떤 삶을 살았는가요?

① 성령 받은 사도들은 하나님의 큰일을 말하였습니다.

사도들은 성령의 충만함을 받고 성령님이 말하게 하심을 따라 다른 언어로 말하기를 시작하였습니다(행2:4). 그런데 사도들이 다른 언어로 말한 것은 하나님의 큰일을 말한 것이었습니다(행2:11).

행2:4 "그들이 다 성령의 충만함을 받고 성령이 말하게 하심을 따라 다른 언어들로 말하기를 시작하니라"

행2:11 "그레데인과 아라비아인들이라 우리가 다 우리의 각 언어로 하나님의 큰일을 말함을 듣는도다 하고"

② 성령 받은 사도들은 담대히 하나님의 말씀을 전하였습니다.

성령 받기 전의 사도들은 유대인들을 두려워하여 숨었으며 담대하지 못했습니다. 그러나 성령 받은 사도들은 담대하게 되었으며 성령이 충만하여 담대히 하나님의 말씀을 전하였습니다(행4:31). 성령 받은 사도들은 유대 관원들과 공회 앞에서도 담대하게 증언하였고(행4:8, 5:29), 날마다 성전에 있든지 집에 있든지 예수 그리스도를 가르쳤으며 전도하였습니다(행5:42).

행4:31 "빌기를 다하매 모인 곳이 진동하더니 무리가 다 성령이 충만하여 담대히 하나님의 말씀을 전하니라"
행4:8 "이에 베드로가 성령이 충만하여 이르되 백성의 관리들과 장로들아"
행5:29 "베드로와 사도들이 대답하여 이르되 사람보다 하나님께 순종하는 것이 마땅하니라"
행5:42 "그들이 날마다 성전에 있든지 집에 있든지 예수는 그리스도라고 가르치기와 전도하기를 그치지 아니하니라"

③ 성령 받은 사도들은 하나님께 온전히 순종하였습니다.

성령 받은 사도들은 하나님께 순종함을 알았습니다. 그래서 그들은 "사람보다 하나님께 순종하는 것이 마땅하니라"고 말했습니다(행5:29). 또 사도들은 하나님께서 자기에게 순종하는 자들에게 성령을 주심도 알았습니다(행5:32). 그래서 사도들은 하나님께 순종하였습니다.

행5:29 "베드로와 사도들이 대답하여 이르되 사람보다 하나님께 순종하는 것이 마땅하니라"

행5:32 "우리는 이 일에 증인이요 하나님이 자기에게 순종하는 사람들에게 주신 성령도 그러하니라 하더라"

사도들이 옥에 갇혔을 때 하나님께서 밤에 옥문을 열어주셨습니다. 그래서 사도들이 옥에서 나왔습니다. 사도들이 왜 옥에서 나왔을까요? 천사가 사도들을 끌어냈기 때문입니다. 그리고 옥에서 나온 사도들은 주님의 명령대로 성전에 서서 생명의 말씀을 백성들에게 전하였습니다(행5:19-21). 그런데 사도 바울이 옥에 갇혀 있을 때에 하나님께서 밤에 옥문을 열어주셨습니다. 그러나 바울은 옥에서 나가지 않았습니다. 왜냐하면 바울에게 옥에서 나가라는 하나님의 말씀이 없었기 때문입니다. 이렇게 사도들은 주님의 명령대로 순종하였습니다. 성령을 받으면 하나님의 말씀을 들을 줄 알고 말씀대로 하나님께 순종하게 됩니다.

행5:19-21 "주의 사자가 밤에 옥문을 열고 끌어내어 이르되 가서 성전에 서서 이 생명의 말씀을 다 백성에게 말하라 하매 그들이 듣고 새벽에 성전에 들어가서 가르치더니 대제사장과 그와 함께 있는 사람들이 와서 공회와 이스라엘 족속의 원로들을 다 모으고 사람을 옥에 보내어 사도들을 잡아오라 하니"

④ 성령 받은 사도들은 기사와 표적을 행하였습니다.

성령 충만한 사도들로 말미암아 기사와 표적이 많이 나타났습니다(행2:43). 그리고 사도들의 손으로 민간에 표적과 기사가 많이 일어나매 믿는 사람이 다 마음을 같이하여 모였으며 그 나머지는 감히 그들과 상종하는 사람이 없었으며 백성이 칭송하였습니다(행5:12). 그래서 믿고 주님께로 나오는 자가 더 많았습니다. 그리고 사람들이 병든 사람과 더러운 귀신에게 괴로움 받는 사람을 사도들에게 데리고 와서 다 나음을 얻었습니다(행5:16).

> **행2:43** "사람마다 두려워하는데 사도들로 말미암아 기사와 표적이 많이 나타나니"
> **행5:12-13** "사도들의 손을 통하여 민간에 표적과 기사가 많이 일어나매 믿는 사람이 다 마음을 같이하여 솔로몬 행각에 모이고 그 나머지는 감히 그들과 상종하는 사람이 없으나 백성이 칭송하니라"
> **행5:16** "예루살렘 부근의 수많은 사람들도 모여 병든 사람과 더러운 귀신에게 괴로움 받는 사람을 데리고 와서 다 나음을 얻으니라"

⑤ 성령 받은 사도들은 주님을 위해 능욕 받는 것을 기뻐하였습니다.

성령 충만한 사도들은 채찍질을 당하면서도 예수 이름을 위하여 능욕 받는 일에 합당한 자로 여기심을 기뻐하였습니다(행5:40-41). 사도 베드로는 그리스도의 고난의 증인이었고(벧전5:1), 사도 바울은 그리스도의 고난을 넘치게 받았습니다(고후1:5).

> **행5:40-41** "그들이 옳게 여겨 사도들을 불러들여 채찍질하며 예수의 이름으로 말하는 것을 금하고 놓으니 사도들은 그 이름을 위하여 능욕 받는 일에 합당한 자로 여기심을 기뻐하면서 공회 앞을 떠나니라"
> **벧전5:1** "너희 중 장로들에게 권하노니 나는 함께 장로 된 자요 그리스도의 고난의 증인이요 나타날 영광에 참여할 자로다"
> **고후1:5** "그리스도의 고난이 우리에게 넘친 것 같이 우리가 받는 위

로도 그리스도로 말미암아 넘치는도다"

⑥ 성령 받은 사도들은 믿는 자들에게 성령을 받게 하였습니다.

성령 받은 사도 베드로는 성령님이 임하심을 증언하였습니다(행2:33, 38). 그리고 사도 베드로와 요한은 사마리아에서 믿는 자들에게 성령을 받게 하였습니다(행8:15-17). 또한 사도 바울은 에베소에서 만난 어떤 제자들에게 "너희가 믿을 때에 성령을 받았느냐?"고 물었습니다(행19:2). 그리고 바울은 성령님이 계심도 알지 못한 그들에게 성령을 받게 하였습니다(행19:6). 하나님은 성령을 받게 하는 일에 성령 받은 사도들을 도구로 쓰셨습니다.

> **행2:33** "하나님이 오른손으로 예수를 높이시매 그가 약속하신 성령을 아버지께 받아서 너희가 보고 듣는 이것을 부어 주셨느니라"
>
> **행2:38** "베드로가 이르되 너희가 회개하여 각각 예수 그리스도의 이름으로 세례를 받고 죄 사함을 받으라 그리하면 성령의 선물을 받으리니"
>
> **행8:15-17** "그들이 내려가서 그들을 위하여 성령 받기를 기도하니 이는 아직 한 사람에게도 성령 내리신 일이 없고 오직 주 예수의 이름으로 세례만 받을 뿐이더라 이에 두 사도가 그들에게 안수하매 성령을 받는지라"
>
> **행19:2** "이르되 너희가 믿을 때에 성령을 받았느냐 이르되 아니라 우리는 성령이 계심도 듣지 못하였노라"
>
> **행19:6** "바울이 그들에게 안수하매 성령이 그들에게 임하시므로 방언도 하고 예언도 하니"

3. 사도행전에 기록된 성령님이 임하신 사건(일)

성령님은 예수 그리스도를 믿는 자(성도)들 곧 하나님의 아들들에게 임하셨습니다. 그런데 구약시대의 성령님의 사역은 제한적이며 선택적이었습니다. 그러나 신약시대의 성령님의 사역은 모든 성도들에게 보편적입니다. 그리고 우리에게 임하신 성령님은 영원토록 우리와 함께 계십니다(요 14:16). 성령님은 예수님이 이 세상을 떠나 아버지께로 가심으로 오셨습니다(요16:7). 즉 이 세상을 떠나 아버지께로 가신 예수님이 성령님을 보내셨습니다.

> **요14:16** "내가 아버지께 구하겠으니 그가 또 다른 보혜사를 너희에게 주사 영원토록 너희와 함께 있게 하리니"
>
> **요16:7** "그러나 내가 너희에게 실상을 말하노니 내가 떠나가는 것이 너희에게 유익이라 내가 떠나가지 아니하면 보혜사가 너희에게로 오시지 아니할 것이요 가면 내가 그를 너희에게로 보내리니"

그런데 성령님이 성도들에게 임하신 것을 성경에는 여러 가지로 표현했습니다.

성령님을 성도들에게 보내신 성부 하나님과 성자 예수님 편에서는 "주사" (요14:16), "보내리니"(요16:7), "부어주셨다"(행2:33), "충만하게 하신다"(행9:17), "마시게 하셨느니라"(고전12:13)로 표현했습니다.

그런데 성도들에게 오신 성령님 편에서는 "임하시면"(행1:8), "오시면"(요16:13), "내려오시니"(행10:44), " 함께 거하심이요"(요14:17)로 표현했습니다.

그리고 성령님이 임하신 성도들 편에서는 "받다(갈3:2)"로 표현했습니다. 그리고 "받다"의 표현은 "성령으로 세례를 받으리라(행1:5), 성령의 충만함을 받고(행2:4), 기름 부음을 받고(요일2:20)"로 표현했습니다.

성부 하나님과 예수님께서 성령님을 성도들에게 보내셨고, 성부 하나님과 예수님께서 보내신 성령님이 성도들에게 임하셨으며, 성부 하나님과 예수님이 보내신 성령님이 임하신 성도들은 성령을 받았습니다.

사도행전에는 성령님이 임하신 사건들이 기록되어 있습니다. 사도행전에 기록된 성령님이 임하신 사건으로는 오순절 사건(행2:1-4), 사마리아 사건(행8:14-17), 고넬료의 집의 사건(행10:44-46), 에베소 사건(행19:1-7)이 있습니다.

1) 오순절 사건(행2:1-4)

예수님이 승천하신 후 그의 제자들이 십여 일간 마음을 같이하여 오로지 기도에 힘쓴 후에 일어난 사건입니다. 그리고 오순절 절기에 제자들이 다 같이 한 곳에 모여 있을 때 일어난 사건입니다. 이 사건은 갑자기 일어난 영적 현상으로 제자들은 하늘로부터 급하고 강한 바람 같은 소리를 귀로 들었습니다. 또 불의 혀 같이 갈라지는 것이 저희에게 보여 각 사람 위에 하나씩 임하여 있었습니다. 그 결과로 저희가 다 성령의 충만함을 받았습니다. 그리고 제자들은 성령 충만의 결과로 다른 언어들(방언)로 말하기를 시작하였습니다. 이는 분명한 체험이었습니다.

오순절 사건은 예수님이 육신으로 이 세상에 계실 때 믿고 따랐으며 부활하신 예수님을 뵈옵고 승천하신 예수님의 명령대로 십일 동안 예루살렘을 떠나지 않고 기도했던 제자들이 모여 있을 때 성령님이 임하셨습니다.

<u>행2:1-4</u> "오순절 날이 이미 이르매 그들이 다 같이 한 곳에 모였더니

홀연히 하늘로부터 급하고 강한 바람 같은 소리가 있어 그들이 앉은 온 집에 가득하며 마치 불의 혀처럼 갈라지는 것들이 그들에게 보여 각 사람 위에 하나씩 임하여 있더니 그들이 다 성령의 충만함을 받고 성령이 말하게 하심을 따라 다른 언어들로 말하기를 시작하니라"

2) 사마리아 사건(행8:14-17)

빌립이 사마리아에 내려가 전도함으로 저희가 믿고 세례를 받았습니다. 그러나 아직 한 사람에게도 성령 내리신 일이 없었습니다. 그래서 사도 베드로와 요한이 예루살렘 교회의 보냄을 받아 사마리아에 가서 저희를 위하여 성령 받기를 기도하며 안수하매 저희가 성령을 받았습니다.

사마리아 사건은 성령 충만한 빌립이 전한 말씀을 듣고, 또 행한 표적을 보고 믿어 세례를 받은 자들을 위해 성령 충만한 사도 베드로와 요한이 성령 받기를 기도하고 안수하매 성령님이 임하셨습니다.

행8:14-17 "예루살렘에 있는 사도들이 사마리아도 하나님의 말씀을 받았다 함을 듣고 베드로와 요한을 보내매 그들이 내려가서 그들을 위하여 성령 받기를 기도하니 이는 아직 한 사람에게도 성령 내리신 일이 없고 오직 주 예수의 이름으로 세례만 받을 뿐이더라 이에 두 사도가 그들에게 안수하매 성령을 받는지라"

3) 고넬료 집의 사건(행10:44-46)

고넬료는 경건하여 온 집으로 더불어 하나님을 경외하였습니다. 그리고 고넬료는 백성을 많이 구제하고 하나님께 항상 기도하였습니다. 이에 하나님께서 사도 베드로를 고넬료의 집에 보내셨습니다. 그리고 베드로가 고넬료의 집에서 말씀을 전할 때 성령님이 말씀 듣는 모든 사람에게 내려오셨습니다. 그 결과 고넬료의 집에 모인 자들은 방언을 말하며 하나님을 높였습니다. 이를 들은 베드로와 함께 온 유대인 신자들이 이방인들에게도 성령 부어 주심을 인하여 놀랐습니다.

고넬료 집의 사건은 경건하여 온 집으로 더불어 하나님을 경외하며 많은 백성을 구제하고 하나님께 항상 기도하여 기도와 구제가 하나님께 상달된 이방인 고넬료의 집에서 사도 베드로가 말씀을 시작할 때에 성령이 임하셨습니다.

행10:44-46 "베드로가 이 말을 할 때에 성령이 말씀 듣는 모든 사람에게 내려오시니 베드로와 함께 온 할례 받은 신자들이 이방인들에게도 성령 부어 주심으로 말미암아 놀라니 이는 방언을 말하며 하나님 높임을 들음이더라"

4) 에베소 사건(행19:1-7)

바울이 에베소에서 어떤 제자들을 만나 "너희가 믿을 때에 성령을 받았느냐?"고 물었습니다. 그들은 "우리는 성령이 계심도 듣지 못하였노라"고 대답하였습니다. 그들은 요한의 세례만 받았습니다. 그들은 요한의 세례만 아는 아볼로에게 가르침을 받았기에 요한의 세례만 받고 성령이 계심도 듣지 못했습니다. 그런데 저희가 사도 바울에게서 말씀을 듣고 주 예수의 이름으로 세례를 받았으며 바울이 그들에게 안수하매 성령이 그들에게 임하시므로 방언도 하고 예언도 하였습니다.

에베소 사건은 요한의 세례만 받고 성령이 계심도 알지 못한 어떤 제자들에게 사도 바울이 말씀을 증거하고 세례를 주고 안수하매 성령이 임하셨습니다.

행19:1-7 "아볼로가 고린도에 있을 때에 바울이 윗 지방으로 다녀 에베소에 와서 어떤 제자들을 만나 이르되 너희가 믿을 때에 성령을 받았느냐 이르되 아니라 우리는 성령이 계심도 듣지 못하였노라 바울이 이르되 그러면 너희가 무슨 세례를 받았느냐 대답하되 요한의 세례니라 바울이 이르되 요한이 회개의 세례를 베풀며 백성에게 말하되 내 뒤에 오시는 이를 믿으라 하였으니 이는 곧 예수라 하거늘 그들이 듣고 주 예수의 이름으로 세례를 받으니 바울이 그들에게 안수하매 성령이 그들에게 임하시므로 방언도 하고 예언도 하니 모두 열두 사람쯤 되니라"

사도행전에 기록된 성령님이 임하신 사건에서 우리는 다음과 같은 사실을 알 수 있습니다.

첫째, 하나님은 예수님을 믿는 모든 자에게 성령을 받게 하셨습니다. 예수님을 믿고 따랐던 제자들도, 믿고 세례를 받은 자들도, 경건하여 하나님을 경외한 자도, 성령님이 계심을 알지 못한 자들도 다 성령을 받게 하셨습니다.

둘째, 하나님께서 성령 받게 하실 때 성령 충만한 자들을 사용하셨습니다. 사용된 자들은 사도 베드로와 요한과 바울이었습니다.

셋째, 성령님이 임하신 방법은 기도, 안수, 말씀 전함입니다. 성령님은 기도할 때, 안수할 때, 말씀을 전할 때 임하셨습니다.

넷째, 성령님이 임하실 때 나타난 현상은 대개 방언과 예언이었습니다.

5) 성령님은 누구에게 임하실까요?

성령님은 예수 그리스도를 믿는 자들 곧 하나님의 아들들에게 임하십니다. 그러므로 예수님을 믿는 자들 곧 하나님의 아들들은 다 성령을 받아야 하며 또 받을 수 있습니다.

① 성령님은 예수 그리스도를 믿는 자들에게 임하십니다.

예수 그리스도를 믿는 자가 성령을 받습니다. 즉 성령님은 예수 그리스도를 믿는 자에게 오십니다. 예수 그리스도를 믿는 자의 배에서 흘러나오는 생수의 강은 예수 그리스도를 믿는 자의 받을 성령을 가리켜 말씀하신 것입니다(요7:38-39). 하나님은 예수 그리스도를 믿는 자에게 성령을 선물로 주십니다(행11:17). 그러나 불신자는 성령을 받지 못합니다. 왜냐하면 불신자는 성령을 보지도 못하고 알지도 못하기 때문입니다. 성령님은 예수님을 믿는 자와 함께 거하시고 그 속에 계십니다(요14:16-17).

> **요7:38-39** "명절 끝날 곧 큰 날에 예수께서 서서 외쳐 이르시되 누구든지 목마르거든 내게로 와서 마시라 나를 믿는 자는 성경에 이름과 같이 그 배에서 생수의 강이 흘러나오리라 하시니"
>
> **행11:17** "그런즉 하나님이 우리가 주 예수 그리스도를 믿을 때에 주신 것과 같은 선물을 그들에게도 주셨으니 내가 누구이기에 하나님을 능히 막겠느냐 하더라"
>
> **요14:16-17** "내가 아버지께 구하겠으니 그가 또 다른 보혜사를 너희에게 주사 영원토록 너희와 함께 있게 하리니 그는 진리의 영이라 세상은 능히 그를 받지 못하나니 이는 그를 보지도 못하고 알지도 못함이라

그러나 너희는 그를 아나니 그는 너희와 함께 거하심이요 또 너희 속에 계시겠음이라"

하나님은 예수 그리스도를 믿는 자에게 성령을 주십니다. 그리고 하나님이 예수 그리스도를 믿는 자에게 성령 주시는 일을 막을 자가 없습니다. 그러므로 예수 그리스도를 믿는 자는 누구든지 성령을 받을 수 있습니다. 예수 그리스도를 믿는 자가 성령을 받지 못한 것은 성령 받는 것을 알지 못하기 때문입니다. 예수 그리스도를 믿고 성령 받는 것을 아는 자는 누구든지 성령을 받을 수 있습니다.

② 성령님은 하나님의 아들들에게 임하십니다.

하나님께서 그 아들들에게 그 아들의 영이신 성령님을 그 마음 가운데 보내십니다. 우리가 하나님의 아들인고로 하나님이 그 아들의 영을 우리 마음 가운데 보내셔서 하나님을 아빠 아버지라 부르게 하셨습니다(갈 4:6). 그래서 우리가 무서워하는 종의 영을 받지 아니하고 양자의 영이신 성령을 받았으므로 하나님을 아빠 아버지라고 부르짖습니다(롬8:15). 그리고 성령님이 친히 우리의 영과 더불어 우리가 하나님의 자녀인 것을 증언하십니다(롬8:16). 하나님의 아들들은 성령을 받고 성령으로 인도함을 받습니다(롬8:14).

갈4:6 "너희가 아들이므로 하나님이 그 아들의 영을 우리 마음 가운데 보내사 아빠 아버지라 부르게 하셨느니라"

롬8:15 "너희는 다시 무서워하는 종의 영을 받지 아니하고 양자의 영을 받았으므로 우리가 아빠 아버지라고 부르짖느니라"

롬8:16 "성령이 친히 우리의 영과 더불어 우리가 하나님의 자녀인 것을 증언하시나니"

롬8:14 "무릇 하나님의 영으로 인도함을 받는 사람은 곧 하나님의 아들이라"

성령님은 천지를 창조하셨고, 족장들(아브라함, 이삭, 야곱)을 보호하셨으며, 모세와 여호수아에게 임하여 역사하셨고, 성전의 식양을 가르쳐 주셨으며, 사사들에게 임하여 역사하셨고, 왕들에게 임하여 역사하셨으며, 선지자들에게 임하여 역사하셨고, 예수님에게 임하여 역사하셨으며, 사도들에게 임하여 역사하셨습니다. 또 성령님은 교회를 세우시고 역사하셨습니다. 이렇게 어느 때나 누구든지 성령님이 임하셔야 하나님의 일을 할 수 있었습니다. 누구든지 성령님이 임하셔야 하나님의 말씀을 증언했고, 하나님께 순종했으며, 하나님의 일을 했습니다. 우리도 마찬가지입니다. 우리에게 성령님이 임하셔야 하나님의 말씀을 전하고, 하나님께 순종하며, 하나님의 일을 합니다.

성령을 받은 자들은 복된 삶을 살았습니다. 하나님이 기름을 부으신 아브라함과 이삭과 야곱은 하나님의 보호를 받았습니다. 또 하나님이 기름을 부으신 다윗은 힘 있는 자가 되었으며, 원수가 강탈하지 못하였고, 하나님을 아버지라 불렀으며, 하나님의 성실하심과 선하심과 인자하심이 평생에 그와 함께 하였습니다. 그리고 성령 받은 사도들은 하나님의 큰일을 말하였으며, 담대히 하나님의 말씀을 전하였고, 하나님께 온전히 순종하였으며, 기사와 표적을 행하였고, 예수님을 위해 능욕 받는 것을 기뻐하였으며, 믿는 자들에게 성령을 받게 하였습니다. 이는 성령님께서 그들에게 역사하시고 그들을 사용하셨기 때문입니다. 우리도 성령을 받으면 성령님이 우리에게 역사하시고 우리를 사용하시므로 복된 삶을 살 수 있습니다.

성령님이 임하셨습니다. 성령님이 오순절 날 120여명의 예수님의 제자들에게 오로지 기도에 힘쓰며 회개할 때 임하셨습니다. 또 사마리아에서 빌립 집사가 전한 말씀을 받고 믿어 세례를 받은 자들에게 사도 베드로와 요한이 안수할 때 성령님이 그들에게 임하셨습니다. 그리고 경건하여 하나님을 경외하며 백성을 많이 구제하고 하나님께 항상 기도한 고넬료와 그 집에 모인 자들에게 사도 베드로가 말씀을 전할 때 성령님이 임하셨습니다. 또 사도 바울이 에베소에서 만난 세례 요한의 세례만 받고 성령님이 계심도 듣지 못한 어떤 제자들에게 사도 바울이 말씀으로 가르치고 안수할 때 성령님이 임하셨습니다.

그러면 성령님이 누구에게 임하실까요? 성령님은 예수 그리스도를 믿는 자들에게 임하십니다. 곧 성령님은 하나님의 아들들에게 임하십니다. 그러므로 예수 그리스도를 믿고 하나님의 자녀가 된 자들은 성령을 받아야 하고 또 받을 수 있습니다. 할렐루야! 아멘.

5장

성령을 받읍시다

예수님께서 승천하심으로 성부 하나님과 예수님이 그를 믿는 하나님의 자녀들에게 성령님을 보내셨습니다. 즉 성령님이 예수님을 믿는 하나님의 자녀들에게 임하셨고, 예수님을 믿는 하나님의 자녀들은 성령을 받았습니다. 그러므로 예수님을 믿는 하나님의 자녀들인 우리도 성령을 받아야 합니다. 우리는 내 자신이 성령을 받아 영에 속한 자인지를 알고 확증해야 합니다. 그래서 만일 우리가 성령을 받지 못하고 육에 속한 자이면 반드시 성령을 받아야 합니다.

1. 성령을 받아야 하는가요?

그러면 예수 그리스도를 믿는 자가 성령을 받아야 하는가요? 예수 그리스도를 믿는 자는 성령을 받아야 합니다. 왜냐하면 예수님을 믿는 자가 성령을 받는 것은 예수님의 명령이기 때문입니다. 또한 하나님께서 믿는 자들에게 성령을 받게 하셨기 때문입니다. 그리고 그리스도의 영이신 성령님이 그 속에 계시지 아니하면 그리스도의 사람이 아니며, 성령님이 그 속에 계신 자가 생명의 부활을 할 수 있기 때문입니다.

그러므로 만약 우리가 성령을 받지 못했다면 성령을 받아야 합니다. 그래서 성령님이 우리와 함께 거하시고 우리 속에 계셔야 합니다. 물론 우리가 이미 성령을 받았으면 다시 받을 필요가 없고 계속 성령 충만을 받아야 합니다.

1) 성령을 받는 것은 예수님의 명령입니다.

우리가 성령을 받는 것은 예수님의 명령이기에 우리는 성령을 받아야 합니다. 예수님은 그 제자들에게 "성령을 받으라"고 명하셨습니다. 또한 예수님은 그 제자들에게 성령님을 알도록 가르치셨으며, 성령님이 오시기를 기대하도록 가르치셨으며, 성령님이 오셔서 하실 일도 가르치셨습니다. 그리고 예수님은 그 제자들에게 성령 받기를 구하라고 명하셨습니다. 그뿐만 아니라 예수님은 성령의 약속을 받게 하시려고 우리를 위하여 십자가에서 우리가 받을 저주를 대신 받으셨습니다. 그러므로 우리는 성령을 받아야 합니다.

① 예수님은 "성령을 받으라"고 명하셨습니다.

예수님은 부활하신 후 그 제자들에게 "성령을 받으라"고 명하셨습니다(요20:22). 그러므로 우리도 성령을 반드시 받아야 합니다. 이는 예수님의 명령이기 때문입니다. 예수님은 승천하시면서도 그 제자들에게 "내게 들은 바 아버지의 약속하신 것을 기다리라"고 명하셨습니다(행1:4). 그런데 '아버지의 약속하신 것'은 성령이십니다. 그러므로 예수님은 승천하시면서도 그 제자들에게 오실 성령님을 기다리라고 명하신 것입니다. 그리고 그 제자들은 성령님을 기다려서 받았습니다. 우리도 성령을 받아야 합니다. 우리가 성령을 받는 것은 예수님의 명령이요 소원입니다.

요20:22 "이 말씀을 하시고 그들을 향하사 숨을 내쉬며 이르시되 성령을 받으라"

행1:4 "사도와 함께 모이사 그들에게 분부하여 이르시되 예루살렘을 떠나지 말고 내게서 들은 바 아버지께서 약속하신 것을 기다리라"

② 예수님은 성령님을 알고 기대하도록 가르치셨습니다.

예수님은 말씀이 육신이 되어 우리 가운데 거하신 분이십니다. 육신으로 오신 예수님은 우리를 위하여 십자가에 못 박혀 죽으셨습니다. 그리고 우리를 위하여 죽으신 예수님은 우리를 위하여 부활하셨습니다. 또한 우리를 위하여 부활하신 예수님은 우리를 위하여 승천하셨습니다. 뿐만 아니라 우리를 위하여 승천하신 예수님은 우리를 위하여 성령을 보내주셨습니다. 이와 같이 예수님께서 우리에게 성령님을 보내신 일은 매우 중요합니다.

그래서 예수님은 세상에 계실 때 그 제자들에게 하나님 아버지께서 예수 이름으로 보내실 성령님을 알도록 가르치셨습니다(요14:16-17). 또한 예수님은 성령님이 오셔서 하실 일들을 가르치셨습니다. 예수님은 성령님이 오셔서 모든 것을 가르치시고 말씀을 생각나게 하실 것을 가르치셨으며(요14:26), 성령님이 오셔서 예수님을 증언하실 것을 가르치셨고(요15:26), 성령님이 오셔서 죄에 대하여, 의에 대하여, 심판에 대하여 세상을 책망하실 것을 가르치셨으며(요16:8), 성령님이 오셔서 장래 일을 알리시며 예수님의 영광을 나타내실 것을 가르치셨습니다(요16:13-14). 그리고 예수님은 자기가 떠나가고 성령님이 오시는 것이 그 제자들에게 더 유익이라고 가르치시며 성령을 기대하도록 가르치셨습니다(요16:7). 그러므로 우리는 성령을 받아야 합니다.

요14:16-17 "내가 아버지께 구하겠으니 그가 또 다른 보혜사를 너희에게 주사 영원토록 너희와 함께 있게 하리니 그는 진리의 영이라 세상은 능히 그를 받지 못하나니 이는 그를 보지도 못하고 알지도 못함이라 그러나 너희는 그를 아나니 그는 너희와 함께 거하심이요 또 너희 속에 계시겠음이라"

요14:26 "보혜사 곧 아버지께서 내 이름으로 보내실 성령 그가 너희에게 모든 것을 가르치고 내가 너희에게 말한 모든 것을 생각나게 하리라"

요15:26 "내가 아버지께로부터 너희에게 보낼 보혜사 곧 아버지께로부터 나오시는 진리의 성령이 오실 때에 그가 나를 증언하실 것이요"

요16:8 "그가 와서 죄에 대하여, 의에 대하여, 세상을 책망하시리라"

요16:13-14 "그러나 진리의 성령이 오시면 그가 너희를 모든 진리 가운데로 인도하시리니 그가 스스로 말하지 않고 오직 들은 것을 말하며 장래 일을 너희에게 알리시리라"

요16:7 "그러나 내가 너희에게 실상을 말하노니 내가 떠나가는 것이 너희에게 유익이라 내가 떠나가지 아니하면 보혜사가 너희에게로 오시지 아니할 것이요 가면 내가 그를 너희에게로 보내리니

③ 예수님은 성령 받기를 구하라고 명하셨습니다.

예수님은 성령 받기를 구하고, 찾고, 문을 두드리라고 가르치셨습니다. 마7:7-12에서 "구하라, 찾으라, 문을 두드리라"의 결론은 "하늘에 계신 너희 아버지께서 구하는 자에게 좋은 것으로 주시지 않겠느냐"입니다. 여기서 "좋은 것"은 성령을 말씀합니다. "좋은 것"을 누가복음에는 "성령"으로 말씀합니다. 눅11:13에 "너희 하늘 아버지께서 구하는 자에게 성령을 주시지 않겠느냐"라고 말씀합니다. 그러므로 우리는 성령 받기를 구하고, 찾고, 문을 두드려야 합니다. 하나님 아버지께서는 구하는 자에게 성령을 주십니다. 사도들은 예수님의 명령대로 예수님이 승천하신 후 십 일 동안 성령 받기 위해 오로지 기도에 힘썼고(행1:12-14), 성령을 받았습니다(행2:4).

행1:12-14 "제자들이 감람원이라 하는 산으로부터 예루살렘에 돌아오니 이 산은 예루살렘에서 가까워 안식일에 가기 알맞은 길이라 들어가 그들이 유하는 다락방으로 올라가니 베드로, 요한, 야고보, 안드레와 빌립,

도마와 바돌로매, 마태와 알패오의 아들 야고보, 셀롯인 시몬, 야고보의
아들 유다가 다 거기 있어 여자들과 예수의 어머니 마리아와 예수의 아
우들과 더불어 마음을 같이하여 오로지 기도에 힘쓰더라"
행2:4 "그들이 다 성령의 충만함을 받고 성령이 말하게 하심을 따라 다
른 언어들로 말하기를 시작하니라"

④ 예수님은 성령의 약속을 받게 하려고 십자가에 죽으셨습니다.

예수님은 우리를 위하여 십자가에 달리심으로 저주를 받은바 되셨습니
다. 그리하여 예수님은 우리를 율법의 저주에서 속량하셨습니다(갈3:13).
이는 예수님이 우리로 하여금 성령의 약속을 받게 하려 하심이었습니다(
갈3:14). 그러므로 우리는 성령을 받아야 합니다. 예수님께서 우리를 위
하여 십자가에 죽으셨음으로 우리가 믿음으로 말미암아 성령의 약속을 받
을 수 있습니다.

갈3:13 "그리스도께서 우리를 위하여 저주를 받은 바 되사 율법의 저주
에서 우리를 속량하셨으니 기록된바 나무에 달린 자마다 저주 아래에 있
는 자라 하였음이라"
갈3:14 "이는 그리스도 예수 안에서 아브라함의 복이 이방인에게 미
치게 하고 또 우리로 하여금 믿음으로 말미암아 성령의 약속을 받게 하
려 함이라"

2) 하나님은 믿는 자들에게 성령을 받게 하셨습니다.

사도행전에는 하나님께서 믿는 자들에게 성령을 받게 하신 일이 증언
되어 있습니다. 하나님은 사마리아에서 믿는 자들에게 성령을 받게 하셨

고, 예수님을 만난 바울에게 성령 충만을 받게 하셨고, 경건하여 하나님을 경외한 고넬료에게 성령을 받게 하셨고, 에베소에서 사도 바울을 만난 제자들에게 성령을 받게 하셨습니다.

① 하나님은 사마리아에서 믿는 자들에게 성령을 받게 하셨습니다.

사마리아 사람들이 빌립이 하나님 나라와 및 예수 그리스도의 이름에 관하여 전도함을 듣고 남녀가 다 세례를 받았습니다. 이에 베드로와 요한이 예루살렘으로부터 사마리아에 내려가 성령 받기를 기도하였습니다. 왜냐하면 하나님의 말씀을 받고 예수의 이름으로 세례는 받았지만 아직 한 사람에게도 성령 내리신 일이 없었기 때문입니다. 그리고 두 사도가 저희에게 안수하매 성령을 받았습니다(행8:14-17).

행8:14-17 "예루살렘에 있는 사도들이 사마리아도 하나님의 말씀을 받았다 함을 듣고 베드로와 요한을 보내매 그들이 내려가서 그들을 위하여 성령 받기를 기도하니 이는 아직 한 사람에게도 성령 내리신 일이 없고 오직 주 예수의 이름으로 세례만 받을 뿐이더라 이에 두 사도가 그들에게 안수하매 성령을 받는지라"

② 하나님은 예수님을 만난 바울에게 성령을 받게 하셨습니다.

다메섹 도상에서 예수님을 만나 예수님 앞에 굴복하고 회개한 사울(바울)에게 필요한 일은 성령 받는 것이었습니다. 그래서 주님께서는 아나니아를 사울(바울)에게 보내어 성령으로 충만하게 하셨습니다(행9:17).

행9:17 "아나니아가 떠나 그 집에 들어가서 그에게 안수하여 이르되 형제 사울아 주 곧 네가 오는 길에서 나타나셨던 예수께서 나를 보내어 너로 다시 보게 하시고 성령으로 충만하게 하신다 하니"

③ 하나님은 경건하여 하나님을 경외하는 고넬료에게 성령을 받게
  하셨습니다.

　고넬료는 경건하여 하나님을 경외하며 백성을 많이 구제하고 하나님
께 항상 기도하였습니다(행10:2). 이렇게 신실한 믿음으로 사는 고넬료에
게 성령 받는 일이 필요했습니다. 그래서 주님께서 베드로를 고넬료에게
보내어 성령을 받게 하셨습니다(행10:44).

　행10:2 "그가 경건하여 온 집안과 더불어 하나님을 경외하며 백성을 많
이 구제하고 하나님께 항상 기도하더니"
　행10:44 "베드로가 이 말 할 때에 성령이 말씀 듣는 모든 사람에게   내
려오시니"

④ 하나님은 에베소에서 사도 바울이 만난 어떤 제자들에게 성령을
  받게 하셨습니다.

　에베소에 도착한 사도 바울은 어떤 제자들을 만나 "너희가 믿을 때에
성령을 받았느냐?"고 물었습니다. 그런데 그들은 "우리는 성령이 계심도
듣지 못하였노라"고 대답하였습니다(행19:2). 이에 사도 바울이 그들이 성
령을 받도록 안수하매 성령이 그들에게 임하시므로 그들이 방언도 하고 예
언도 하였습니다(행19:6-7).

　행19:2 "이르되 너희가 믿을 때에 성령을 받았느냐 이르되 아니라 우리
는 성령이 계심도 듣지 못하였노라"
　행19:6-7 "바울이 그들에게 안수하매 성령이 그들에게 임하시므로 방

언도 하고 예언도 하니 모두 열두 사람쯤 되니라"

사도 시대에는 사도들이 믿는 자들에게 성령을 받게 하였습니다. 그리고 사도 시대의 성도들은 성령을 받은 것을 알고 있었습니다(갈3:2). 또한 사도 시대의 교회에서는 성령 충만이 요구 되었습니다. 사도 시대에는 교회의 직분자를 택할 때에도 성령이 충만한 자를 택하였습니다(행6:3-6). 오늘날의 교회에서도 성령 충만이 요구됩니다. 오늘날의 교회에서도 성령 충만한 자를 교회의 직분자로 세워야 합니다. 그리고 우리도 성령으로 충만해야 합니다.

> **갈3:2** "내가 너희에게 다만 이것을 알려 하노니 너희가 성령을 받은 것이 율법의 행위로냐 듣고 믿음으로냐"
> **행6:3-6** "형제들아 너희 가운데서 성령과 지혜가 충만하여 칭찬 듣는 사람 일곱을 택하라 우리가 이 일을 그들에게 맡기고 우리는 오로지 기도하는 일과 말씀 사역에 힘쓰리라 하니 온 무리가 이 말을 기뻐하여 믿음과 성령이 충만한 사람 스데반과 또 빌립과 브로고로와 니가노르와 디몬과 바메나와 유대교에 입교했던 안디옥 사람 니골라를 택하여 사도들 앞에 세우니 사도들이 기도하고 그들에게 안수하니라"

3) 성령님이 그 속에 없는 자는 그리스도인이 아닙니다.

성령님이 우리 속(마음)에 거하시면 우리가 육신에 있지 아니하고 영에 있습니다. 그러나 누구든지 그리스도의 영이신 성령님이 없으면 그리스도의 사람이 아닙니다(롬8:9). 그리고 영에 있지 아니하고 육신에 있는 자들은 하나님을 기쁘시게 할 수 없습니다(롬8:8). 이는 육신의 생각은 하나님과 원수가 되므로 하나님의 법에 굴복하지 아니할 뿐 아니라 할 수도 없기 때문입니다(롬8:7). 또한 성령님이 우리 안에 거하시면 하나님께서 우리 안에 거하시는 성령으로 말미암아 우리 죽을 몸도 살리실 것입니다(롬8:11). 그리고 우리는 다 한 성령으로 세례를 받아 한 몸이 되었고(교회에 속하게 되었고) 또 하나님이 우리에게 다 한 성령을 마시게 하셨습니다(고전12:13). 그러므로 우리는 성령을 받아야 합니다. 마지막 때에는 자기의 경건하지 않은 정욕대로 행하며 기롱하는 자들이 있습니다. 그런데 이 사람들은 분열을 일으키는 자며, 육에 속한 자며, 성령이 없는 자들입니다(유1:18-19).

롬8:9 "만일 너희 속에 하나님의 영이 거하시면 너희가 육신에 있지 아니하고 영에 있나니 누구든지 그리스도의 영이 없으면 그리스도의 사람이 아니라"

롬8:8 "육신에 있는 자들은 하나님을 기쁘시게 할 수 없느니라"

롬8:7 "육신의 생각은 하나님과 원수가 되나니 이는 하나님의 법에 굴복하지 아니할 뿐 아니라 할 수도 없음이라"

롬8:11 "예수를 죽은 자 가운데서 살리신 이의 영이 너희 안에 거하시면 그리스도 예수를 죽은 자 가운데서 살리신 이가 너희 안에 거하시는 그의 영으로 말미암아 너희 죽을 몸도 살리시리라"

고전12:13 "우리가 유대인이나 헬라인이나 종이나 자유인이나 다 한 성령으로 세례를 받아 한 몸이 되었고 또 다 한 성령을 마시게 하셨느니라"

유1:18-19 "그들이 너희에게 말하기를 마지막 때에 자기의 경건하지 않은 정욕대로 행하며 조롱하는 자들이 있으리라 하였나니 이 사람들은 분열을 일으키는 자며 육에 속한 자며 성령이 없는 자니라"

2. 성령을 받고 영에 속한 자인지를 확증합시다.

우리는 자신을 알아야 합니다. 우리가 자신을 알기 위해서는 자신을 살피는 자가 되어야 합니다(고전11:28-29). 또한 우리는 자신의 일을 살펴야 합니다(갈6:4). 그래서 우리는 자신이 어떤 자인지를 확증해야 합니다. 우리가 자신을 살피고 자신이 하는 일을 살피면 자신이 어떤 자인지를 확증할 수 있습니다.

> **고전11:28-29** "사람이 자기를 살피고 그 후에야 이 떡을 먹고 이 잔을 마실지니 주의 몸을 분별하지 못하고 먹고 마시는 자는 자기의 죄를 먹고 마시는 것이니라"
> **갈6:4** "각각 자기의 일을 살피라 그리하면 자랑할 것이 자기에게는 있어도 남에게는 있지 아니하리니"

그러면 우리는 무엇을 확증해야 할까요? 우리는 성령을 받았는지, 영에 속한 자인지 자신을 확증해야 합니다. 우리가 성령을 받았으면 우리는 영에 속한 자입니다.

1) 우리가 성령을 받았는지 자신을 확증해야 합니다.

우리는 자신이 성령을 받았는지를 확증해야 합니다. 우리는 예수 그리스도를 믿을 때에 성령을 받았는지를 자신이 알 수 있어야 합니다. 성령을 받은 자는 성령님이 그와 함께 거하시고 그 속(마음)에 계시기 때문에 자신이 성령을 받았는지 압니다(요14:17).

<u>**요14:17**</u> "그는 진리의 영이라 세상은 능히 그를 받지 못하나니 이는 그를 보지도 못하고 알지도 못함이라 그러나 너희는 그를 아나니 그는 너희와 함께 거하심이요 또 너희 속에 계시겠음이라"

① 우리는 성령을 받았는지를 자신이 알아야 합니다.

우리는 성령을 받았는지를 자신이 알아야 하고, 알 수 있습니다. 사도 바울은 에베소에 이르러 만난 제자들에게 "너희가 믿을 때에 성령을 받았느냐?" 고 질문했으며 그들은 "우리는 성령이 계심도 듣지 못하였노라" 고 대답했습니다(행19:2). 그들은 자신들이 성령을 받지 못하였으며 성령이 계심도 듣지 못함을 알고 있었습니다. 우리도 내 자신이 성령을 받았는지, 못 받았는지를 알아야 합니다.

<u>**행19:2**</u> "이르되 너희가 믿을 때에 성령을 받았느냐 이르되 아니라 우리는 성령이 계심도 듣지 못하였노라"

② 우리는 예수 그리스도를 믿을 때에 성령을 받았음을 알아야 합니다.

우리는 주 예수 그리스도를 믿을 때에 성령을 받았습니다. 왜냐하면 우리가 주 예수 그리스도를 믿을 때에 하나님께서 우리에게 성령을 선물로 주시기 때문입니다(행11:17). 그리고 하나님께서 성령을 주시는 일을 누구도 막을 수가 없습니다. 사도 바울이 에베소에서 만난 제자들은 성령이 계심도 듣지 못했지만 바울에게서 성령 받음에 대한 말씀을 들었습니다. 그리고 그들이 바울의 말을 듣고 믿었기에 바울이 그들에게 안수하매 성령이 그들에게 임하시므로 방언도 하고 예언도 하였습니다(행19:6).

<u>**행11:17**</u> "그런즉 하나님이 우리가 주 예수 그리스도를 믿을 때에 주신

것과 같은 선물을 그들에게도 주셨으니 내가 누구이기에 하나님을 능히 막겠느냐 하더라"

행19:6 "바울이 그들에게 안수하매 성령이 그들에게 임하시므로 방언도 하고 예언도 하니"

③ 믿고 세례를 받았으나 성령을 받지 못한 자도 있습니다.

사마리아 사람들은 빌립이 전도함을 믿고 세례를 받았습니다(행8:12). 사마리아 사람들이 하나님의 말씀을 받은 것입니다. 이에 예루살렘에 있는 사도들이 사마리아도 하나님의 말씀을 받았다 함을 듣고 베드로와 요한을 사마리아에 보냈습니다(행8:14). 그리고 사마리아에 내려간 두 사도가 그들을 위하여 성령 받기를 기도하였습니다(행8:15). 이는 아직 한 사람에게도 성령 내리신 일이 없고 오직 주 예수의 이름으로 세례만 받을 뿐이었습니다(행8:16). 그래서 두 사도가 그들에게 안수하매 그들이 성령을 받았습니다(행8:17). 사마리아 사람들은 하나님의 말씀을 받고 믿었으나 성령을 받지 못했는데 사도 베드로와 요한이 그들을 위하여 성령 받기를 기도하고 안수하므로 성령을 받았습니다.

행8:12 "빌립이 하나님 나라와 및 예수 그리스도의 이름에 관하여 전도함을 그들이 믿고 남녀가 다 세례를 받으니"

행8:14 "예루살렘에 있는 사도들이 사마리아도 하나님의 말씀을 받았다 함을 듣고 베드로와 요한을 보내매"

행8:15 "그들이 내려가서 그들을 위하여 성령 받기를 기도하니"

행8:16 "이는 아직 한 사람에게도 성령 내리신 일이 없고 오직 주 예수의 이름으로 세례만 받을 뿐이더라"

행8:17 "이에 두 사도가 그들에게 안수하매 성령을 받는지라"

마술사 시몬도 믿고 세례를 받았습니다(행8:13). 그러나 마술사 시몬은 성령을 받지 못하였습니다. 그는 성령 받는 일에는 관계가 없었습니다(행8:21). 왜 그는 성령 받는 일에 관계가 없었을까요? 그는 회개하지 아니하여 마음이 바르지 못하고 악독이 가득했기 때문입니다(행8:23). 믿고 세례를 받았으나 회개하지 아니하여 마음에 악독이 가득한 사람은 성령을 받지 못한 사람입니다. 이런 사람이 성령을 받기 위해서는 악함을 회개하고 주께 죄 사함을 받아야 합니다(행8:22)

행8:13 "시몬도 믿고 세례를 받은 후에 전심으로 빌립을 따라다니며 그 나타나는 표적과 큰 능력을 보고 놀라니라"

행8:21 "하나님 앞에서 네 마음이 바르지 못하니 이 도에는 네가 관계도 없고 분깃 될 것도 없느니라"

행8:23 "내가 보니 너는 악독이 가득하며 불의에 매인 바 되었도다"

행8:22 "그러므로 너의 이 악함을 회개하고 주께 기도하라 혹 마음에 품은 것을 사하여 주시리라"

④ 성령세례를 알지 못한 자도 있습니다.

아볼로는 언변이 좋고(학문이 많고) 성경에 능통한 자였으며 일찍 주의 말씀을 배워 열심히 예수님에 관한 것을 자세히 말하며 가르치나 요한의 세례만 알 따름이었습니다(행18:24-25). 그는 요한의 세례만 알고 성령세례를 알지 못했습니다. 그래서 그가 회당에서 말씀 전하는 것을 들은 브리스길라와 아굴라가 그를 데려다가 하나님의 말씀을 더 자세히 풀어 일러주었습니다(행18:26). 이 때 브리스길라와 아굴라는 요한의 세례만 아는 아볼로에게 성령세례를 가르쳐주었을 것입니다. 성령세례를 알지 못한 아볼로에게 말씀을 배웠던 그의 제자들은 성령이 계심도 듣지 못했습니다.

그래서 그 제자들은 성령세례를 아는 사도 바울을 만날 때까지 성령을 받지 못하고 있었습니다.

> **행18:24-25** "알렉산드리아에서 난 아볼로라 하는 유대인이 에베소에 이르니 이 사람은 언변이 좋고 성경에 능통한 자라 그가 일찍 주의 도를 배워 열심으로 예수에 관한 것을 자세히 말하며 가르치나 요한의 세례만 알 따름이라"

2) 우리가 영에 속한 자인지 자신을 확증해야 합니다.

우리는 내가 영에 속한 자인지를 내 자신이 확증해야 합니다. 왜냐하면 믿는 자 중에는 육신에 속한 자가 있고 영에 속한 자가 있기 때문입니다. 성령님이 그 속에 계시면 그는 영에 속한 자요 성령님이 그 속에 계시지 아니하면 그는 육신에 속한 자입니다(롬8:9). 그리고 육신에 속한 자는 어린아이 같은 믿음을 가진 자입니다(고전3:1). 어린아이는 사람이지만 사람의 본분을 다 할 수 없습니다. 마찬가지로 육신에 속한 자 즉 성령님이 그 속에 계시지 아니하는 자는 믿는 자이지만 믿는 자의 본분을 다 할 수가 없습니다.

> **롬8:9** "만일 너희 속에 하나님의 영이 거하시면 너희가 육신에 있지 아니하고 영에 있나니 누구든지 그리스도의 영이 없으면 그리스도의 사람이 아니라"
>
> **고전3:1** "형제들아 내가 신령한 자들을 대함과 같이 너희에게 말할 수 없어서 육신에 속한 자 곧 그리스도 안에서 어린 아이들을 대함과 같이 하노라"

① 육신에 속한 자가 있습니다.

육신에 속한 자는 하나님의 말씀을 감당하지 못하고, 시기와 분쟁이 있으며, 성령님의 일을 받지 아니하고, 육신의 일을 생각하며, 하나님을 기쁘시게 못합니다.

a. 육신에 속한 자는 하나님의 말씀을 감당하지 못합니다.

성령을 받지 못하여 육신에 속한 자는 하나님의 말씀을 감당하지 못합니다(고전3:2). 육신에 속한 자가 말씀을 감당하지 못함은 성령으로 행하지 않기 때문입니다. 사도들도 성령님이 그들에게 오시기 전에는 말씀을 감당하지 못했습니다(요16:12-13).

> **고전3:2** "내가 너희를 젖으로 먹이고 밥으로 아니하였노니 이는 너희가 감당하지 못하였음이거니와 지금도 못하리라"
>
> **요16:12-13** "내가 아직도 너희에게 이를 것이 많으나 지금은 너희가 감당하지 못하리라 그러나 진리의 성령이 오시면 그가 너희를 모든 진리 가운데로 인도하시리니 그가 스스로 말하지 않고 오직 들은 것을 말하며 장래 일을 너희에게 알리시리라"

b. 육신에 속한 자는 시기와 분쟁이 있습니다.

육신에 속한 자는 성령을 따르지 아니하고 사람을 따라 행합니다. 그래서 육신에 속한 자는 시기와 분쟁이 있게 됩니다(고전3:3). 분열을 일으키는(당을 짓는) 자는 육신에 속한 자며 성령이 없는 자입니다(유1:19). 성령을 받지 못하여 육신에 속한 자는 분열을 일으킵니다.

> **고전3:3** "너희가 아직도 육신에 속한 자로다 너희 가운데 시기와 분쟁

이 있으니 어찌 육신에 속하여 사람을 따라 행함이 아니리요"

유1:19 "이 사람들은 분열을 일으키는 자며 육에 속한 자며 성령이 없는 자니라"

c. 육신에 속한 자는 성령님의 일을 받지 아니합니다.

육신에 속한 사람에게는 성령님의 일이 어리석게(미련하게) 보입니다. 그래서 육신에 속한 자는 하나님의 성령의 일을 받지 아니합니다(고전 2:14). 성령님의 일은 영적으로라야 분별할 수 있기에 육신에 속한 자는 성령님의 일을 알지 못하고 깨닫지 못하므로 받지 아니합니다.

고전2:14 "육에 속한 사람은 하나님의 성령의 일들을 받지 아니하나니 이는 그것들이 그에게는 어리석게 보임이요, 또 그는 그것들을 알 수도 없나니 그러한 일은 영적으로 분별되기 때문이라"

d. 육신에 속한 자는 육신(육체)의 일을 생각합니다.

육신에 속한 자는 육신을 따르는 자입니다. 그리고 육신을 따르는 자는 육신의 일을 생각하며 육신의 생각은 사망입니다(롬8:5-6). 육신을 따르는 자가 생각하는 육신(육체)의 일은 음행, 더러운 것, 호색, 우상숭배, 주술, 원수를 맺는 것, 분쟁, 시기, 분 냄, 당 짓는 것, 분열함, 이단, 투기, 술 취함, 방탕함, 또 그와 같은 것들입니다(갈5:19-21). 만일 우리가 육신(육체)의 일을 생각하면 육신을 따르는 자입니다. 그러므로 우리가 육신의 일을 생각한다면 하나님께 회개하여 육신의 생각을 버려야 합니다. 육체의 일을 하는 자들은 하나님의 나라를 유업으로 받지 못할 것입니다.

롬8:5 "육신을 따르는 자는 육신의 일을, 영을 따르는 자는 영의 일을 생각하나니 육신의 생각은 사망이요 영의 생각은 생명과 평안이니라"

__갈5:19-21__ "육체의 일은 분명하니 곧 음행과 더러운 것과 호색과 우상
숭배와 주술과 원수 맺는 것과 분쟁과 시기와 분 냄과 당짓는 것과 분열
함과 이단과 투기와 술 취함과 방탕함과 또 그와 같은 것들이라 전에 너
희에게 경계한 것 같이 경계하노니 이런 일을 하는 자들은 하나님의 나
라를 유업으로 받지 못할 것이요"

e. 육신에 속한 자는 하나님을 기쁘시게 못합니다.

육신을 따르는 자는 육신의 일을 생각합니다. 그런데 육신의 생각은 하
나님과 원수가 되며 하나님의 법에 굴복하지 아니하고 굴복할 수도 없습니
다(롬8:7). 그러므로 육신에 속하여 육신을 따르고 육신의 일을 생각하는
자들은 하나님의 말씀에 복종할 수 없습니다. 그래서 육신에 속한 자들은
하나님을 기쁘시게 할 수 없습니다(롬8:8).

__롬8:7__ "육신의 생각은 하나님과 원수가 되나니 이는 하나님의 법에 굴
복하지 아니할 뿐 아니라 할 수도 없음이라"
__롬8:8__ "육신에 있는 자들은 하나님을 기쁘시게 할 수 없느니라"

② 영에 속한 자가 있습니다.

영에 속한 자는 그 속에 성령님이 계시며, 영의 일을 생각하고, 모든 것
을 판단할 줄 압니다.

a. 영에 속한 자는 그 속에 성령님이 거하십니다.

우리 속에 하나님의 영(성령)이 거하시면 우리가 육신에 있지 아니하고
영에 있습니다(롬8:9). 그러나 만일 우리 속에 그리스도의 영(성령)이 없으

면 우리가 육신에 있고 그리스도의 사람이 아닙니다. 참 그리스도의 사람은 그 속에 그리스도의 영(성령)이 거하십니다.

롬8:9 "만일 너희 속에 하나님의 영이 거하시면 너희가 육신에 있지 아니하고 영에 있나니 누구든지 그리스도의 영이 없으면 그리스도의 사람이 아니라"

b. 영에 속한 자는 영(성령)의 일을 생각합니다.

영에 속한 자는 영을 따릅니다. 그리고 영을 따르는 자는 영의 일을 생각하며 영의 생각은 생명과 평안입니다(롬8:5-6). 영의 일은 성령님의 일이요 하나님의 일입니다. 하나님의 일은 예수 그리스도를 믿는 것입니다. 그래서 영에 속한 자는 예수 그리스도를 믿는 일을 생각합니다.

롬8:5-6 "육신을 따르는 자는 육신의 일을, 영을 따르는 자는 영의 일을 생각하나니 육신의 생각은 사망이요 영의 생각은 생명과 평안이니라"

c. 영에 속한 자는 모든 것을 판단할 줄 압니다.

영에 속한 자는 신령한 자입니다. 그리고 신령한 자는 성령으로 사는 자입니다. 성령으로 사는 자는 성령의 지혜로 모든 것을 압니다. 거룩하신 하나님에게서 기름부음을 받은 자는 모든 것을 압니다(요일2:20). 그래서 신령한 자는 모든 것을 판단하나 아무에게도 판단을 받지 아니합니다(고전 2:15). 즉 신령한 자는 누구의 판단에도 흔들리지 아니합니다.

요일2:20 "너희는 거룩하신 자에게서 기름부음을 받고 모든 것을 아느니라"

고전2:15 **"신령한 자는 모든 것을 판단하나 자기는 아무에게도 판단을 받지 아니 하느니라"**

3. 성령을 받읍시다

성령 하나님과 우리와의 관계에서 가장 중요한 것은 우리가 성령을 받는 것입니다. 즉 성령님이 우리에게 오셔서 우리와 함께 거하시고 우리 속(마음)에 계시는 것입니다. 성령님이 우리와 함께 거하시고 우리 마음에 계셔야 우리가 성령님을 진실로 아는 것입니다. 그러므로 우리는 성령을 받아야 합니다. 우리는 성령을 받을 수 있습니다. 왜냐하면 하나님께서는 예수 그리스도를 믿는 그 아들들에게 성령을 주시기 때문입니다.

1) 하나님은 그 아들들에게 성령을 주십니다.

하나님은 그 아들들에게 그 아들의 영이신 성령님을 그 마음 가운데 보내 주십니다. 우리가 하나님의 아들인고로 하나님이 그 아들의 영을 우리 마음 가운데 보내사 하나님을 아빠 아버지라 부르게 하셨습니다(갈4:6). 그리고 하나님은 오직 성령으로 모든 것을 우리에게 보이십니다(고전2:9-10). 그래서 성령 받은 우리는 하나님이 은혜로 주신 것들을 알 수 있습니다(고전2:12). 또 하나님은 그 부르신 모든 자들에게 성령을 받을 약속을 주셨습니다(행2:39). 그러므로 우리는 성령을 받을 수 있고 받아야 합니다. 하나님은 구하는 자에게 성령을 주십니다(눅11:13).

갈4:6 **"너희가 아들이므로 하나님이 그 아들의 영을 우리 마음 가운데 보내사 아빠 아버지라 부르게 하셨느니라"**

고전2:9-10 "기록된 바 하나님이 자기를 사랑하는 자들을 위하여 예비하신 모든 것은 눈으로 보지 못하고 귀로 듣지 못하고 사람의 마음으로 생각하지도 못하였다 함과 같으니라 오직 하나님이 성령으로 이것을 우리에게 보이셨으니 성령은 모든 것 곧 하나님의 깊은 것까지도 통달하시느니라"

고전2:12 "우리가 세상의 영을 받지 아니하고 오직 하나님으로부터 온 영을 받았으니 이는 우리로 하여금 하나님께서 우리에게 은혜로 주신 것들을 알게 하려 하심이라"

행2:39 "이 약속은 너희와 너희 자녀와 모든 먼 데 사람 곧 주 우리 하나님이 얼마든지 부르시는 자들에게 하신 것이라 하고"

눅11:13 "너희가 악할지라도 좋은 것을 자식에게 줄 줄 알거든 하물며 너희 하늘 아버지께서 구하는 자에게 성령을 주시지 않겠느냐 하시니라"

2) 우리가 성령을 받으려면 어떻게 해야 하는가요?

우리는 성령님을 지식적으로도 알아야 하지만 성령님을 실제적으로 받는 것이 더 중요합니다. 우리는 성령을 하나님께 선물로 받습니다. 그런데 성령을 하나님께 선물로 받는데 필요한 조건이 있습니다. 이 조건은 예수님을 믿는 자는 누구나 실행할 수 있는 것입니다. 우리가 성령을 받기 위해서는 죄 사함 받는 회개를 해야 하며, 성령 받는 것을 믿어야 하고, 하나님께 순종하며, 하나님께 성령을 구해야 합니다. 그리하면 우리가 하나님께 성령을 선물로 받습니다.

① 죄 사함을 얻는 회개를 해야 합니다.

행2:38에 성령 받는 조건을 말씀하고 있습니다. 우리가 회개하여 죄 사함을 얻으면 성령을 선물로 받습니다. 행2:38의 말씀은 성령을 받은 베드로가 하나님께 성령을 선물로 받는 방법을 증언한 말씀입니다.

우리가 성령을 받으려면 회개하여 죄 사함을 얻어야 합니다. 죄 사함을 얻는 회개는 생명을 얻는 회개이며, 생명 얻는 회개를 한 자는 성령을 받습니다(행11:18). 그러면 회개가 무엇일까요? 회개는 마음을 변경시키는 것입니다. 회개는 하나님과 예수님에 대하여 마음을 변경시키고, 죄에 대하여 마음을 변경시키는 것입니다. 즉 회개는 죄를 버리고, 예수님을 구주와 임금으로 영접하고, 죄를 버린 것과 예수님을 영접한 것을 입으로 고백하는 것입니다.

행2:38 "베드로가 이르되 너희가 회개하여 각각 예수 그리스도의 이름으로 세례를 받고 죄 사함을 받으라 그리하면 성령의 선물을(성령을 선물로) 받으리니"

행11:18 "그들이 이 말을 듣고 잠잠하여 하나님께 영광을 돌려 이르되 그러면 하나님께서 이방인에게도 생명 얻는 회개를 주셨도다 하니라"

a. 예수 그리스도를 구주와 임금으로 영접해야 합니다.

회개란 하나님과 예수님에 대하여 마음을 변경시키는 것입니다. 하나님께서는 이스라엘 백성이 십자가에 못 박은 예수님을 주(임금)와 그리스도(구주)가 되게 하셨습니다(행2:36). 즉 하나님은 이스라엘로 회개하게 하사 죄 사함을 얻게 하시려고 예수님을 높이사 임금과 구주를 삼으셨습니다(행5:31). 그런데 이스라엘 백성은 예수님을 십자가에 못 박아 죽였습니다. 그들이 회개하려면 이제는 마음을 바꾸어서 그들이 십자가에 못

박아 죽인 예수님을 임금과 구주로 받아들여야 합니다. 이렇게 마음을 바꾸어서 예수님을 임금과 구주로 영접하는 것이 성령을 받기 위한 첫 번째 일입니다.

우리는 예수님을 임금과 구주로 영접해야 합니다. 우리가 예수님을 구주로 영접하는 것은 첫째 예수님을 십자가에서 나를 대신하여 죽으심으로 나의 죄를 담당하신 분으로 받아들이는 것입니다. 하나님은 죄를 알지도 못하신 예수님으로 우리를 대신하여 죄를 삼으셨습니다(고후5:21). 둘째는 예수님께서 나의 죄를 담당하시고 나를 대신하여 죽으셨음으로 하나님이 내 죄를 용서해주심을 믿는 것입니다. 우리가 우리 죄를 자백하면 하나님은 우리 죄를 사하십니다(요일1:9). 예수님을 구주로 영접한 자는 구원의 근거(근원)로 예수님이 완성하신 속죄 사역(십자가에 죽으심)을 믿고 의지합니다.

> **행2:36** "그런즉 이스라엘 온 집은 확실히 알지니 너희가 십자가에 못 박은 이 예수를 하나님이 주와 그리스도가 되게 하셨느니라 하니라"
>
> **행5:31** "이스라엘에게 회개함과 죄 사함을 주시려고 그를 오른손으로 높이사 임금과 구주로 삼으셨느니라"
>
> **고후5:21** "하나님이 죄를 알지도 못하신 이를 우리를 대신하여 죄로 삼으신 것은 우리로 하여금 그 안에서 하나님의 의가 되게 하려 하심이라"
>
> **요일1:9** "만일 우리가 우리 죄를 자백하면 그는 미쁘시고 의로우사 우리 죄를 사하시며 우리를 모든 불의에서 깨끗하게 하실 것이요"

b. 죄를 버려야 합니다.

회개란 예수님에 대하여 마음을 변경시키는 동시에 죄에 대하여도 마음을 변경시키는 것입니다. 죄에 대하여 마음을 변경시키는 것은 죄에 빠지는 마음에서 죄를 단념하는 마음으로 변경시키는 것입니다. 그뿐만 아니라 죄를 사랑하는 마음에서 죄를 미워하는 마음으로 변경시키는 것입니다. 그리고 죄를 버리는 것입니다. 예수 그리스도를 믿고 영접한 자는 예수님과 연합한 자이며, 죄에서 벗어나 의롭다 하심을 얻은 자이며(롬 6:6-7), 죄에서 해방되어 죄에 대하여 자유하고 의에게 종이 된 자입니다(롬 6:17-18).

> **롬6:6-7** "우리가 알거니와 우리의 옛 사람이 예수와 함께 십자가에 못 박힌 것은 죄의 몸이 죽어 다시는 우리가 죄에게 종노릇 하지 아니하려 함이니 이는 죽은 자가 죄에서 벗어나 의롭다 하심을 얻었음이라"
> **롬6:17-18** "하나님께 감사하리로다 너희가 본래 죄의 종이더니 너희에게 전하여 준 바 교훈의 본을 마음으로 순종하여 죄로부터 해방되어 의에게 종이 되었느니라"

성령님은 거룩한 영이십니다. 그러므로 우리는 거룩하신 성령님과 더러운 죄를 동시에 소유할 수 없습니다. 우리는 죄를 포기하지 않으면 성령을 받을 수가 없습니다. 그러므로 우리는 죄를 버려야 합니다. 우리는 사소한 죄라도 버려야 합니다. 모든 죄는 하나님을 거역하는 것이기 때문입니다.

우리가 성령 받기를 사모하며 기도하는데도 성령을 받지 못하는 것은 버리지 않고 집착하는 어떤 죄가 있기 때문입니다. 우리에게 하나님께 거치는 것이 있으면 그것이 해결되어야 합니다. 우리가 무엇을 가지고 있어서 하나님께 거치면 버리면 해결됩니다. 우리가 무엇을 행하여서 하나님께 거치면 행하지 않으면 해결됩니다. 우리가 무엇을 행하지 아니해서 하나님께 거치면 행하면 해결됩니다.

c. 예수님을 임금과 구주로 영접하고 죄를 버린 것을 입으로 고백해야 합니다.

행2:38에서 "회개하여"라고 말씀하고 또 "각각 예수 그리스도의 이름으로 세례를 받고 죄 사함을 얻으라"고 말씀합니다. 마음의 회개만으로는 충분하지가 않습니다. 그 회개를 드러내놓고 고백하는 일이 있어야 합니다. 그런데 하나님께서 정해주신 회개를 고백하는 방법은 세례입니다. 세례의 의미는 예수 그리스도를 믿는 것 곧 예수 그리스도를 영접하고 죄를 버린 것을 고백하는 것입니다. 만일 마음으로는 예수님을 믿으나 그 믿음을 입으로 고백하지 않으면 아마 성령을 받지 못할 것입니다. 사람이 마음으로 믿어 의에 이르고 입으로 시인하여 구원에 이릅니다(롬10:10). 우리는 모든 사람들에게 예수님을 믿는 자로 보여야 합니다. 우리는 사람 앞에서 예수님을 시인해야 합니다(마10:32).

> **롬10:10** "사람이 마음으로 믿어 의에 이르고 입으로 시인하여 구원에 이르느니라"
>
> **마10:32** "누구든지 사람 앞에서 나를 시인하면 나도 하늘에 계신 내 아버지 앞에서 그를 시인할 것이요"

② 성령을 받는 약속의 말씀을 듣고 믿어야 합니다.

성령을 받는 약속은 하나님께서 모든 믿는 자에게 하신 약속입니다(행2:39). 그런데 하나님의 약속이 아무리 명백하다 할지라도 우리가 믿을 때 하나님의 약속이 우리에게 이루어집니다. 우리가 무엇이든지 기도하고 구하는 것은 받은 줄로 믿으면 우리에게 그대로 됩니다(막11:24). 성령을 받기 위해 요구되는 모든 것을 다 갖추었어도 단지 듣지 못하고 믿지 않기 때문에 받지 못한 사람들도 있을 것입니다. 우리가 성령을 받는 것은 듣고 믿음으로 받습니다(갈3:2).

> **행2:39** "이 약속은 너희와 너희 자녀와 모든 먼 데 사람 곧 주 우리 하나님이 얼마든지 부르시는 자들에게 하신 것이라 하고"
> **막11:24** "그러므로 내가 너희에게 말하노니 무엇이든지 기도하고 구하는 것은 받은 줄로 믿으라 그리하면 너희에게 그대로 되리라"
> **갈3:2** "내가 너희에게 다만 이것을 알려 하노니 너희가 성령을 받은 것이 율법의 행위로냐 혹은 듣고 믿음으로냐"

③ 하나님께 순종해야 합니다.

하나님께서는 자기에게 순종하는 사람들에게 성령을 주십니다(행5:32). 순종은 하나님께 들은 말씀을 순종하는 것입니다. 그리고 순종의 핵심은 의지(뜻)에 있습니다. 순종은 자기 의지(뜻)를 하나님의 의지(뜻)에 복종시키는 것입니다. 하나님은 우리 자신을 전적으로 하나님께 드릴 때 성령을 주십니다. 우리 자신을 전적으로 하나님께 드리지 못하는 것이 성령을 받지 못하게 막는 것입니다. 우리가 자신의 의지를 버려야 성령님이 우리에게 오셔서 지배하십니다. 즉 우리가 겸손하여 낮아질 때 성령님이 오십니다.

> **행5:32** "우리는 이 일에 증인이요 하나님이 자기에게 순종하는 사람들에게 주신 성령도 그러하니라 하더라"

④ 하나님께 성령을 구해야 합니다.

하나님은 구하는 자에게 성령을 주십니다. 그러므로 우리는 성령을 하나님께 구해야 합니다. 우리가 성령을 하나님께 구하는 것은 성령 받기를 강렬하게 열망하는 것이며, 성령 주시기를 분명하게 기도하는 것입니다.

a. 성령 받기를 강렬하게 열망해야 합니다.

예수 그리스도를 믿는 자가 성령을 받습니다. 그리고 하나님께 순종하는 자가 성령을 받습니다. 아울러서 목마른(갈급한) 자가 성령을 받습니다. 왜냐하면 하나님께 구하는 자가 성령을 받는데 목마르면 구하게 되기 때문입니다.

예수님은 "누구든지 목마르거든 내게로 와서 마시라 나를 믿는 자는 성경에 이름과 같이 그 배에서 생수의 강이 흘러나오리라"고 말씀하셨습니다(요7:37-38). 성령 받는 조건은 목마름입니다. 목마른 상태는 물을 마시지 않으면 견디지 못하여 물만을 찾는 상태입니다. 마찬가지로 사람이 영적으로 목마르게 되면 성령님만 찾습니다. 이는 성령님은 생수의 강이시기 때문입니다. 하나님은 갈한 자에게 물을 주십니다(사44:3). 그러므로 우리가 성령을 받기 위해서는 성령 받기를 강렬히 열망해야 합니다.

> **요7:37-38** "명절 끝날 곧 큰 날에 예수께서 서서 외쳐 이르시되 누구든지 목마르거든 내게로 와서 마시라 나를 믿는 자는 성경에 이름과 같이 그 배에서 생수의 강이 흘러나오리라 하시니"
> **사44:3** "나는 목마른 자에게 물을 주며 마른 땅에 시내가 흐르게 하며 나의 영을 네 자손에게, 나의 복을 네 후손에게 부어 주리니"

누구든지 성령님의 임하심이 없이도 믿음으로 살아갈 수 있다고 생각하는 한 성령을 받지 못할 것입니다. 그리고 누구든지 성령님만이 성취하실 수 있는 것을 다른 것으로 성취할 수 있다고 생각하면 성령을 받지 못할 것입니다. 또한 실제로는 성령을 받지 아니했는데도 받았다고 확신하려고 하면 성령을 받지 못할 것입니다. 그러나 성령님의 절대적인 필요성을 깨닫고 어떤 희생이 따르더라도 성령 받기를 열망하면 그는 성령을 받을 것입니다.

b. 성령 받기를 분명히 기도해야 합니다.

예수님은 분명한 기도에 대한 응답으로 성령을 주신다고 가르치셨습니다(눅11:13). 또한 예수님은 하나님께 성령을 구하라고 가르치셨고, 사도들이 오로지 기도하며 약속하신 성령을 기다리고 있을 때 그들에게 성령을 주셨습니다. 그리고 오순절 이후에도 사도들은 충분히 기도할 때 성령이 충만하였으며(행4:31), 사도들이 성령 받기를 위하여 기도하고 안수한 자들에게도 성령님이 임하셨습니다(행8:15-17). 우리가 성령을 받기 위해서는 성령 주시기를 분명하게 구해야 합니다.

눅11:13 "너희가 악할지라도 좋은 것을 자식에게 줄 줄 알거든 하물며 너희 하늘 아버지께서 구하는 자에게 성령을 주시지 않겠느냐 하시니라"

행4:31 "빌기를 다하매 모인 곳이 진동하더니 무리가 다 성령이 충만하여 담대히 하나님의 말씀을 전하니라"

행8:15-17 "그들이 내려가서 그들을 위하여 성령 받기를 기도하니 이는 아직 한 사람에게도 성령 내리신 일이 없고 오직 주 예수의 이름으로 세례만 받을 뿐이더라 이에 두 사도가 그들에게 안수하매 성령을 받는지라"

우리가 성령을 받는 일은 매우 중요합니다. 이제 우리가 성령을 받아야 하는가는 우리가 잘 알 수 있습니다. 우리가 성령을 받는 것은 예수님의 명령입니다. 예수님은 성령을 받으라고 명하셨습니다. 그리고 예수님은 그 제자들에게 성령님을 알고 기대하도록 성령님을 그들에게 가르치셨습니다. 또한 예수님은 그 제자들에게 성령 받기를 구하라고 명하셨습니다. 그리고 예수님은 그를 믿는 자들이 성령의 약속을 받게 하려고 십자가에 죽으셨습니다. 그러므로 우리는 성령을 받아야 합니다.

하나님은 예수 그리스도를 믿는 자들에게 성령을 받게 하셨습니다. 하나님은 사마리아에서 빌립이 전도함을 믿고 세례를 받은 자들에게 사도 베드로와 요한을 보내어 성령을 받게 하셨습니다. 또한 하나님은 예수님을 만나 회개한 바울에게 아나니아를 보내어 성령 충만을 받게 하셨습니다. 그리고 하나님은 경건하여 하나님을 경외하며 많이 구제하고 하나님께 항상 기도하는 고넬료에게 사도 베드로를 보내어 성령을 받게 하셨습니다. 또 하나님은 에베소에서 요한의 세례만 아는 어떤 제자들에게 바울을 통하여 성령을 받게 하셨습니다. 그러므로 우리도 성령을 받아야 합니다.

우리 속에 성령이 계시면 우리는 육신에 있지 아니하고 영에 있습니다. 그러나 누구든지 그 속에 그리스도의 영이신 성령이 없으면 그리스도의 사람이 아닙니다. 그리고 그 속에 성령님이 계시지 아니하여 육신에 있는 자들은 하나님을 기쁘시게 할 수 없습니다. 또한 우리 안에 성령님이 거하시면 하나님께서 그 성령으로 말미암아 우리 죽을 몸도 살리실 것입니다. 즉 우리 안에 성령님이 거하시면 우리는 생명의 부활을 할 것입니다. 그리고 우리는 다 한 성령으로 세례를 받아 한 몸이 되었습니다. 그러므로 우리는 성령을 받아야 합니다. 만일 우리가 성령을 받아야 하는 이 사실을 거부한다면 평생에 가장 불행한 일이 될 수 있습니다. 우리가 어찌 주님의 뜻을, 주님의 명령을 거역할 수 있겠습니까? 우리가 어찌 주님이 보내신 성령님을 모시지 않겠습니까? 우리 모두 우리의 생각, 학문, 이성, 고집, 체면을 주님 앞에 굴복시킵시다. 그리고 성령을 받읍시다. 성령님을 마음에 영접합시다. 우리는 우리 자신을 살펴야 합니다. 또 우리는 우리의 하는 일을 살펴야 합니다. 그래서 우리 자신이 어떤 자인지를 알아야 합니다. 우리는 성령을 받았는지 자신을 확증해야 합니다. 우리는 성령을 받았는지를 자신이 알아야 합니다. 우리는 예수 그리스도를 믿을 때에 성령을 받았습니다. 그러나 믿고 세례를 받았으나 성령을 받지 못한 자도 있습니다. 그리고 성령세례를 알지 못한 자도 있습니다. 나는 성령을 받았습니까? 나는 성령으로 살고 성령으로 행하고 있습니까? 만일 성령을 받지 못했다면 성령을 받아야 합니다. 우리는 영에 속한 자인지 자신을 확증해야 합니다. 믿는 자들 중에는 육신에 속한 자가 있고 영에 속한 자가 있습니다. 육신에 속한 자는 하나님의 말씀을 감당하지 못하며, 시기와 분쟁이 있고, 성령님의 일을 받지 아니하며, 육신의 일을 생각하고, 하나님을 기쁘시게 못합니다. 반면에 영에 속한 자는 그 속에 성령님이 거하시며, 영의 일을 생각하고, 모든 것을 판단할 줄 압니다. 나는 영에 속한 자입니까? 만일 육신에 속한 자이면 육신의 사람을 벗어버리고 성령을 받아 영에 속한 사람이 됩시다.

성령 하나님과 우리의 관계에서 가장 중요한 것은 우리가 성령을 받는 것입니다. 그러므로 우리는 성령을 받아야 합니다. 우리가 성령을 받는 것은 성령님이 우리에게 임하셔서 우리와 함께 거하시고 우리 속(마음)에 계시는 것입니다. 우리가 성령을 받으려면 죄 사함 얻는 회개를 해야 하며, 성령을 받는 약속을 듣고 믿어야 하며, 하나님께 순종하며, 성령 받기를 하나님께 기도해야 합니다. 그리하면 우리가 성령을 선물로 받습니다. 할렐루야! 아멘.

6장

성령님의 은사와
열매를 압시다

승천하신 예수님께서 예수 그리스도를 믿는 자들에게 성령님을 보내셨습니다. 그리고 예수님은 성령 받은 그들로 교회를 세우셨습니다. 교회로 세워진 예수 그리스도를 믿고 성령 받은 자들은 성령의 충만함을 받고 성령으로 살고 성령으로 행하며 성령의 열매를 맺습니다. 또한 그들은 성령의 은사를 받고 직임의 은사를 받아 하나님의 일꾼이 되어 하나님의 일을 합니다. 성령의 열매는 하나님의 자녀임을 증언하고 성령의 은사는 하나님의 일꾼임을 증언합니다. 이는 하나님의 자녀는 성령의 열매를 맺으며, 하나님의 일꾼은 성령의 은사를 받고 직임의 은사를 받아 하나님의 일을 하기 때문입니다.

1. 은사

하나님은 그 자녀들에게 주신 은혜대로 은사를 주십니다. 하나님은 영생의 은사를 주십니다. 그리고 예수님은 직임을 은사를 주십니다. 또한 성령님은 신령한 은사(성령의 은사)를 주십니다. 모든 은사는 성부, 성자, 성령 하나님이 주십니다.

1) 은사란 무엇인가?

은사란 헬라어로 "카리스마", "도시스", "도레아"인데 그 의미는 "은사", "주는 것", "선물", "지식", "믿음", "거룩", "덕", "비상한 능력", "은총" 등등입니다. 은사란 넓은 의미로는 하나님이 주신 모든 것이 은사이며, 좁은 의미로는 성령님이 그 뜻대로 각 사람에게 나눠주시는 것이 은사입니다. 그런데 은사는 하나님이 주신 은혜대로 받습니다(롬12:6). 그래서 하나님의 은혜를 받은 자가 은사도 받습니다. 그리고 우리가 받은 은사는 각각 다릅니다.

롬12:6 "우리에게 주신 은혜대로 받은 은사가 각각 다르니 혹 예언이면 믿음의 분수대로"

① 하나님이 주신 모든 것이 은사입니다.

은사란 넓은 의미로는 하나님이 주신 모든 것이 은사입니다. 하나님은 자기 아들을 아끼지 아니 하시고 우리 모든 사람을 위하여 내주셨습니다(롬8:32). 그리고 하나님은 그 아들과 함께 모든 것을 우리에게 은사로 주십니다. 그러므로 하나님이 주신 모든 것이 은사입니다. 하나님이 주신 영생도 은사입니다. 이는 하나님의 은사는 그리스도 예수 안에 있는 영생이기 때문입니다(롬6:23). 또한 성령의 열매도 은사입니다. 성령의 열매(사랑)는 신령한 은사를 받은 자들이 받는 직임의 은사보다 더 큰 은사입니다(고전12:31). 그러므로 신령한 은사를 받은 자는 반드시 성령의 열매를 맺어야 합니다. 온갖 좋은 은사는 위로부터 하나님께로부터 내려옵니다(약1:17). 그리고 은사를 주시는 하나님은 변함이 없으시며 지금도 은사를 주십니다.

롬8:32 "자기 아들을 아끼지 아니하시고 우리 모든 사람을 위하여 내주신 이가 어찌 그 아들과 함께 모든 것을 우리에게 (은사로) 주시지 아니하겠느냐"

롬6:23 "죄의 삯은 사망이요 하나님의 은사는 그리스도 예수 우리 주 안에 있는 영생이니라"

고전12:31 "너희는 더욱 큰 은사를 사모하라 내가 또한 가장 좋은 길을 너희에게 보이리라"

약1:17 "온갖 좋은 은사와 온전한 선물이 다 위로부터 빛들의 아버지께로부터 내려오나니 그는 변함도 없으시고 회전하는 그림자도 없으시니라"

② 성령님이 그 뜻대로 나눠주시는 것이 성령의 은사이며, 예수님이 주시는 것이 직임(직분)의 은사입니다.

성령님이 그 뜻대로 각 사람에게 유익하게 하려고 나눠주시는 것이 성령의 은사입니다(고전12:7). 성령의 은사를 "성령의 나타남"이라고도 하며 "신령한 것"이라고도 합니다. 성령님은 영이시기 때문에 보이지 아니하지만 각 사람에게 성령의 나타남을 주십니다. 성령의 나타남이 은사 곧 신령한 것입니다.

그리고 예수님이 삼으시고 세우시는 것이 직임(직분)의 은사입니다. 예수님은 봉사의 일을 하며 그리스도의 몸을 세우려고 직임의 은사자로 삼으셨습니다.

성령의 은사와 직임의 은사는 우리의 구원과 관계가 있는 것이 아닙니다. 성령의 은사와 직임의 은사는 우리의 사역과 관계가 있습니다. 우리는 성령님이 주시는 은사와 직임의 은사가 없이는 하나님의 일을, 하나님의 뜻대로 할 수가 없습니다. 성령의 은사와 직임의 은사는 구원받은 자에게 하나님의 일을 하도록 하나님이 성령님과 예수님으로 말미암아 주신 것입니다.

고전12:7 "각 사람에게 성령을 나타내심(성령의 나타남을 주심)은 유익하게 하려 하심이라"

2) 은사의 종류

은사는 여러 가지입니다(고전12:4). 그리고 우리에게 주신 은사는 각각 다르고 동일하지 않습니다. 그런데 은사를 2종류로 나누어 볼 수 있는데 하나님이 성령님으로 말미암아 주시는 신령한 은사(성령의 은사)(고전12:4)와 예수님으로 말미암아 주시는 직임(직분)의 은사(고전12:5)가 있습니다.

고전12:4 "은사는 여러 가지나 성령은 같고"
고전12:5 "직분(직임)은 여러 가지나 주는 같으며"

물론 신령한 은사와 직임의 은사가 절대적으로 나뉘어 있는 것은 아닙니다. 신령한 은사를 받은 자는 교회에서 직임의 은사를 받아야 합니다. 그리고 교회에서 직임의 은사를 받은 자는 신령한 은사를 받아야 그 직임을 감당할 수 있습니다. 성령님이 각 개인에게 주신 신령한 은사를 받은 자는 예수님이 주신 직임을 따라 실제적으로 봉사해야 합니다. 만일 신령한 은사를 받았으나 교회에서 직임자로 세워지지 못하고 실제적으로 봉사하지 못하면 신령한 은사가 유익되지 못하게 됩니다. 그러므로 우리는 신령한 은사를 받은 대로 직임의 은사를 받아 봉사해야 합니다.

3) 은사를 주신 목적

은사는 좋은 것입니다(약1:17). 은사는 좋은 것이므로 반드시 좋은 결과를 가져와야 합니다. 그런데 좋은 결과를 가져오기 위해서는 은사를 잘 활용해야 합니다. 그리고 은사를 잘 활용하기 위해서는 성령님께서 은사를 주신 목적을 알아야 합니다.

약1:17 "온갖 좋은 은사와 온전한 선물이 다 위로부터 빛들의 아버지께로부터 내려오나니 그는 변함도 없으시고 회전하는 그림자도 없으시니라"

그러면 성령님께서 은사를 주신 목적은 무엇일까요?

① 유익하게 하려 함입니다.

성령님께서 각 사람에게 은사(성령의 나타남)를 주심은 유익하게 하려 함입니다(고전12:7). 그러므로 은사를 받은 자는 유익해야 합니다.

고전12:7 "각 사람에게 성령을 나타내심(성령의 나타남을 주심)은 유익하게 하려 하심이라"

② 봉사의 일을 하게 하려 함입니다.

성령님께서 은사를 주심은 봉사의 일을 하게 하려 함입니다. 그러므로 은사를 받은 자는 은사를 받은 대로 선한 청지기 같이 서로 봉사해야 합니다(벧전4:10).

벧전4:10 "각각 은사를 받은 대로 하나님의 여러 가지 은혜를 맡은 선한 청지기 같이 서로 봉사하라"

③ 덕을 세우기 위함입니다.

성령님께서 은사를 주심은 덕을 세우기 위함입니다. 그러므로 은사를 받은 자는 덕을 세워야 합니다(고전14:26). 덕이란 밝고, 옳고, 착하고, 빛나고, 크고, 아름답고, 부드러운 마음이나 품성 그리고 행실을 말합니다. 즉 은사를 받은 자가 세워야 하는 덕은 하나님의 성품입니다.

고전14:26 "그런즉 형제들아 어찌할까 너희가 모일 때에 각각 찬송시도 있으며 가르치는 말씀도 있으며 계시도 있으며 방언도 있으며 통역함도 있나니 모든 것을 덕을 세우기 위하여 하라"

④ 견고하게 하기 위함입니다.

성령님께서 은사를 주심은 견고하게 하기 위함입니다(롬1:11). 그러므로 은사를 받은 자는 견고하게 되어야 합니다.

롬1:11 "내가 너희 보기를 간절히 원하는 것은 어떤 신령한 은사를 너희에게 나누어 주어 너희를 견고하게 하려 함이니"

4) 은사를 받아야 하는가요?

우리는 은사를 받아야 할까요? 우리는 은사를 받아야 합니다. 왜냐하면 우리가 은사를 받은 대로 봉사할 수 있기 때문입니다(벧전4:10). 우리가 은사를 받은 때로 봉사할 수 있기에 우리는 모든 은사에 부족함이 없어야 합니다(고전1:7). 그리고 우리는 은사를 받은 대로 봉사해야 합니다. 사도 바울은 은사를 받았으며 알았습니다. 또한 사도 바울은 성령님의 감동하심으로 은사를 사모하라고 증언했습니다(고전14:1, 5).

벧전4:10 "각각 은사를 받은 대로 하나님의 여러 가지 은혜를 맡은 선한 청지기 같이 서로 봉사하라"

고전1:7 "너희가 모든 은사에 부족함이 없이 우리 주 예수 그리스도의
나타나심을 기다림이라"

고전14:1 "사랑을 추구하며 신령한 것들을 사모하되 특별히 예언을 하
려고 하라"

고전14:5 "나는 너희가 다 방언 말하기를 원하나 특별히 예언하기를 원
하노라 만일 방언을 말하는 자가 통역하여 교회의 덕을 세우지 아니하면
예언하는 자만 못하니라"

우리는 은혜를 받아야 합니다. 그리고 우리는 우리에게 주신 은혜대로
은사를 받아야 합니다. 은사는 성령님이 나를 통해 일하시는 성령님의 일
입니다. 그런데 육에 속한 사람은 성령의 일을 받지 아니합니다. 그러므로
성령님이 각 사람에게 그 뜻대로 나눠주시는 은사를 받지 아니하는 것은
성령님의 일을 받지 아니하는 것입니다. 즉 은사를 받지 아니하는 것은 육
에 속하였기 때문입니다. 그러나 영에 속한 자는 성령님께서 주신 은사를
받고 충성하며 봉사합니다. 은사는 우리가 하나님을 섬기도록 성령님이 주
신 섬기는 능력입니다. 그러므로 하나님의 은혜가 우리에게 역사하여서 우
리가 은사를 받아 하나님을 섬겨야 합니다.

① 사랑을 추구하며 은사를 구해야 합니다.
우리는 은사를 구하되 사랑을 추구하며 신령한 것들(은사들)을 사모
해야 합니다(고전14:1). 왜냐하면 사랑이 없으면 은사는 아무 것도 아니기
때문입니다(고전13:2). 우리가 예언하는 능력이 있어 모든 비밀과 모든 지
식을 알고 또 산을 옮길 만한 모든 믿음이 있을지라도 사랑이 없으면 우리
가 아무 것도 아닙니다(고전13:2). 그리고 우리가 우리에게 있는 모든 것

으로 구제하고 또 우리 몸을 불사르게 내줄지라도 사랑이 없으면 내게 아무 유익이 없습니다(고전13:3).

고전14:1 "사랑을 추구하며 신령한 것들을 사모하되 특별히 예언을 하려고 하라"

고전13:2 "내가 예언하는 능력이 있어 모든 비밀과 모든 지식을 알고 또 산을 옮길 만한 모든 믿음이 있을지라도 사랑이 없으면 내가 아무 것도 아니요"

고전13:3 "내가 내게 있는 모든 것으로 구제하고 또 내 몸을 불사르게 내줄지라도 사랑이 없으면 내게 아무 유익이 없느니라"

② 은사는 풍성히 받아야 합니다.

우리는 은사를 사모하되 교회의 덕을 세우기 위하여 은사가 풍성하기를 구해야 합니다(고전14:12). 우리가 성령으로 충만한 만큼 은사도 풍성하게 됩니다. 그리고 우리는 은사가 풍성한 만큼 하나님의 일에 사용될 수 있습니다. 그런데 우리가 받은 은사는 소멸될 수 있습니다. 만일 우리가 받은 은사가 소멸된 경우에는 반드시 회복되어야 합니다. 왜냐하면 소멸된 은사로는 우리가 사역을 할 수 없기 때문입니다. 이는 마치 사그라진 연탄불에서는 밥을 지을 수 없는 것과 같습니다. 그러므로 은사는 항상 불일 듯 활발하고 풍성해야 합니다(딤후1:6).

고전14:12 "그러므로 너희도 영적인 것을 사모하는 자인즉 교회의 덕을 세우기 위하여 그것이 풍성하기를 구하라"

딤후1:6 "그러므로 내가 나의 안수함으로 네 속에 있는 하나님의 은사를 불일듯 하게 하기 위하여 너로 생각하게 하노니"

5) 참된 은사를 받은 자

성령님께서 주신 은사는 좋은 것입니다. 그러므로 은사를 받으면 좋은 결과를 가져옵니다. 만일 은사를 받고도 좋은 결과를 가져오지 않는다면 참된 은사를 받은 것이 아닐 것입니다. 그러면 참된 은사를 받은 자는 어떤 자일까요?

① 하나님께 감사합니다.

은사는 하나님이 우리에게 주신 은혜대로 받습니다. 그러므로 은사를 받은 자는 하나님이 주신 은혜대로 은사를 받았기에 은사를 주신 하나님께 감사합니다(고후9:15).

고후9:15 "말할 수 없는 그의 은사로 말미암아 하나님께 감사하노라"

② 서로 봉사합니다.

은사를 주심은 봉사하라고 주신 것입니다. 그러므로 참된 은사를 받은 자는 서로 봉사합니다(벧전4:10).

벧전4:10 "각각 은사를 받은 대로 하나님의 여러 가지 은혜를 맡은 선한 청지기 같이 서로 봉사하라"

③ 자기 믿음의 분수를 압니다.

우리에게 주신 은혜대로 받은 은사가 다릅니다. 그런데 특히 은사 중에서 예언은 믿음의 분수대로 해야 합니다(롬12:6). 우리가 은사를 받은 것은 하나님 편에서는 우리에게 주신 은혜대로요, 우리 편에서는 우리의 믿음대로입니다. 은사는 우리 믿음의 분수를 넘어 임하는 것이 아닙니다. 은사는 우리 믿음의 분량대로 임합니다. 그래서 참된 은사를 받은 자는 자기 믿음의 분수를 압니다. 즉 참된 은사를 받은 자는 교만하지 않습니다.

롬12:6 "우리에게 주신 은혜대로 받은 은사가 각각 다르니 혹 예언이면 믿음의 분수대로"

④ 질서를 지킵니다.

우리는 은사를 사모해야 하며 특히 예언하기를 사모해야 합니다. 그리고 우리는 방언 말하기를 금하지 말아야 합니다. 또한 우리는 모든 은사를 품위 있게 하고 질서대로 해야 합니다(고전14:39-40). 참된 은사를 받은 자는 품위가 있고 질서대로 합니다. 만일 은사를 받은 자가 질서대로 하지 않는다면 그는 어리거나 참된 은사를 받은 자가 아닐 것입니다.

고전14:39-40 "그런즉 내 형제들아 예언하기를 사모하며 방언 말하기를 금하지 말라 모든 것을 품위 있게 하고 질서 있게 하라"

⑤ 예수님의 재림을 사모합니다.

은사를 받은 자는 하나님께 감사하고, 서로 봉사하며, 자기 믿음의 분수를 알고, 질서를 지킵니다. 그래서 은사를 받은 자는 예수님께서 재림하실 때 칭찬을 받게 될 것이며 예수님의 재림을 기다리며 사모합니다. 우리는 모든 은사에 부족함이 없이 예수님의 재림을 기다려야 합니다(고전1:7).

고전1:7 "너희가 모든 은사에 부족함이 없이 우리 주 예수 그리스도의

2. 성령의 은사(신령한 은사)

은사는 여러 가지나 성령은 같습니다. 하나님은 성령으로 말미암아 은사를 주십니다. 이 은사를 신령한 것이라고 말씀합니다. 고전12:8-10의 〈은사〉를 고전14:1에서는 〈신령한 것〉이라고 말씀합니다. 하나님이 성령으로 말미암아 주시는 은사는 지혜의 말씀, 지식의 말씀, 믿음, 병 고치는 은사, 능력 행함, 예언함, 영들 분별함, 각종 방언 말함, 방언들 통역함입니다(고전12:8-10). 그리고 이 은사는 성령님이 그 뜻대로 각 사람에게 나누어 주십니다(고전12:11). 성령의 은사는 성령님이 주시기에 성령 충만한 만큼 충만하게 사용됩니다. 은사를 받은 자라도 성령 충만하지 않으면 사용되지 않을 수도 있습니다. 그러므로 성령의 은사를 받은 자는 항상 성령의 충만함을 받아야 합니다. 성령의 은사를 받고 성령 충만한 자는 그 은사를 다른 사람에게 나누어 줄 수도 있습니다(롬1:11).

> **고전14:1** "사랑을 추구하며 신령한 것들을 사모하되 특별히 예언을 하려고 하라"
>
> **고전12:8-10** "어떤 사람에게는 성령으로 말미암아 지혜의 말씀을, 어떤 사람에게는 같은 성령을 따라 지식의 말씀을, 다른 사람에게는 같은 성령으로 믿음을, 어떤 사람에게는 한 성령으로 병 고치는 은사를, 어떤 사람에게는 능력 행함을, 어떤 사람에게는 예언함을, 어떤 사람에게는 영들 분별함을, 다른 사람에게는 각종 방언 말함을, 어떤 사람에게는 방언들 통역함을 주시나니"

고전12:11 "이 모든 일은 같은 한 성령이 행하사 그의 뜻대로 각 사람에게 나누어 주시는 것이니라"
롬1:11 "내가 너희 보기를 간절히 원하는 것은 어떤 신령한 은사를 너희에게 나누어 주어 너희를 견고하게 하려 함이니"

1) 지혜의 말씀의 은사

하나님이 성령으로 말미암아 주시는 은사 곧 성령님이 그 뜻대로 각 사람에게 나누어 주시는 은사로 지혜의 말씀(헬라어로는 '로고스 소피아스')이 있습니다(고전12:8). 지혜에는 이 세상의 지혜와 하나님의 지혜가 있는데 지혜의 말씀의 은사는 하나님의 지혜를 말씀합니다. 우리가 지혜의 말씀의 은사를 받으면 하나님의 지혜를 받게 됩니다.

고전12:8 "어떤 사람에게는 성령으로 말미암아 지혜의 말씀을"

① 이 세상의 지혜가 있습니다.
이 세상의 지혜는 사람이 성령님의 역사하심이 없이 교육이나 교훈을 통하여 얻는 지혜입니다. 그런데 이 세상의 지혜로는 하나님을 알지 못합니다. 그래서 하나님께서는 이 세상의 지혜를 미련하게 하셨습니다(고전 1:20-21). 이 세상의 지혜는 위로부터 즉 하나님께로부터 내려온 것이 아니요 땅 위의 것이요, 정욕의 것이요, 귀신의 것이며, 시기와 다툼이 있으므로 혼란과 악한 일이 있습니다(약3:13-16).

고전1:20-21 "지혜 있는 자가 어디 있느냐 선비가 어디 있느냐 이 세대에 변론가가 어디 있느냐 하나님께서 이 세상의 지혜를 미련하게 하신 것이 아니냐 하나님의 지혜에 있어서는 이 세상이 자기 지혜로 하나님을 알지 못하므로 하나님께서 전도의 미련한 것으로 믿는 자들을 구원하시기를 기뻐하셨도다"

약3:13-16 "너희 중에 지혜와 총명이 있는 자가 누구냐 그는 선행으로 말미암아 지혜의 온유함으로 그 행함을 보일지니라 그러나 너희 마음속에 독한 시기와 다툼이 있으면 자랑하지 말라 진리를 거슬러 거짓말하지 말라 이러한 지혜는 위로부터 내려온 것이 아니요 땅 위의 것이요 정욕의 것이요 귀신의 것이니 시기와 다툼이 있는 곳에는 혼란과 모든 악한 일이 있음이라"

② 하나님의 지혜가 있습니다.

하나님의 지혜는 위로부터 곧 하나님께로부터 난 지혜입니다. 하나님의 지혜는 이 세상의 지혜가 아니요 또 이 세상의 없어질 관원의 지혜도 아닙니다. 하나님의 지혜는 감추어졌던 것으로 이 세대의 통치자들이 하나도 알지 못하였습니다(고전2:6-8). 그리고 위로부터 난 하나님의 지혜는 성결하고 화평하며 관용하고 양순하며 긍휼과 선한 열매가 가득하고 편벽과 거짓이 없습니다(약3:17-18). 그러므로 우리는 하나님의 지혜가 부족하면 하나님께 구해야 합니다(약1:5). 그리하면 하나님께서 꾸짖지 아니하시고 지혜를 후히 주십니다.

고전2:6-8 "그러나 우리가 온전한 자들 중에서는 지혜를 말하노니 이는 이 세상의 지혜가 아니요 또 이 세상에서 없어질 통치자들의 지혜도 아니요 오직 은밀한 가운데 있는 하나님의 지혜를 말하는 것으로서 곧 감추어졌던 것인데 하나님이 우리의 영광을 위하여 만세 전에 미리 정하신 것이라 이 지혜는 이 세대의 통치자들이 한 사람도 알지 못하였나니 만일 알았더라면 영광의 주를 십자가에 못 박지 아니하였으리라"

약3:17-18 "오직 위로부터 난 지혜는 첫째 성결하고 다음에 화평하고 관용하고 양순하며 긍휼과 선한 열매가 가득하고 편견과 거짓이 없나니"

약1:5 "너희 중에 누구든지 지혜가 부족하거든 모든 사람에게 후히 주시고 꾸짖지 아니하시는 하나님께 구하라 그리하면 주시리라"

그리스도가 하나님의 지혜이시며(고전1:24) 성령님은 지혜의 영이십니다(사11:2). 그리고 성령님은 하나님의 지혜를 우리에게 은사로 주십니다. 즉 성령님은 우리에게 지혜의 말씀의 은사를 주십니다. 그리고 우리가 지혜의 말씀의 은사를 받으면 성결하고 화평하며 관용하고 양순하며 긍휼과 선한 열매가 가득하고 편벽과 거짓이 없는 사람이 됩니다.

고전1:24 "오직 부르심을 받은 자들에게는 유대인이나 헬라인이나 그리스도는 하나님의 능력이요 하나님의 지혜니라"

사11:2 "그의 위에 여호와의 영 곧 지혜와 총명의 영이요 모략과 재능의 영이요 지식과 여호와를 경외하는 영이 강림하시리니"

③ 지혜의 말씀의 은사를 받은 자는 옳은 일을 행합니다.

지혜는 그 행한 일로 옳다 함을 얻습니다(마11:19). 즉 지혜가 있는 자는 옳은 일을 행합니다. 그러므로 지혜의 말씀의 은사를 받은 자는 그 행하는 일을 보면 알 수 있습니다. 시기와 다툼이 있는 자(약3:14), 말이 많은 자(잠10:19), 악을 행하는 자(잠10:23), 교만한 자(잠11:2), 이웃을 멸시하는 자(잠11:12), 칭찬을 받지 못하는 자(잠12:8), 방탕한 자(잠12:11), 권면을 싫어하는 자(잠13:10)는 지혜의 말씀의 은사를 받지 못하여 하나님의 지혜가 없는 자입니다.

마11:19 "인자는 와서 먹고 마시매 말하기를 보라 먹기를 탐하고 포도주를 즐기는 사람이요 세리와 죄인의 친구로다 하니 지혜는 그 행한 일로 인하여 옳다 함을 얻느니라"

2) 지식의 말씀의 은사

하나님이 성령으로 말미암아 주시는 은사 곧 성령님이 그 뜻대로 각 사람에게 나누어 주시는 은사로 지식의 말씀(헬라어로는 '로고스 그노세오스')이 있습니다(고전12:8). 지식에는 이 세상 초등학문이 있고 성령님이 주시는 하나님의 지식이 있는데 지식의 말씀의 은사는 성령님이 주시는 하나님의 지식을 말씀합니다. 우리가 지식의 말씀의 은사를 받으면 성령님이 주시는 하나님의 지식을 받게 됩니다.

고전12:8 "어떤 사람에게는 같은 성령을 따라 지식의 말씀을"

① 이 세상 초등학문이 있습니다.

이 세상 초등학문은 약하고 천박한 것입니다(갈4:9). 그런데 우리가 어렸을 때에는 이 세상의 초등학문 아래에 있어 종노릇 하였습니다(갈4:3). 그리고 이 세상 학문으로는 하나님을 알지 못하며, 세상의 초등학문을 따르는 것은 그리스도를 따르는 것이 아닙니다(골2:8).

갈4:9 "이제는 너희가 하나님을 알 뿐 아니라 더욱이 하나님이 아신바 되었거늘 어찌하여 다시 약하고 천박한 초등학문으로 돌아가서 다시 그들에게 종노릇 하려 하느냐"

갈4:3 "이와 같이 우리도 어렸을 때에 이 세상의 초등학문 아래에 있어서 종노릇 하였더니"

골2:8 "누가 철학과 헛된 속임수로 너희를 사로잡을까 주의하라 이것은 사람의 전통과 세상의 초등학문을 따름이요 그리스도를 따름이 아니니라"

② 성령님이 주시는 하나님의 지식이 있습니다.

성령님이 주시는 하나님의 지식은 하나님의 비밀인 그리스도를 아는 지식입니다(골2:2). 우리는 그리스도를 아는 지식에서 자라가야 합니다(벧후3:18). 그리스도 안에는 지혜와 지식의 모든 보화가 들어 있습니다(골2:3).

골2:2 "이는 그들로 마음에 위안을 받고 사랑 안에서 연합하여 확실한 이해의 모든 풍성함과 하나님의 비밀인 그리스도를 깨닫게 하려 함이니"

벧후3:18 "오직 우리 주 곧 구주 예수 그리스도의 은혜와 그를 아는 지식에서 자라 가라 영광이 이제와 영원한 날까지 그에게 있을지어다"

골2:3 "그 안에는 지혜와 지식의 모든 보화가 감추어져 있느니라"

만일 우리에게 성령님이 주시는 하나님의 지식이 없으면 우리가 하나님께 열심이 있어도 실패하게 됩니다. 유대인들은 하나님께 열심이 있었으나 올바른 지식을 따르지 아니해서 하나님의 의를 모르고 자기의 의를 세우려고 힘써 하나님의 의를 복종하지 아니했습니다(롬10:2-3). 사도 베드로는 세상 학문이 없는 자였으나 성령님이 주시는 하나님의 지식이 있었습니다(행4:13). 반면에 아볼로는 세상 학문이 많았고 성경에 능통했지만 성령님이 주시는 하나님의 지식이 부족했습니다. 아볼로는 요한의 세례만 알고 성령 세례를 알지 못했습니다. 그래서 성령 충만한 브리스길라와 아굴라가 데려다가 하나님의 말씀을 더 정확하게 풀어 일러주었습니다(행18:24-26). 이와 같이 하나님의 말씀은 세상 학문으로 아는 것이 아니며 성령님이 주시는 지식으로 알게 됩니다. 그러므로 우리는 성령님이 주시는 지식의 말씀의 은사를 받아야 합니다.

> **롬10:2-3** "내가 증언하노니 그들이 하나님께 열심이 있으나 올바른 지식을 따른 것이 아니니라 하나님의 의를 모르고 자기 의를 세우려고 힘써 하나님의 의에 복종하지 아니하였느니라"
> **행4:13** "그들이 베드로와 요한이 담대하게 말함을 보고 그들을 본래 학문이 없는 범인으로 알았다가 이상히 여기며 또 전에 예수와 함께 있던 줄도 알고"
> **행18:24-26** "알렉산드리아에서 난 아볼로라 하는 유대인이 에베소에 이르니 이 사람은 언변이 좋고 성경에 능통한 자라 그가 일찍이 주의 도를 배워 열심히 예수에 관한 것을 자세히 말하며 가르치나 요한의 세례만 알 따름이라 그가 회당에서 담대히 말하기 시작하거늘 브리스길라와 아굴라가 듣고 데려다가 하나님의 도를 더 정확하게 풀어 이르더라"

3) 믿음의 은사

하나님이 성령으로 말미암아 주시는 은사 곧 성령님이 그 뜻대로 각 사람에게 나누어 주시는 은사로 믿음의 은사(헬라어로는 '피스티스')가 있습니다(고전12:9). 믿음이란 하나님과 그의 약속에 대한 신뢰이며, 영접이고, 위임이며, 순종입니다. 참 믿음은 우리가 예수님을 알고, 예수님을 영접하며, 예수님께 맡기고, 예수님께 순종하는 것입니다. 그런데 믿음같이 보이나 거짓된 믿음이 있습니다. 귀신들도 하나님은 한 분이신 줄 믿고 떱니다(약2:19). 그러나 그 믿음은 거짓된 믿음입니다. 거짓된 믿음은 하나님이 계심을 알지만 영접하지 아니하고 의뢰하지 아니하며 순종하지 않습니다. 그리고 이 거짓된 믿음은 구원을 받는 것과는 상관이 없습니다.

고전12:9 "다른 사람에게는 같은 성령으로 믿음을"
약2:19 "네가 하나님은 한 분이신 줄을 믿느냐 잘하는도다 귀신들도 믿고 떠느니라"

① 믿음은 은혜로서의 믿음과 은사로서의 믿음이 있습니다.

은혜로서의 믿음은 구원을 얻는 믿음이요(엡2:8, 벧전1:9, 막16:16) 은사로서의 믿음은 사역을 하는 믿음입니다(막9:23, 요14:12, 벧전5:8-9, 막16:17). 은사로서의 믿음은 믿는 자의 삶 가운데 성령님이 일하심을 말합니다. 하나님은 구원을 얻은 믿음이 있는 자에게 사역을 위하여 성령으로 말미암아 믿음의 은사를 주십니다. 그런데 구원 얻는 믿음은 주관적입니다. 즉 구원 얻는 믿음이 있는 것은 자신만이 압니다. 그러나 사역을 하는 은사로서의 믿음은 객관적입니다. 즉 은사로서의 믿음이 있는 것은 자신이 알뿐만 아니라 다른 사람들도 알 수가 있습니다.

엡2:8 "너희는 그 은혜에 의하여 믿음으로 말미암아 구원을 받았으니 이것은 너희에게서 난 것이 아니요 하나님의 선물이라"
벧전1:9 "믿음의 결국 곧 영혼의 구원을 받음이라"
막16:16 "믿고 세례를 받는 사람은 구원을 얻을 것이요 믿지 않는 사람은 정죄를 받으리라"

막9:23 "예수께서 이르시되 할 수 있거든이 무슨 말이냐 믿는 자에게는 능히 하지 못할 일이 없느니라 하시니"

요14:12 "내가 진실로 진실로 너희에게 이르노니 나를 믿는 자는 내가 하는 일을 그도 할 것이요 또한 그보다 큰일도 하리니 이는 내가 아버지께로 감이라"

벧전5:8-9 "근신하라 깨어라 너희 대적 마귀가 우는 사자 같이 두루 다니며 삼킬 자를 찾나니 너희는 믿음을 굳건하게 하여 그를 대적하라 이는 세상에 있는 너희 형제들도 동일한 고난을 당하는 줄을 앎이라"

막16:17 "믿는 자들에게는 이런 표적이 따르리니 곧 그들이 내 이름으로 귀신을 쫓아내며 새 방언을 말하며"

② 하나님은 구원 얻는 믿음이 있는 자에게 믿음의 은사를 주십니다.

믿음의 은사보다 구원 얻는 믿음이 먼저입니다. 하나님은 구원 얻는 믿음이 있는 자에게 성령으로 말미암아 믿음의 은사를 주십니다. 그리고 우리가 믿음의 은사를 받으면 구원 얻는 믿음이 더욱 굳건하게 됩니다. 그러므로 구원 얻는 믿음이 없이 믿음의 은사를 행하는 것은 잘못된 것이며 행할 수도 없습니다. 그래서 우리는 구원 얻는 믿음이 있는 것에 더욱 기뻐해야 합니다. 그리고 성령님이 주시는 믿음의 은사를 사모하여 받아야 합니다.

예수님은 귀신들이 너희에게 항복하는 것(은사로서의 믿음)으로 기뻐하지 말고 너희 이름이 하늘에 기록된 것(은혜로 구원 얻는 믿음)으로 기뻐하라고 말씀하셨습니다(눅10:20). 구원 얻은 믿음을 가진 우리가 성령님이 주시는 믿음의 은사를 받으면 온전한 믿음이 됩니다. 우리는 온전한 믿음으로 하나님께 나아가야 합니다(히10:22).

눅10:20 "그러나 귀신들이 너희에게 항복하는 것으로 기뻐하지 말고 너희 이름이 하늘에 기록된 것으로 기뻐하라 하시니라"

히10:22 "우리가 마음에 뿌림을 받아 악한 양심으로부터 벗어나고 몸은 맑은 물로 씻음을 받았으니 참 마음과 온전한 믿음으로 하나님께 나아가자"

성령님이 은사로 주시는 믿음은 믿어지는 믿음입니다. 믿으려고 하는 믿음은 은사로서의 믿음은 아닙니다. 그리고 믿음의 역사는 믿어져버릴 때 일어납니다. 그러므로 구원 받은 우리는 믿음의 은사를 구해야 합니다. 믿음의 은사는 성령님이 주시므로 우리가 성령으로 충만할 때 믿음도 충만합니다.

4) 병 고치는 은사

하나님이 성령으로 말미암아 주시는 은사 곧 성령님이 그 뜻대로 각 사람에게 나누어 주시는 은사로 병 고치는 은사(헬라어로는 '카리스마타 이아마톤')가 있습니다(고전12:9). 성령님은 믿는 자들에게 병 고치는 은사를 주셔서 병든 자를 고치게 하십니다.

고전12:9 "어떤 사람에게는 한 성령으로 병 고치는 은사를"

예수님에게도 병을 고치는 주의 능력이 함께했습니다(눅5:17). 하나님께서 예수님에게 성령과 능력을 기름 부듯 하셨으므로 예수님이 두루 다니시며 병든 자를 고치시고 마귀에게 눌린 모든 자를 고치셨습니다(행10:38). 그리고 예수님은 열두 제자를 부르셔서 더러운 귀신을 쫓아내며 모든 병과 모든 약한 것을 고치는 권능을 주셨습니다(마10:1).

> **눅5:17** "하루는 가르치실 때에 갈릴리의 각 마을과 유대와 예루살렘에서 온 바리새인과 율법교사들이 앉았는데 병을 고치는 주의 능력이 예수와 함께 하더라"
>
> **행10:38** "하나님이 나사렛 예수에게 성령과 능력을 기름 붓듯 하셨으매 그가 두루 다니시며 선한 일을 행하시고 마귀에게 눌린 모든 사람을 고치셨으니 이는 하나님이 함께 하셨음이라"
>
> **마10:1** "예수께서 그의 열두 제자를 부르사 더러운 귀신을 쫓아내며 모든 병과 모든 약한 것을 고치는 권능을 주시니라"

예수님이 승천하시고 성령님이 오신 후에는 성령님이 병 고치는 은사를 주십니다. 성령 받은 사도들은 손을 내밀어 병을 낫게 하시기를 하나님께 기도하였습니다(행4:30). 그리고 성령 충만한 사도들은 병을 고쳤습니다. 사도 베드로가 병을 고쳤습니다(행5:15-16), 사도 바울도 병을 고쳤습니다(행19:12). 또 빌립 집사도 병을 고쳤습니다(행8:7).

> **행4:30** "손을 내밀어 병을 낫게 하시옵고 표적과 기사가 거룩한 종 예수의 이름으로 이루어지게 하옵소서 하더라"
>
> **행5:15-16** "심지어 병든 사람을 메고 거리에 나가 침대와 요 위에 누이고 베드로가 지날 때에 혹 그의 그림자라도 누구에게 덮일까 바라고"
>
> **행19:12** "심지어 사람들이 바울의 몸에서 손수건이나 앞치마를 가져다가 병든 사람에게 얹으면 그 병이 떠나고 악귀도 나가더라"
>
> **행8:7** "많은 사람에게 붙었던 더러운 귀신들이 크게 소리를 지르며 나가고 또 많은 중풍병자와 못 걷는 사람이 나으니"

성령 충만한 자라도 다 병 고치는 은사를 받은 것은 아닙니다(고전 12:30). 또 병 고치는 은사를 받은 자라도 병을 언제나 다 고치는 것은 아닙니다. 병을 고치는 것은 하나님의 절대 주권입니다. 병을 고치는 은사를 받은 사람은 상대적입니다. 그래서 병 고치는 은사를 받은 사람도 병을 고치지 못한 경우도 있습니다. 사도 바울과 함께 있으면서도 디모데와 드로비모는 병을 고침 받지 못했습니다(딤전5:23, 딤후4:20). 또 바울과 함께 있었던 에바브로디도는 병들어 죽게 되었다가 하나님이 긍휼히 여기심으로 고침을 받았습니다(빌2:26-27).

> **고전12:30** "다 병 고치는 은사를 가진 자이겠느냐 다 방언을 말하는 자이겠느냐 다 통역하는 자이겠느냐"
> **딤전5:23** "이제부터는 물만 마시지 말고 네 위장과 자주 나는 병을 위하여는 포도주를 조금씩 쓰라"
> **딤후4:20** "에라스도는 고린도에 머물러 있고 드로비모는 병 들어서 밀레도에 두었노니"
> **빌2:26-27** "그가 너희 무리를 간절히 사모하고 자기가 병든 것을 너희가 들은 줄을 알고 심히 근심한지라 그가 병들어 죽게 되었으나 하나님이 그를 긍휼히 여기셨고 그뿐 아니라 또 나를 긍휼히 여기사 내 근심 위에 근심을 면하게 하셨느니라"

5) 능력 행함의 은사

하나님이 성령으로 말미암아 주시는 은사 곧 성령님이 그 뜻대로 각 사람에게 나누어 주시는 은사로 능력 행함(헬라어로는 '에네르게마타 뒤나메온')이 있습니다(고전12:10). 성령님이 능력 행함의 은사를 주십니다.

고전12:10 "어떤 사람에게는 능력 행함을"

하나님은 믿는 자들에게 지극히 큰 능력을 행하십니다. 우리는 하나님께서 믿는 우리에게 베푸신 능력의 지극히 크심이 어떠한 것임을 알아야 합니다(엡1:19). 예수님께서도 그의 열두 제자들에게 능력을 주셨고(눅9:1), 위로부터 능력(성령의 능력)을 입으라고 명하셨으며(눅24:49), 승천하신 후에는 사도들로 말미암아 성령의 능력으로 역사하셨습니다(롬 15:18-19).

> **엡1:19** "그의 힘의 위력으로 역사하심을 따라 믿는 우리에게 베푸신 능력의 지극히 크심이 어떠한 것을 너희로 알게 하시기를 구하노라"
>
> **눅9:1** "예수께서 열두 제자를 불러 모으사 모든 귀신을 제어하며 병을 고치는 능력과 권위를 주시고"
>
> **눅24:49** "볼지어다 내가 내 아버지께서 약속하신 것을 너희에게 보내리니 너희는 위로부터 능력으로 입혀질 때까지 이 성에 머물라 하시니라"
>
> **롬15:18-19** "그리스도께서 이방인들을 순종하게 하기 위하여 나를 통하여 역사하신 것 외에는 내가 감히 말하지 아니하노라 그 일은 말과 행위로 표적과 기사의 능력으로 성령의 능력으로 이루어졌으며 그리하여 내가 예루살렘으로부터 두루 행하여 일루리곤까지 그리스도의 복음을 편만하게 전하였노라"

① 성령 충만한 사도들은 능력을 행했습니다.

표적과 기사와 능력을 행하는 것은 사도의 표였습니다(고후12:12). 사도들은 큰 권능으로 주 예수의 부활을 증언 했습니다(행4:33). 또한 사도들의 손으로 민간에 표적과 기사가 많이 되었습니다(행5:12). 사도 바울은 능력 주시는 자 안에서 모든 것을 할 수 있었습니다(빌4:13).

> **고후12:12** "사도의 표가 된 것은 내가 너희 가운데서 모든 참음과 표적과 기사와 능력을 행한 것이라"
> **행4:33** "사도들이 큰 권능으로 주 예수의 부활을 증언하니 무리가 큰 은혜를 받아"
> **행5:12** "사도들의 손을 통하여 민간에 표적과 기사가 많이 일어나매 믿는 사람이 다 마음을 같이하여 솔로몬 행각에 모이고"
> **빌4:13** "내게 능력 주시는 자 안에서 내가 모든 것을 할 수 있느니라"

② 능력 행함의 은사는 어떤 능력일까요?

능력 행함의 은사는 다른 은사와 함께 일하는데 필요한 은사라 할 수 있으며, 하나님이 공급하시는 힘이라고 할 수 있습니다. 그러면 성령님이 주시는 능력은 어떤 능력일까요? 성령님이 주시는 능력은 가르치는 능력(막1:22, 마13:54), 병을 고치는 능력(눅5:17), 귀신을 쫓아내는 능력(눅4:36), 복음을 전파하는 능력(고전2:4), 모든 환경에 대처할 수 있는 능력(빌4:11-13), 표적과 기사의 능력(롬15:18-19), 믿음의 능력이 있습니다(막9:23). 그리고 우리의 믿음이 하나님의 능력에 있을 때 능력이 나타납니다(고전2:5).

> **막1:22** "뭇 사람이 그의 교훈에 놀라니 이는 그가 가르치시는 것이 권위 있는 자와 같고 서기관들과 같지 아니함 일러라"
> **마13:54** "고향으로 돌아가사 그들의 회당에서 가르치시니 그들이 놀라 이르되 이 사람의 이 지혜와 이런 능력이 어디서 났느냐"

<u>눅5:17</u> "하루는 가르치실 때에 갈릴리의 각 마을과 유대와 예루살렘에서 온 바리새인과 율법 교사들이 앉았는데 병을 고치는 주의 능력이 예수와 함께 하더라"

<u>눅4:36</u> "다 놀라 서로 말하여 이르되 이 어떠한 말씀인고 권위와 능력으로 더러운 귀신을 명하매 나가는도다 하더라"

<u>고전2:4</u> "내 말과 내 전도함이 설득력 있는 지혜의 말로 하지 아니하고 다만 성령의 나타나심과 능력으로 하여"

<u>빌4:11-13</u> "내가 궁핍하므로 말하는 것이 아니니라 어떠한 형편에든지 나는 자족하기를 배웠노니 나는 비천에 처할 줄도 알고 풍부에 처할 줄도 알아 모든 일 곧 배부름과 배고픔과 풍부와 궁핍에도 처할 줄 아는 일체의 비결을 배웠노라 내게 능력 주시는 자 안에서 내가 모든 것을 할 수 있느니라"

<u>롬15:18-19</u> "그리스도께서 이방인들을 순종하게 하기 위하여 나를 통하여 역사하신 것 외에는 내가 감히 말하지 아니하노라 그 일은 말과 행위로 표적과 기사의 능력으로 성령의 능력으로 이루어졌으며 그리하여 내가 예루살렘으로부터 두루 행하여 일루리곤까지 그리스도의 복음을 편만하게 전하였노라"

<u>막9:23</u> "예수께서 이르시되 할 수 있거든이 무슨 말이냐 믿는 자에게는 능히 하지 못할 일이 없느니라 하시니"

<u>고전2:5</u> "너희 믿음이 사람의 지혜에 있지 아니하고 다만 하나님의 능력에 있게 하려 하였노라

6) 예언함의 은사

하나님이 성령으로 말미암아 주시는 은사 곧 성령님이 그 뜻대로 각 사람에게 나누어 주시는 은사로 예언함(헬라어로는 '프로페테이아')이 있습니다(고전12:10). 성령님이 예언함의 은사를 주십니다.

고전12:10 "어떤 사람에게는 예언함을"

예언이란 하나님의 말씀을 받아 전하는 것이며(계10:11), 앞으로 되어 질 일을 말하는 것이며(눅1:67, 렘28:8), 사람을 지도하는 것이며(딤전1:18), 비밀과 지식을 아는 것입니다(고전13:2). 그리고 참 예언은 반드시 성취됩니다(렘28:9).

예언함의 은사는 귀하고 좋은 은사입니다. 그래서 예언함의 은사는 특별히 사모하도록 권면되어진 은사입니다(고전14:1). 그러므로 우리는 성령님이 주시는 예언함의 은사를 사모하여 받아야 합니다.

계10:11 "그가 내게 말하기를 네가 많은 백성과 나라와 방언과 임금에게 다시 예언하여야 하리라 하더라"

눅1:67 "그 부친 사가랴가 성령의 충만함을 받아 예언하여 이르되"

렘28:8 "나와 너 이전의 선지자들이 예로부터 많은 땅들과 큰 나라들에 대하여 전쟁과 재앙과 전염병을 예언하였느니라"

딤전1:18 "아들 디모데야 내가 네게 이 교훈으로써 명하노니 전에 너를 지도한 예언을 따라 그것으로 선한 싸움을 싸우며"

고전13:2 "내가 예언하는 능력이 있어 모든 비밀과 모든 지식을 알고 또 산을 옮길만한 모든 믿음이 있을지라도 사랑이 없으면 내가 아무 것도 아니요"

렘28:9 "평화를 예언하는 선지자는 그 예언자의 말이 응한 후에야 그가 진실로 여호와께서 보내신 선지자로 인정받게 되리라"

고전14:1 "사랑을 추구하며 신령한 것을 사모하되 특별히 예언을 하려고 하라"

① 예언함의 은사는 믿음의 분수대로 사용해야 합니다.

예언함의 은사는 귀하고 좋은 은사이지만 혼란이 일어나는 은사이기도 합니다. 그러므로 우리는 예언함의 은사를 조심해서 받아야 합니다. 그리고 예언함의 은사는 믿음의 분수대로 사용해야 합니다(롬12:6). 믿음이 없는 자는 예언을 할 수 없고 또 하지 않아야 합니다. 예언하는 자는 다른 사람보다 믿음의 분량이 크고 온전해야 합니다. 그리고 예언 할 때는 둘이나 셋이서 말하고 다른 이들은 분별해야 합니다(고전14:29-30). 예언을 하는 목적은 모든 사람으로 배우게 하고 권면을 받게 하는 것입니다(고전14:31).

롬12:6 "우리에게 주신 은혜대로 받은 은사가 각각 다르니 혹 예언이면 믿음의 분수대로"

고전14:29-30 "예언하는 자는 둘이나 셋이나 말하고 다른 이들은 분별할 것이요 만일 곁에 앉아 있는 다른 이에게 계시가 있으면 먼저 하던 자는 잠잠 할지니라"

고전14:31 "너희는 다 모든 사람으로 배우게 하고 모든 사람으로 권면을 받게 하기 위하여 하나씩 하나씩 예언할 수 있느니라"

② 예언하는 자는 교회의 덕을 세웁니다.

예언함의 은사를 받은 자는 교회에서 예언하는 자의 직임의 은사를 받고 예언해야 합니다. 예언함의 은사를 받아서 예언을 하는 자는 사람에게 말하여 덕을 세우며, 권면하며, 위로합니다(고전14:3). 즉 예언하는 자는 교회의 덕을 세웁니다(고전14:4). 또한 예언을 통해서 불신자들도 책망을 들으며 판단을 받고 그 마음의 숨은 일이 드러나게 되므로 하나님이 계심을 인정할 수 있게 됩니다(고전14:24-25).

> **고전14:3** "그러나 예언하는 자는 사람에게 말하여 덕을 세우며 권면하며 위로하는 것이요"
> **고전14:4** "방언을 말하는 자는 자기의 덕을 세우며 예언하는 자는 교회의 덕을 세우나니"
> **고전14:24-25** "그러나 다 예언을 하면 믿지 아니하는 자들이나 알지 못하는 자들이 들어와서 모든 사람에게 책망을 들으며 모든 사람에게 판단을 받고 그 마음의 숨은 일들이 드러나게 되므로 엎드리어 하나님께 경배하며 하나님이 참으로 너희 가운데 계신다 전파하리라"

7) 영들 분별함의 은사

하나님이 성령으로 말미암아 주시는 은사 곧 성령님이 그 뜻대로 각 사람에게 나누어 주시는 은사로 영들 분별함(헬라어로는 '디아크리세이스 프뉴마톤')이 있습니다(고전12:10). 성령님이 영들 분별함의 은사를 주십니다.

> **고전12:10** "어떤 사람들에게는 영들 분별함을"

세상에는 많은 거짓 선지자가 나왔습니다. 그러므로 우리는 영을 다 믿지 말고 영들이 하나님께 속하였나를 분별(시험)해야 합니다(요일4:1). 영들이 하나님께 속하였나를 알 수 있는 것이 영들 분별함의 은사입니다.

영들 중에는 하나님께 속한 영이 있고 하나님께 속하지 아니한 영이 있습니다. 하나님의 영은 성령이시며 그리스도의 영, 진리의 영이라고 합니다. 그리고 하나님께 속하지 아니한 영을 악한 영, 미혹의 영, 적그리스도의 영, 이 세상의 영, 거짓의 영, 귀신의 영, 더러운 영이라고 합니다.

요일4:1 "사랑하는 자들아 영을 다 믿지 말고 오직 영들이 하나님께 속하였나 분별하라 많은 거짓 선지자가 세상에 나왔음이라"

① 하나님께 속한 영이 있습니다.

하나님의 영이시오 그리스도의 영이시오 진리의 영이신 성령님은 예수 그리스도를 믿는 자들에게 임하셔서 역사하십니다. 그리고 성령으로 인도함을 받는 자들은 하나님의 아들들입니다(롬8:14). 하나님께로부터 오신 성령을 받은 자들은 하나님께서 은혜로 주신 것들을 압니다(고전2:12). 또한 하나님께 속하여 진리의 영이신 성령을 받은 자는 하나님께 속한 자의 말을 듣습니다(요일4:6).

롬8:14 "무릇 하나님의 영으로 인도함을 받는 사람은 곧 하나님의 아들이라"

고전2:12 "우리가 세상의 영을 받지 아니하고 오직 하나님으로부터 온 영을 받았으니 이는 우리로 하여금 하나님께서 우리에게 은혜로 주신 것들을 알게 하려 하심이라"

요일4:6 "우리는 하나님께 속하였으니 하나님을 아는 자는 우리의 말을 듣고 하나님께 속하지 아니한 자는 우리의 말을 듣지 아니하나니 진리의 영과 미혹의 영을 이로써 아느니라"

② 마귀에게 속한 악한 영들이 있습니다.

악한 영은 불순종의 아들들 가운데 역사합니다(엡2:2). 그런데 악한 영을 받은 사탄의 일꾼들도 의의 일꾼 곧 하나님의 일꾼으로 가장합니다(고후11:13-15). 그러나 그들의 마지막은 그 행위대로 됩니다. 이렇게 악한 영을 받은 자들이 의의 일꾼으로 가장하기 때문에 영들을 분별해야 합니다. 그런데 그 열매(행위)를 보면 어떠한 영인지를 분별할 수 있습니다(마 7:15-17).

악한 자의 나타남은 사탄의 활동을 따라 모든 능력과 표적과 거짓 기적과 불의의 속임으로 멸망하는 자들에게 있습니다. 멸망하는 자들은 진리를 믿지 않고 거짓 것을 믿으며, 불의를 좋아하며, 진리의 사랑을 받지 아니하여 구원함을 얻지 못한 자들입니다(살후2:9-12).

엡2:2 "그 때에 너희는 그 가운데서 행하여 이 세상 풍조를 따르고 공중의 권세 잡은 자를 따랐으니 곧 지금 불순종의 아들들 가운데서 역사하는 영이라"

고후11:13-15 "그런 사람들은 거짓 사도요 속이는 일꾼이니 자기를 그리스도의 사도로 가장하는 자들이니라 이것은 이상한 일이 아니니라 사탄도 자기를 광명한 천사로 가장하나니 그러므로 사탄의 일꾼들도 자기를 의의 일꾼으로 가장하는 것이 또한 대단한 일이 아니니라 그들의 마지막은 그 행위대로 되리라"

마7:15-17 "거짓 선지자들을 삼가라 양의 옷을 입고 너희에게 나아오나 속에는 노략질하는 이리라 그들의 열매로 그들을 알지니 가시나무에서 포도를, 또는 엉겅퀴에서 무화과를 따겠느냐 이와 같이 좋은 나무마다 아름다운 열매를 맺고 못된 나무가 나쁜 열매를 맺나니 좋은 나무가 나쁜 열매를 맺을 수 없고 못된 나무가 아름다운 열매를 맺을 수 없느니라"

살후2:9-12 "악한 자의 나타남은 사탄의 활동을 따라 모든 능력과 표적과 거짓 기적과 불의의 속임으로 멸망하는 자들에게 있으리니 이는 그들이 진리의 사랑을 받지 아니하여 구원함을 받지 못함이라 이러므로 하나님이 미혹의 역사를 그들에게 보내사 거짓 것을 믿게 하심은 진리를 믿지 않고 불의를 좋아하는 모든 자들로 하여금 심판을 받게 하려 하심이라"

③ 악한 영을 받은 자들의 특징

악한 영을 받은 자들은 믿음이 아주 좋고 은혜와 능력이 충만한 것같이 보일 수 있습니다. 그러나 성령 충만한 자와 전혀 다른 점이 있습니다. 악한 영을 받은 자들은 예수 그리스도를 말하지만 사실은 부인하며(요일4:3), 하나님께 속한 자의 말을 듣지 아니하며(요일4:6), 하나님께 거짓말을 하며(행5:3-4), 의를 행하지 않고 그 형제를 사랑하지 않으며(요일3:10), 마귀의 욕심을 행합니다(요8:44). 성숙한 성도로 자처하며 성령 충만을 받았다고 하면서 은사 활동을 하고 봉사 활동을 하는데도 이러한 특징이 나타나면 악한 영을 받은 자일 것입니다.

요일4:3 "예수를 시인하지 아니하는 영마다 다 하나님께 속한 것이 아니니 이것이 적그리스도의 영이니라 오리라 한 말을 너희가 들었거니와 지금 벌써 세상에 있느니라"

요일4:6 "우리는 하나님께 속하였으니 하나님을 아는 자는 우리의 말을 듣고 하나님께 속하지 아니한 자는 우리의 말을 듣지 아니하나니 진리의 영과 미혹의 영을 이로써 아느니라"

행5:3-4 "베드로가 이르되 아나니아야 어찌 사탄이 네 마음에 가득하여 네가 성령을 속이고 땅 값 얼마를 감추었느냐 땅이 그대로 있을 때에는 네 땅이 아니며 판 후에도 네 마음대로 할 수가 없더냐 어찌하여 이 일을 네 마음에 두었느냐 사람에게 거짓말한 것이 아니요 하나님께로다"

<u>요일3:10</u> "이러므로 하나님의 자녀들과 마귀의 자녀들이 드러나나니 무릇 의를 행하지 아니하는 자나 또는 그 형제를 사랑하지 아니하는 자는 하나님께 속하지 아니하니라"

<u>요8:44</u> "너희는 너희 아비 마귀에게서 났으니 너희 아비의 욕심대로 너희도 행하고자 하느니라 그는 처음부터 살인한 자요 진리가 그 속에 없으므로 진리에 서지 못하고 거짓을 말할 때마 다 제 것으로 말하나니 이는 그가 거짓말쟁이요 거짓의 아비가 되었음이라"

8) 각종 방언 말함의 은사

하나님이 성령으로 말미암아 주시는 은사 곧 성령님이 그 뜻대로 각 사람에게 나누어 주시는 은사로 각종 방언 말함(헬라어로는 '게네 글롯숀')이 있습니다(고전12:10). 성령님이 각종 방언 말함의 은사를 주십니다.

<u>고전12:10</u> "다른 사람에게는 각종 방언 말함을"

각종 방언 말함은 성령님이 말하게 하심을 따라(행2:4) 영으로 하나님께 비밀을 말하는 것입니다(고전14:2). 방언의 은사는 성령의 충만함을 받을 때 받을 수 있습니다. 오순절 날 성령의 충만함을 받은 사도들은 성령님이 말하게 하심을 따라 다른 언어들로 말하기를 시작했습니다. 그리고 방언 말함의 은사는 기도하는 은사이며 사람에게 하지 아니하고 하나님께 합니다. 이는 알아 듣는 자가 없기 때문입니다. 물론 행2장에서 다른 언어들로 말할 때 사람들이 알아듣기도 했습니다(행2:8). 그래서 방언을 대신 방언과 대인 방언으로 나누기도 합니다. 곧 방언은 행2:8의 사람이 알아들을 수 있는 방언과 고전14:2의 사람이 알아 들을 수 없는 방언이 있습니다. 그런데 방언 말함의 은사를 증언하는 말씀은 고전14장의 말씀입니다.

> **행2:4** "그들이 다 성령의 충만함을 받고 성령이 말하게 하심을 따라 다른 언어들로 말하기를 시작하니라"
> **고전14:2** "방언을 말하는 자는 사람에게 하지 아니하고 하나님께 하나니 이는 알아 듣는 자가 없고 영으로 비밀을 말함이라"
> **행2:8** "우리가 우리 각 사람이 난 방언으로 듣게 되는 것이 어찌 됨이냐"

그러면 우리가 방언 말함의 은사를 사모하고 받아야 하는가요? 방언 말함은 영으로 기도하는 것입니다. 그런데 우리는 마음으로 기도하고 또 영으로 기도해야 합니다(고전14:14-15). 그러므로 영으로 기도하는 방언 기도는 우리에게 필요하며 유익한 것입니다. 그래서 우리는 방언 말하기를 사모하며 방언 말함의 은사를 받아야 합니다(고전14:5). 그리고 우리는 방언을 말하므로 하나님께 감사해야 합니다(고전14:18). 또한 우리는 방언 말하는 것을 금하지 말아야 합니다(고전14:39). 그러나 방언을 말하는 자는 자기의 덕을 세우는 것이지 교회의 덕을 세우는 것은 아닙니다(고전14:4). 즉 방언을 말함은 자기에게는 유익하나 다른 사람에게는 유익하지 못합니다. 그러므로 방언으로 말하는 자는 자기와 하나님께 말해야 합니다(고전14:28).

> **고전14:14-15** "내가 만일 방언으로 기도하면 나의 영이 기도하거니와 나의 마음은 열매를 맺지 못하리라"
> **고전14:5** "나는 너희가 다 방언 말하기를 원하나 특별히 예언하기를 원

하노라 만일 방언을 말하는 자가 통역하여 교회의 덕을 세우지 아니하면 예언하는 자만 못하니라"

고전14:18 "내가 너희 모든 사람보다 방언을 더 말하므로 하나님께 감사하노라"

고전14:39 "그런즉 내 형제들아 예언하기를 사모하며 방언 말하기를 금하지 말라"

고전14:4 "방언을 말하는 자는 자기의 덕을 세우고 예언하는 자는 교회의 덕을 세우나니"

고전14:28 "만일 통역하는 자가 없으면 교회에서는 잠잠하고 자기와 하나님께 말할 것이요"

우리가 마음으로 기도할 수 있어야 방언으로 기도하는 것이 더욱 유익합니다. 우리가 방언으로 기도하는데 마음으로는 기도하지 못하면 우리의 마음은 열매를 맺지 못합니다. 그러므로 우리가 방언으로 기도하기보다 먼저 마음으로 기도하는 능력을 받는 것이 더욱 중요합니다. 물론 우리가 방언 말함의 은사를 받음으로 마음의 기도가 열리기도 합니다. 우리는 방언의 기도와 마음의 기도를 같이 해야 합니다. 그리고 더욱 중요한 것은 우리가 마음에 깨닫는 것입니다. 우리가 깨달은 마음으로 다섯 마디 말을 하는 것이 일만 마디 방언으로 말하는 것보다 낫습니다(고전14:19). 이 말씀은 방언 말함의 은사를 무시하는 말씀이 아니며 마음의 깨달음을 강조하는 말씀입니다. 그러므로 우리가 기도하거나 말씀을 전할 때 성령님의 역사로 깨달은 마음이 있어야 합니다.

고전14:19 "그러나 교회에서 네가 남을 가르치기 위하여 깨달은 마음으로 다섯 마디 말을 하는 것이 일만 마디 방언으로 말하는 것보다 나으니라"

9) 방언들 통역함의 은사

하나님이 성령으로 말미암아 주시는 은사 곧 성령님이 그 뜻대로 각 사람에게 나누어 주시는 은사로 방언들 통역함(헬라어로는 '헤르메네이아 글롯손')이 있습니다(고전12:10). 성령님이 방언들 통역함의 은사를 주십니다.

<u>고전12:10</u> "어떤 사람에게는 방언들 통역함을 주시나니"

방언은 성령님이 말하게 하심을 따라 영으로 하나님께 말하는 것이며 알아 듣는 사람이 없습니다. 그래서 성령님이 방언들 통역함의 은사를 주십니다. 방언은 통역할 수 있을 때 더욱 유익하며 방언을 말하는 자가 통역하지 못하면 예언하는 자만 못합니다(고전14:5). 그러므로 방언을 말하는 자는 통역하기를 기도해야 합니다(고전14:13). 그리고 통역할 때는 방언으로 말하는 자는 두 사람이나 세 사람이 차례를 따라 하고 한 사람이 통역해야 합니다(고전14:27).

> <u>고전14:5</u> "나는 너희가 다 방언 말하기를 원하나 특별히 예언하기를 원하노라 만일 방언을 말하는 자가 통역하여 교회의 덕을 세우지 아니하면 예언하는 자만 못하니라"
> <u>고전14:13</u> "그러므로 방언을 말하는 자는 통역하기를 기도할지니"
> <u>고전14:27</u> "만일 누가 방언으로 말하거든 두 사람이나 세 사람이 차례를 따라 하고 한 사람이 통역할 것이요"

3. 직임(직분)의 은사

은사는 여러 가지나 성령은 같고 직분은 여러 가지나 주는 같으며 또 사역은 여러 가지나 모든 것을 모든 사람 가운데서 이루시는 하나님은 같습니다(고전12:4-6). 우리는 성령님이 주시는 신령한 은사를 받고, 예수님이 교회에 세우시는 직임의 은사를 받아, 하나님이 모든 것을 모든 사람 가운데서 이루시는 사역을 해야 합니다. 그래서 하나님은 우리가 하나님이 이루시는 사역을 하도록 성령으로 말미암아 우리에게 신령한 은사를 주시고, 예수님으로 말미암아 직임의 은사를 주십니다. 예수님께서 주시는 여러 가지의 직임도 은사입니다. 직임의 은사는 신령한 은사를 행하는 자가 되게 하는 은사입니다. 그러므로 신령한 은사를 받은 자는 직임의 은사를 받아야 하고, 직임의 은사를 받은 자는 신령한 은사를 받아야 합니다.

고전12:4-6 "은사는 여러 가지나 성령은 같고 직분은 여러 가지나 주는 같으며 또 사역은 여러 가지나 모든 것을 모든 사람 가운데서 이루시는 하나님은 같으니"

하나님께서 교회 중에 몇을 세우신 자는 사도, 선지자, 교사, 능력을 행하는 자, 병 고치는 은사를 가진 자, 돕는 자, 다스리는 자, 각종 방언을 말하는 자, 방언을 통역하는 자입니다(고전12:28-30).

또한 하늘 위에 오르신 예수 그리스도께서 주신 직임은 사도, 선지자, 복음 전하는 자, 목사, 교사가 있습니다(엡4:11-12).

그리고 우리에게 주신 은혜대로 우리가 받은 직임의 은사는 예언하는 자, 섬기는 자, 가르치는 자, 위로하는 자, 구제하는 자, 다스리는 자, 긍휼을 베푸는 자가 있습니다(롬12:6-8).

직임의 은사는 하나님이 세우시고, 예수님이 주셨으며, 우리가 받았습니다. 그 직임의 은사는 사도, 선지자(예언하는 자), 복음 전하는 자(선포자, 전도자), 목사(감독), 교사(가르치는 자), 능력을 행하는 자, 병 고치는 은사를 가진 자, 방언을 말하는 자, 통역하는 자, 구제하는 자, 돕는 일을 하는 자, 다스리는 자, 섬기는 일을 하는 자, 위로(권위) 하는 자, 긍휼을 베푸는 자가 있습니다.

고전12:28-30 "하나님이 교회 중에 몇을 세우셨으니 첫째는 사도요 둘째는 선지자요 셋째는 교사요 그 다음은 능력을 행하는 자요 그 다음은 병 고치는 은사와 서로 돕는 것과 다스리는 것과 각종 방언을 말하는 것이라"

엡4:11 "그가 어떤 사람은 사도로, 어떤 사람은 선지자로, 어떤 사람은 복음 전하는 자로, 어떤 사람은 목사와 교사로 주셨으니"

롬12:6-8 "우리에게 주신 은혜대로 받은 은사가 각각 다르니 예언이면 믿음의 분수대로, 혹 섬기는 일이면 섬기는 일로, 혹 가르치는 자면 가르치는 일로, 혹 위로하는 자면 위로하는 일로, 구제하는 자는 성실함으로, 다스리는 자는 부지런함으로, 긍휼을 베푸는 자는 즐거움으로 할 것이니라"

하나님께서 교회에 직임의 은사를 받은 자들을 세우신 목적은 성도를 온전하게 하여 봉사의 일을 하게 하며 그리스도의 몸(교회)를 세우려 하심입니다(엡4:12). 그래서 직임의 은사를 받은 자들이 교회에 세워져 일하면 성도들이 온전하게 되어 봉사의 일을 하게 되며 그리스도의 몸 된 교회가 세워지게 됩니다. 그러므로 교회에서 직임의 은사가 감당되어야 교회가 부흥합니다.

신령한 성령의 은사를 받은 자는 하나님이 교회에 세우신 직임의 은사를 받고 봉사해야 합니다. 그러기 위해서 우리는 주님께서 우리에게 주신 직임의 은사를 아는 것이 중요합니다. 사도 바울은 자신이 복음을 위하여 선포자와 사도와 교사로 세우심을 입은 것을 알았습니다(딤후1:11). 주님께서 우리에게 어떤 직임의 은사를 주셨을까요? 우리는 주님께서 주신 직임의 은사를 알고 그 직무를 다해야 합니다(딤후4:5).

> **엡4:12** "이는 성도를 온전하게 하여 봉사의 일을 하게 하며 그리스도의 몸을 세우려 하심이라"
>
> **딤후1:11** "내가 이 복음을 위하여 선포자와 사도와 교사로 세우심을 입었노라"
>
> **딤후4:5** "그러나 너는 모든 일에 신중하여 고난을 받으며 전도자의 일을 하며 네 직무를 다하라"

1) 사도

하나님께서 예수님으로 말미암아 세우신 직임의 은사 즉 예수님께서 주신 직임의 은사로 사도(헬라어로는 '아포스톨루스')가 있습니다(고전 12:28, 엡4:11).

> **고전12:28** "하나님이 교회 중에 몇을 세우셨으니 첫째는 사도요"
>
> **엡4:11** "그가 어떤 사람은 사도로"

사도란 하나님의 보내심을 받은 자로 하나님께 말씀을 받아 전하며 표적과 기사와 능력을 행하는 자를 말합니다. 사도들은 복음을 증언하되 능력을 행했습니다. 사도들로 인하여 기사와 표적이 많이 일어났습니다(행 2:43). 그리고 사도들은 거룩했습니다(엡3:5). 바울에게는 사도의 표가 있었는데 그것은 모든 참음과 표적과 기사와 능력을 행하는 것이었습니다(고후12:12).

> **<u>행2:43</u>** "사람마다 두려워하는데 사도들로 말미암아 기사와 표적이 많이 나타나니"
> **<u>엡3:5</u>** "이제 그의 거룩한 사도들과 선지자들에게 성령으로 나타내신 것 같이 다른 세대에서는 사람의 아들들에게 알리지 아니 하셨으니"
> **<u>고후12:12</u>** "사도의 표가 된 것은 내가 너희 가운데서 모든 참음과 표적과 기사와 능력을 행한 것이라"

그러면 누가 사도일까요? 예수님이 이 세상에 계실 때 그가 택하신 열두 사도가 있습니다. 예수님은 열둘을 택하여 사도라 칭하셨습니다(눅 6:13). 그리고 예수님이 승천하신 후에 사도들은 가룟 유다를 대신하여 맛디아를 사도로 제비뽑았습니다(행1:26). 또한 바울과 바나바도 사도였습니다(행14:14). 바울은 자신이 사도로 세우심을 입었음을 알았습니다(딤후1:11). 그리고 주의 형제 야고보를 사도라고 했습니다(갈1:19).

> **<u>눅6:13</u>** "밝으매 그 제자들을 부르사 그 중에서 열둘을 택하여 사도라 칭하셨으니"
> **<u>행1:26</u>** "제비 뽑아 맛디아를 얻으니 그가 열한 사도의 수에 들어가니라"
> **<u>행14:14</u>** "두 사도 바나바와 바울이 듣고 옷을 찢고 무리 가운데 뛰어 들어가서 소리 질러"

딤후1:11 "내가 이 복음을 위하여 선포자와 사도와 교사로 세우심을 입었노라"

갈1:19 "주의 형제 야고보 외에 다른 사도들을 보지 못하였노라"

우리는 자칭 사도라 하는 자들을 주의해야 합니다. 사도들 시대에도 거짓 사도들이 있었습니다. 거짓 사도들은 그리스도의 사도가 아니면서도 자칭 사도라 하였습니다. 거짓 사도들은 자기를 그리스도의 사도로 가장하였습니다(고후11:13). 그리고 거짓 사도들은 다른 예수를 전파하고 다른 영을 받게 하며 다른 복음을 받게 했습니다(고후11:4).

고후11:13 "그런 사람들은 거짓 사도요 속이는 일꾼이니 자기를 그리스도의 사도로 가장하는 자들이니라"

고후11:4 "만일 누가 가서 우리가 전파하지 아니한 다른 예수를 전파하거나 혹은 너희가 받지 아니한 다른 영을 받게 하거나 혹은 너희가 받지 아니한 다른 복음을 받게 할 때에는 너희가 잘 용납하는구나"

2) 선지자(예언하는 자)

하나님께서 예수님으로 말미암아 세우신 직임의 은사 즉 예수님께서 주신 직임의 은사로 선지자(예언하는 자)(헬라어로는 '프로페타스')가 있습니다(고전12:28, 엡4:11, 롬12:6).

고전12:28 "둘째는 선지자요"

엡4:11 "어떤 사람은 선지자로"

롬12:6 "우리에게 주신 은혜대로 받은 은사가 각각 다르니 혹 예언이

면 믿음의 분수대로"

선지자란 하나님이 부르시어 하나님의 말씀을 받아 전하게 한 자로 예
언자라고도 합니다. 신약시대에 예수님께서 사도들을 택하여 말씀하셨다
면 구약시대에는 하나님께서 선지자들을 택하여 말씀하셨습니다. 물론 신
약시대에도 선지자들이 있었습니다. 구약시대의 선지자들과 신약시대의
선지자들이 차이가 있는데 구약 시대의 선지자들은 신약시대의 사도들에
해당됩니다. 그래서 '사도들과 선지자들'이라고 말씀할 때 선지자들은 구
약시대의 선지자들을 말씀합니다(엡2:20, 엡3:5, 롬1:2, 행10:43). 우리
는 사도들과 선지자들의 터 위에 세우심을 입은 자들입니다(엡2:20).

직임의 은사로서의 선지자는 신약시대의 선지자를 말씀합니다. 선지자
들은 성령으로 예언했고 반드시 그대로 되었습니다. 그러나 선지자들은 반
드시 능력을 행한 것은 아니었습니다. 선지자(예언하는 자)들은 덕을 세우
며, 말로 형제를 권면하여 굳게 하고 형제를 위로하였습니다(고전14:3).

엡2:20 "너희는 사도들과 선지자들의 터 위에 세우심을 입은 자라 그리
스도 예수께서 친히 모퉁잇돌이 되셨느니라"

엡3:5 "이제 그의 거룩한 사도들과 선지자들에게 성령으로 나타내신 것
같이 다른 세대에서는 사람의 아들들에게 알리지 아니하셨으니"

롬1:2 "이 복음은 하나님이 선지자들을 통하여 그의 아들에 관하여 성
경에 미리 약속하신 것이라"

행10:43 "그에 대하여 모든 선지자도 증언하되 그를 믿는 사람들이 다
그의 이름을 힘입어 죄 사함을 받는다 하였느니라"

고전14:3 "그러나 예언하는 자는 사람에게 말하여 덕을 세우며 권면하
며 위로하는 것이요"

그러면 누가 선지자일까요? 초대 예루살렘교회에 선지자들이 있었습니다. 그 선지자들 중에 아가보가 있어서 예언을 했습니다(행11:27-28). 그리고 안디옥교회에도 선지자들이 있었는데 바나바, 시므온(니게르), 루기오(구레네 사람), 마나엔(헤롯왕의 젖동생), 사울(바울)이었습니다(행13:1). 또한 유다와 실라도 선지자였습니다(행15:32).

> **행11:27-28** "그 때에 선지자들이 예루살렘에서 안디옥에 이르니 그 중에 아가보라 하는 한 사람이 일어나 성령으로 말하되 천하에 큰 흉년이 들리라 하더니 글라우디오 때에 그렇게 되니라"
>
> **행13:1** "안디옥 교회에 선지자들과 교사들이 있으니 곧 바나바와 니게르라 하는 시므온과 구레네 사람 루기오와 분봉 왕 헤롯의 젖동생 마나엔과 사울이라"
>
> **행15:32** "유다와 실라도 선지자라 여러 말로 형제를 권면하여 굳게 하고"

우리는 거짓 선지자를 삼가야 합니다. 왜냐하면 거짓 선지자들은 양의 옷을 입고 우리에게 나아오나 속에는 노략질하는 이리이기 때문입니다(마7:15). 거짓 선지자가 많이 일어나 많은 사람을 미혹합니다(마24:11). 거짓 선지자가 세상에 많이 나왔으므로 우리는 영을 다 믿지 말고 오직 영들이 하나님께 속하였나를 분별해야 합니다(요일4:1).

> **마7:15** "거짓 선지자들을 삼가라 양의 옷을 입고 너희에게 나아오나 속에는 노략질하는 이리라"
>
> **마24:11** "거짓 선지자가 많이 일어나 많은 사람을 미혹하겠으며"

<u>요일4:1</u> "사랑하는 자들아 영을 다 믿지 말고 오직 영들이 하나님께 속하였나 분별하라 많은 거짓 선지자가 세상에 나왔음이라"

3) 복음 전하는 자(선포자, 전도자)

하나님께서 예수님으로 말미암아 세우신 직임의 은사 즉 예수님께서 주신 직임의 은사로 복음 전하는 자(선포자, 전도자)(헬라어로는 '유앙겔리스타스')가 있습니다(엡4:11).

<u>엡4:11</u> "어떤 사람은 복음 전하는 자로"

복음을 전하는 자는 복음 전하는 은사를 받아 성령으로 복음을 전하는 자이며 선포자 또는 전도자라고도 합니다.

그러면 누가 복음을 전하는 자일까요? 사도 바울은 자신이 선포자로 세우심을 입은 것을 알았습니다(딤후1:11). 그리고 빌립은 집사이며 전도자였습니다(행21:8). 빌립 집사는 복음을 전하는 은사가 있었고 하나님께서 전도자로 세우셨기에 그가 복음을 전할 때 듣는 사람들이 믿었습니다(행8:12). 또한 디모데도 전도자로 세워졌습니다(딤후4:5).

<u>딤후1:11</u> "내가 복음을 위하여 선포자와 사도와 교사로 세우심을 입었노라"
<u>행21:8</u> "이튿날 떠나 가이사랴에 이르러 일곱 중 하나인 전도자 빌립의 집에 들어가서 머무르니라"
<u>행8:12</u> "빌립이 하나님 나라와 및 예수 그리스도의 이름에 관하여 전도함을 그들이 믿고 남녀가 다 세례를 받으니"

딤후4:5 "그러나 너는 모든 일에 신중하여 고난을 받으며 전도자의 일을 하며 네 직무를 다하라"

4) 목사(감독)

하나님께서 예수님으로 말미암아 세우신 직임의 은사 즉 예수님께서 주신 직임의 은사로 목사(헬라어로는 '포이메나스')가 있습니다(엡4:11).

엡4:11 "어떤 사람은 목사와 교사로 주셨으니"

목사란 목자가 양을 보살피듯이 성도들을 보살피는 자 즉 성도들을 먹이고 양육하는 자를 말합니다. '목사'란 말은 성경에서 엡4:11에 한 번 사용되었으며 같은 의미로는 '감독'이란 말이 있습니다.

감독(목사)은 성령님이 삼으셨고 교회를 보살피게 하셨습니다(행 20:28). 그러므로 감독(목사)은 자기를 위하여 온 성도들을 위하여 삼가야 합니다. 그리고 감독은 하나님의 청지기로서 책망할 것이 없고, 제 고집대로 하지 아니하며, 급히 분내지 아니하며, 술을 즐기지 아니하며, 구타하지 아니하며, 더러운 이득을 탐하지 아니하며, 나그네를 대접하며, 선행을 좋아하며, 신중하며, 의로우며, 거룩하며, 절제하며, 미쁜 말씀의 가르침을 그대로 지켜야 합니다(딛1:7-9). 그래서 감독은 능히 바른 교훈으로 권면하고 거슬러 말하는 자들을 책망할 수 있어야 합니다.

행20:28 "여러분은 자기를 위하여 또는 온 양 떼를 위하여 삼가라 성령이 그들 가운데 여러분을 감독자로 삼고 하나님이 자기 피로 사신 교회를 보살피게 하셨느니라"

딛1:7-9 "감독은 하나님의 청지기로서 책망할 것이 없고 제 고집대로 하지 아니하며 급히 분내지 아니하며 술을 즐기지 아니하며 구타하지 아니하며 더러운 이득을 탐하지 아니하며 오직 나그네를 대접하며 선행을 좋아하며 신중하며 의로우며 거룩하며 절제하며 미쁜 말씀의 가르침을 그대로 지켜야 하리니 이는 능히 바른 교훈으로 권면하고 거슬러 말하는 자들을 책망하게 하려 함이라"

5) 교사(가르치는 자)

하나님께서 예수님으로 말미암아 세우신 직임의 은사 즉 예수님께서 주신 직임의 은사로 교사(가르치는 자)(헬라어로는 '디다스칼루스')가 있습니다(고전12:28, 엡4:11, 롬12:7).

고전12:28 "셋째는 교사요"

엡4:11 "어떤 사람은 목사와 교사로 삼으셨으니"

롬12:7 "혹 가르치는 자면 가르치는 일로"

교사(가르치는 자)란 가르치는 선생을 말하며 말씀의 은사를 받아 교회에 교사로 세우심을 받아 가르치는 자를 말합니다. 그리고 가르치는 자는 가르치는 일 자체를 기뻐해야 합니다.

그러면 누가 교사일까요? 안디옥 교회에 교사들이 있었는데 바나바, 시므온, 루기오, 마나엔, 사울(바울)이었습니다(행13:1). 바울과 바나바는 안디옥에서 일 년 동안 큰 무리를 가르쳤습니다(행11:25-26). 또한 바울은 고린도에서 일 년 육 개월을 가르쳤습니다(행18:11). 바울은 자신이 교사로 세우심을 입은 것을 알았습니다(딤후1:11). 그리고 바울은 디모데에게 가르치는 것에 착념하라고 권했습니다(딤전4:13).

> **행13:1** "안디옥 교회에 선지자들과 교사들이 있으니 곧 바나바와 니게르라 하는 시므온과 구레네 사람 루기오와 분봉 왕 헤롯의 젖동생 마나엔과 사울이라"
>
> **행11:25–26** "바나바가 사울을 찾으러 다소에 가서 만나매 안디옥에 데리고 와서 둘이 교회에 일 년간 모여 있어 큰 무리를 가르쳤고 제자들이 안디옥에서 비로소 그리스도인이라 일컬음을 받게 되었더라"
>
> **행18:11** "일 년 육 개월을 머물며 그들 가운데서 하나님의 말씀을 가르치니라"
>
> **딤후1:11** "내가 이 복음을 위하여 선포자와 사도와 교사로 세우심을 입었노라"
>
> **딤전4:13** "내가 이를 때까지 읽는 것과 권하는 것과 가르치는 것에 전념하라"

가르치는 자로 세우심을 입은 자는 열심히 가르쳐야 합니다. 또한 가르치는 자는 선생 된 자들이 더 큰 심판을 받을 줄을 알아야 합니다(약3:1). 그리고 가르침을 받는 자는 가르치는 자와 모든 좋은 것을 함께 해야 합니다(갈6:6). 그뿐만 아니라 가르침을 받는 자는 가르침에 수고한 이들을 가장 존경해야 합니다(딤전5:17).

> **약3:1** "내 형제들아 너희는 선생 된 우리가 더 큰 심판을 받을 줄 알고 선생이 많이 되지 말라"
>
> **갈6:6** "가르침을 받는 자는 말씀을 가르치는 자와 모든 좋은 것을 함께 하라"

딤전5:17 "잘 다스리는 장로들을 배나 존경할 자로 알되 말씀과 가르침에 수고하는 이들에게는 더욱 그리하라"

6) 능력을 행하는 자

하나님께서 예수님으로 말미암아 세우신 직임의 은사 즉 예수님께서 주신 직임의 은사로 능력을 행하는 자(헬라어로는 '뒤나메이스')가 있습니다(고전12:28).

고전12:28 "그 다음은 능력을 행하는 자요"

능력을 행하는 자는 성령님이 주시는 신령한 은사인 능력 행함의 은사를 받고 주님께서 교회에 능력을 행하는 자로 세우셔서 능력을 행하는 자입니다. 하나님은 우리에게 성령을 주시고 우리 가운데서 능력을 행하십니다(갈3:5). 빌립 집사는 능력을 행했으며 마술사 시몬이 보고 놀랐습니다(행8:13). 그리고 하나님께서 바울의 손으로 희한한 능력을 행하게 하셨습니다(행19:11-12).

갈3:5 "너희에게 성령을 주시고 너희 가운데서 능력을 행하시는 이의 일이 율법의 행위에서냐 혹은 듣고 믿음에서냐"
행8:13 "시몬도 믿고 세례를 받은 후에 전심으로 빌립을 따라다니며 그 나타나는 표적과 큰 능력을 보고 놀라니라"
행19:11-12 "하나님이 바울의 손으로 놀라운 능력을 행하게 하시니 심지어 사람들이 바울의 몸에서 손수건이나 앞치마를 가져다가 병든 사람에게 얹으면 그 병이 떠나고 악귀도 나가더라"

7) 병 고치는 은사를 받은 자

하나님께서 예수님으로 말미암아 세우신 직임의 은사 즉 예수님께서 주신 직임의 은사로 병 고치는 은사를 받은 자(헬라어로는 '이아마톤')가 있습니다(고전12:28).

> **고전12:28** "그 다음은 병 고치는 은사와"
> **고전12:30** "다 병 고치는 은사를 가진 자이겠느냐"

병 고치는 은사를 가진 자는 성령님이 주시는 신령한 은사인 병 고치는 은사를 받고 병 고치는 자의 직임의 은사를 받아 병든 자를 고치는 자입니다. 병 고치는 신령한 은사를 받은 자는 병 고치는 직임의 은사를 받아 병 고치는 은사를 나타내야 합니다. 사도 베드로는 병든 사람을 고쳤습니다(행5:15-16). 사도 바울도 병든 사람을 고쳤습니다(행28:8-9). 빌립 집사도 병든 사람을 고쳤습니다(행8:7).

> **행5:15-16** "심지어 병든 사람을 메고 거리에 나가 침대와 요 위에 누이고 베드로가 지날 때에 혹 그의 그림자라도 누구에게 덮일까 바라고 예루살렘 부근의 수많은 사람들도 모여 병든 사람과 더러운 귀신에게 괴로움 받는 사람을 데리고 와서 다 나음을 얻으니라"
> **행28:8-9** "보블리오의 부친이 열병과 이질에 걸려 누워 있거늘 바울이 들어가서 기도하고 그에게 안수하여 낫게 하매 이러므로 섬 가운데 다른 병든 사람들이 와서 고침을 받고"
> **행8:7** "많은 사람에게 붙었던 더러운 귀신들이 크게 소리를 지르며 나가고 또 많은 중풍병자와 못 걷는 사람이 나으니"

8) 방언을 말하는 자

하나님께서 예수님으로 말미암아 세우신 직임의 은사 즉 예수님께서 주신 직임의 은사로 방언을 말하는 자(헬라어로는 '게네 글롯손')가 있습니다(고전12:28).

> **고전12:28** "각종 방언을 말하는 것이라"
> **고전12:30** "다 방언을 말하는 자이겠느냐"

방언을 말하는 자는 하나님이 성령으로 말미암아 주신 신령한 은사인 각종 방언 말함의 은사를 받고 방언을 말하는 자로 세움을 입어 방언을 말하는 자입니다.

성경에는(사도시대 때에는) 성도들이 모일 때 방언을 말하는 자가 방언을 했으며 통역하는 자가 통역을 했습니다(고전14:26). 그런데 방언 말하는 자의 직임의 은사는 교회에 통역하는 자가 있어야 사용할 수 있었습니다(고전14:28). 그리고 교회에서 방언을 말하는 사람은 두 세 사람이 차서를 따라 해야 했으며 한 사람이 통역을 해야 했습니다(고전14:27).

> **고전14:26** "그런즉 형제들아 어찌할까 너희가 모일 때에 각각 찬송시도 있으며 가르치는 말씀도 있으며 계시도 있으며 방언도 있으며 통역함도 있나니 모든 것을 덕을 세우기 위하여 하라"
> **고전14:28** "만일 통역하는 자가 없으면 교회에서는 잠잠하고 자기와 하나님께 말할 것이요"
> **고전14:27** "만일 누가 방언으로 말하거든 두 사람이나 많아야 세 사람이 차례를 따라 하고 한 사람이 통역할 것이요"

9) 통역하는 자

하나님께서 예수님으로 말미암아 세우신 직임의 은사 즉 예수님께서 주신 직임의 은사로 통역하는 자(헬라어로는 '디에르메뉴우신')가 있습니다(고전12:30).

고전12:30 "다 통역하는 자이겠느냐"

통역하는 자는 하나님이 성령으로 말미암아 주시는 신령한 은사인 방언들 통역함의 은사를 받고 하나님이 교회에 통역하는 자로 세우셔서 방언을 통역하는 자입니다. 성경에는(사도시대 때에는) 성도들이 모일 때 통역함도 있었습니다(고전14:26). 그리고 방언을 말하고 통역할 때에는 한 사람이 통역을 해야 했습니다(고전14:27).

고전14:26 "그런즉 형제들아 어찌할까 너희가 모일 때에 각각 찬송시도 있으며 가르치는 말씀도 있으며 계시도 있으며 방언도 있으며 통역함도 있나니 모든 것을 덕을 세우기 위하여 하라"
고전14:27 "만일 누가 방언으로 말하거든 두 사람이나 많아야 세 사람이 차례를 따라 하고 한 사람이 통역할 것이요"

10) 구제하는 자

하나님께서 예수님으로 말미암아 세우신 직임의 은사 즉 우리에게 주신 은혜대로 받은 직임의 은사로 구제하는 자(헬라어로는 '호 메타디두스')가 있습니다(롬12:8).

롬12:8 "구제하는 자는 성실함으로"

구제하는 자는 성실함으로 해야 하고, 정성껏 해야 하며, 은밀히 해야 합니다(마6:3-4).

마6:3-4 "너는 구제할 때에 오른손이 하는 것을 왼손이 모르게 하여 네 구제함을 은밀하게 하라 은밀한 중에 보시는 너의 아버지께서 갚으시리라"

11) 돕는 일을 하는 자

하나님께서 예수님으로 말미암아 세우신 직임의 은사 즉 예수님께서 주신 직임의 은사로 돕는 일을 하는 자(헬라어로는 '안틸렘프세이스')가 있습니다(고전12:28).

고전12:28 "서로 돕는 것과"

돕는 자란 하나님께서 세우신 자로 하나님의 일을 하는 자를 돕는 자입니다. 돕는 자는 동역자요 함께 수고하는 자입니다. 사도 바울에게는 돕는 자들이 많이 있었습니다. 에바브로디도는 빌립보 교회가 바울에게 보낸 자로 바울의 쓸 것을 돕는 자였습니다(빌2:25). 그리고 브리스가와 아굴라 부부는 바울의 목숨을 위하여 자기의 목이라도 내어놓은 동역자(돕는 자)였습니다(롬16:3-4). 또한 복음에 바울과 함께 힘쓰던 부녀들이 있었습니다(빌4:3).

그런데 돕는 자 중에는 하나님의 역사를 받도록 돕는 자도 있습니다. 막2:1-12에 중풍병자를 메고 예수님께 온 네 사람은 중풍병자가 고침 받도록 돕는 자였습니다.

> **빌2:25** "그러나 에바브로디도를 너희에게 보내는 것이 필요한 줄로 생각하노니 그는 나의 형제요 함께 수고하고 함께 군사 된 자요 너희 사자로 내가 쓸 것을 돕는 자라"
>
> **롬16:3-4** "너희는 그리스도 예수 안에서 나의 동역자들인 브리스가와 아굴라에게 문안하라 그들은 내 목숨을 위하여 자기들의 목 까지도 내놓았나니 나뿐 아니라 이방인의 모든 교회도 그들에게 감사하느니라"
>
> **빌4:3** "또 참으로 나와 멍에를 같이한 네게 구하노니 복음에 나와 함께 힘쓰던 저 여인들을 돕고 또한 글레멘드와 그 외에 나의 동역자들을 도우라 그 이름들이 생명책에 있느니라"

12) 다스리는 자

하나님께서 예수님으로 말미암아 세우신 직임의 은사 즉 우리에게 주신 은혜대로 받은 직임의 은사로 다스리는 자(헬라어로는 '호 프로이스타메노스')가 있습니다(롬12:8, 고전12:28).

> **롬12:8** "다스리는 자는 부지런함으로"
>
> **고전12:28** "다스리는 것과"

다스리는 자는 하나님께서 교회에 다스리는 자로 세우셔서 다스리는 자가 된 자입니다. 다스리는 자는 바르게 인도하는 자입니다. 그리고 다스리는 자는 바르게 인도하기 위하여 책망도 하며, 권계하고, 안위하며, 붙들어 줍니다. 다스리는 직임의 은사를 받은 자가 책망을 하면 책망을 받은 자가 변화가 됩니다. 왜냐하면 다스리는 자가 성령의 역사로 책망하기 때문입니다. 다스리는 자는 아무나 되는 것이 아닙니다. 하나님께서 다스리는 자로 세우신 자라야 다스리는 일을 할 수 있습니다.

다스리는 자는 부지런함으로 다스리는 일을 해야 합니다. 그리고 다스림을 받는 자들은 다스리는 자를 알고 가장 귀히 여겨야 합니다(살전 5:12-13). 또한 다스림을 받는 자들은 잘 다스리는 자를 존경해야 합니다(딤전5:17).

> **살전5:12-13** "형제들아 우리가 너희에게 구하노니 너희 가운데서 수고하고 주 안에서 너희를 다스리며 권하는 자들을 너희가 알고 그들의 역사로 말미암아 사랑 안에서 가장 귀히 여기며 너희끼리 화목하라"
>
> **딤전5:17** "잘 다스리는 장로들은 배나 존경할 자로 알되 말씀과 가르침에 수고하는 이들에게는 더욱 그리할지니라"

13) 섬기는 일을 하는 자

하나님께서 예수님으로 말미암아 세우신 직임의 은사 즉 우리에게 주신 은혜대로 받은 직임의 은사로 섬기는 일을 하는 자(헬라어로는 '호 디아코니안')가 있습니다(롬12:7).

> **롬12:7** "혹 섬기는 일이면 섬기는 일로"

섬기는 자란 사환이나 하인을 의미합니다. 섬기는 일을 하는 자는 섬기는 일 자체를 기뻐해야 합니다. 스데바나의 집은 성도를 섬기기로 작정을 했습니다(고전16:15). 오네시보로는 바울이 에베소에 있을 때 그를 섬겼으며(많이 봉사했으며) 로마에 갇혀 있을 때에도 그를 부지런히 찾아 만났습니다. 그래서 바울은 자기를 섬긴 오네시보로를 잊지 아니하였습니다(딤후1:16-18). 하나님은 성도들 섬기는 것을 잊어버리지 아니하십니다(히6:10).

> **고전16:15** "형제들아 스데바나의 집은 곧 아가야의 첫 열매요 또 성도 섬기기로 작정한 줄을 너희가 아는지라 내가 너희를 권하노니"
>
> **딤후1:16-18** "원하건대 주께서 오네시보로의 집에 긍휼을 베푸시옵소서 그가 나를 자주 격려해 주고 내가 사슬에 매인 것을 부끄러워하지 아니하고 로마에 있을 때에 나를 부지런히 찾아와 만났음이라 (원하건대 주께서 그로 하여금 그 날에 주의 긍휼을 입게 하여 주옵소서) 또 그가 에베소에서 많이 봉사한 것을 네가 잘 아느니라"
>
> **히6:10** "하나님은 불의하지 아니하사 너희 행위와 그의 이름을 위하여 나타낸 사랑으로 이미 성도를 섬긴 것과 이제도 섬기고 있는 것을 잊어버리지 아니하시느니라"

14) 위로(권위)하는 자

하나님께서 예수님으로 말미암아 세우신 직임의 은사 즉 우리에게 주신 은혜대로 받은 직임의 은사로 위로(권위) 하는 자(헬라어로는 '호 파라칼른')가 있습니다(롬12:8).

롬12:8 "혹 위로하는 자면 위로하는 일로"

위로(권위)하는 자는 위로할 자를 영적으로 알아야 합니다. 그래야 바르게 위로할 수 있습니다. 그리고 위로하는 자는 하나님께 위로를 받아야 합니다(고후1:4). 그래야 남을 위로할 수 있습니다. 자신이 위로를 받지 못하는 자는 남을 위로할 수 없습니다

고후1:4 "우리의 모든 환난 중에서 우리를 위로하사 우리로 하여금 하나님께 받는 위로로써 모든 환난 중에 있는 자들을 능히 위로하게 하시는 이시로다"

15) 긍휼을 베푸는 자

하나님께서 예수님으로 말미암아 세우신 직임의 은사 즉 우리에게 주신 은혜대로 받은 직임의 은사로 긍휼을 베푸는 자(헬라어로는 '호 엘레온')가 있습니다(롬12:8).

롬12:8 "긍휼을 베푸는 자는 즐거움으로 할 것이니라"

긍휼을 베푸는 자는 즐거움으로 해야 합니다. 긍휼은 하나님의 성품 즉 하나님이 죄인을 불쌍히 여기시는 것입니다. 하나님은 긍휼히 여길 자를 긍휼히 여기십니다(롬9:15). 사도 바울은 하나님의 긍휼을 입었습니다(딤전1:13). 우리는 영생에 이르도록 예수 그리스도의 긍휼을 기다려야 하고 (유1:21), 의심하는 자를 긍휼히 여겨야 하며(유1:22), 죄를 지은 자라도 긍휼히 여겨야 합니다(유1:23).

롬9:15 "모세에게 이르시되 내가 긍휼히 여길 자를 긍휼히 여기고 불쌍히 여길 자를 불쌍히 여기리라 하셨으니"

딤전1:13 "내가 전에는 비방자요 박해자요 폭행자였으나 도리어 긍휼을 입은 것은 내가 믿지 아니할 때에 알지 못하고 행하였음이라"

유1:21 "하나님의 사랑 안에서 자신을 지키며 영생에 이르도록 우리 주 예수 그리스도의 긍휼을 기다리라"

유1:22 "어떤 의심하는 자들을 긍휼히 여기라"

유1:23 "또 어떤 자를 불에서 끌어내어 구원하라 또 어떤 자를 그 육체로 더럽힌 옷까지도 미워하되 두려움으로 긍휼히 여기라"

4. 성령의 열매

우리에게 성령님이 임하시고 우리가 성령의 충만을 받으면 반드시 성령의 열매를 맺게 됩니다. 왜냐하면 성령의 열매를 맺는 것을 금지할 법이 없기 때문입니다. 성령의 열매는 사랑, 희락, 화평, 오래 참음, 자비, 양선, 충성, 온유, 절제입니다(갈5:22-23). 그러므로 만일 우리가 성령의 열매를 맺지 못하면 성령을 받은 자가 아닐 것입니다. 그리고 만일 우리가 성령을 받았는데도 성령의 열매를 맺지 못하면 어리거나 성령을 소멸한 자일 것입니다.

또한 우리가 성령님이 주신 은사를 받았다면 성령님의 사역에 합당한 성령의 열매를 맺어야 합니다. 만약 하나님께서 주신 은사가 좋은 열매를 맺지 못한다면 은사를 체험한 본인에게 문제가 있습니다. 왜냐하면 그의 열매로 그 사람을 알 수 있기 때문입니다(마7:16). 좋은 나무마다 아름다운 열매를 맺고 못된 나무는 나쁜 열매를 맺습니다((마7:17-18). 즉 좋은 나무가 나쁜 열매를 맺을 수 없고 못된 나무가 아름다운 열매를 맺을 수 없습니다. 그리고 아름다운 열매를 맺지 못하는 나무는 찍혀 불에 던져집니다(마7:19). 그러므로 우리에게 성령님이 임하시고 우리가 성령의 충만을 받고 성령의 은사를 받았다면 반드시 성령의 열매를 맺습니다.

성령의 열매는 하나님의 성품으로 우리가 성령의 열매를 맺는 것은 하나님의 성품에 참여하는 것입니다. 성령의 열매는 우리 마음의 상태(사랑, 희락, 화평)와 다른 사람과의 관계(오래 참음, 자비, 양선)와 우리 삶의 태도(충성, 온유, 절제)를 말해줍니다.

> <u>갈5:22-23</u> "오직 성령의 열매는 사랑과 희락과 화평과 오래 참음과 자비와 양선과 충성과 온유와 절제니 이 같은 것을 금지할 법이 없느니라"
> <u>마7:16</u> "그들의 열매로 그들을 알지니 가시나무에서 포도를 또는 엉겅퀴에서 무화과를 따겠느냐"
> <u>마7:17-18</u> "이와 같이 좋은 나무마다 아름다운 열매를 맺고 못된 나무가 나쁜 열매를 맺나니 좋은 나무가 나쁜 열매를 맺을 수 없고 못된 나무가 아름다운 열매를 맺을 수 없느니라"
> <u>마7:19</u> "아름다운 열매를 맺지 아니하는 나무마다 찍혀 불에 던져지느니라"

1) 사랑

성령의 열매는 사랑입니다. 사랑은 헬라어로는 '아가페'인데 무조건적이며 헌신적인 하나님의 사랑을 의미합니다. 참으로 성령의 충만함을 받고 은사를 받은 자는 모든 일을 사랑으로 행합니다. 이는 성령님이 하나님의 사랑을 그 사람의 마음에 부어주시기 때문입니다(롬5:5). 우리는 모든 일을 사랑으로 행해야 합니다(고전16:14). 우리가 은사를 행해도 사랑이 없으면 아무 것도 아니며 아무 유익이 없습니다(고전13:2-3). 사도 바울은 예수 그리스도와 성령의 사랑으로 성도들을 권했습니다(롬15:30).

> **롬5:5** "소망이 우리를 부끄럽게 하지 아니함은 우리에게 주신 성령으로 말미암아 하나님의 사랑이 우리 마음에 부은 바 됨이니"
>
> **고전16:14** "너희 모든 일을 사랑으로 행하라"
>
> **고전13:2-3** "내가 예언하는 능력이 있어 모든 비밀과 모든 지식을 알고 또 산을 옮길 만한 모든 믿음이 있을지라도 사랑이 없으면 내가 아무 것도 아니요 내가 내게 있는 모든 것으로 구제하고 또 내 몸을 불사르게 내줄지라도 사랑이 없으면 내게 아무 유익이 없느니라"
>
> **롬15:30** "형제들아 내가 우리 주 예수 그리스도와 성령의 사랑으로 말미암아 너희를 권하노니 너희 기도에 나와 힘을 같이하여 나를 위하여 하나님께 빌어"

2) 희락

성령의 열매는 희락입니다. 희락(喜樂)이란 '기뻐하고 즐거워 함'이란 뜻이며 헬라어로는 '카라'인데 '유쾌함, 은은한 기쁨'이란 뜻이 있으며 어떤 환경에도 지속적으로 유지되는 내적인 기쁨을 의미합니다. 희락은 기쁨이요 즐거움입니다. 성령 안에는 희락이 있습니다(롬14:17). 그래서 성령이 충만하면 기쁨이 충만합니다(행13:52). 데살로니가 교회 성도들은 성령의 기쁨으로 말씀을 받았습니다(살전1:6). 그래서 그들은 주님과 사도들을 본받은 자가 되었습니다.

롬14:17 "하나님의 나라는 먹는 것과 마시는 것이 아니요 오직 성령 안에서 의와 평강과 희락이라"

행13:52 "제자들은 기쁨과 성령이 충만하니라"

살전1:6 "또 너희는 많은 환난 가운데서 성령의 기쁨으로 말씀을 받아 우리와 주를 본받은 자가 되었으니"

3) 화평

성령의 열매는 화평입니다. 화평(和平)이란 '온화하고 태평함'이란 뜻이며 헬라어로는 '에이레네'인데 예수님이 십자가에서 이루신 화해로 말미암아 얻게 된 평화를 의미합니다. 하나님은 화평의 하나님이십니다(고전 14:33). 성령 안에는 평강(화평)이 있습니다(롬14:17). 그리고 영의 생각은 평안(화평)입니다(롬8:6). 그러므로 우리는 성도들과 함께 화평을 따라야 합니다(딤후2:22).

고전14:33 "하나님은 무질서의 하나님이 아니시오 오직 화평의 하나님이시니라"

롬14:17 "하나님의 나라는 먹는 것과 마시는 것이 아니요 오직 성령 안에서 의와 평강과 희락이라"

롬8:6 "육신의 생각은 사망이요 영의 생각은 생명과 평안이니라"

딤후2:22 "또한 너는 청년의 정욕을 피하고 주를 깨끗한 마음으로 부르는 자들과 함께 의와 믿음과 사랑과 화평을 따르라"

4) 오래 참음(인내)

성령의 열매는 오래 참음(인내)입니다. 인내(忍耐)란 '참고 견딤'이란 뜻이며 헬라어로는 '마크로뒤미아'인데 다른 사람에게 관용할 줄 아는 성품을 의미합니다. 하나님께서는 우리가 기쁨으로 오래 참음에 이르게 하십니다(골1:11). 예수님은 오래 참으심을 보이셨습니다(딤전1:16). 그리고 주의 이름으로 말한 선지자들은 오래 참았습니다(약5:10). 우리는 선지자들을 오래 참음의 본으로 삼아야 합니다. 우리는 오래 참음으로 사랑 가운데서 서로 용납해야 합니다(엡4:2-3).

> **골1:11** "그의 영광의 힘을 따라 모든 능력으로 능하게 하시며 기쁨으로 모든 견딤과 오래 참음에 이르게 하시고"
> **딤전1:16** "그러나 내가 긍휼을 입은 까닭은 예수 그리스도께서 내게 먼저 일체 오래 참으심을 보이사 후에 주를 믿어 영생 얻는 자들에게 본이 되게 하려 하심이라"
> **약5:10** "형제들아 주의 이름으로 말한 선지자들을 고난과 오래 참음의 본으로 삼으라"
> **엡4:2-3** "모든 겸손과 온유로 하고 오래 참음으로 사랑 가운데서 서로 용납하고 평안의 매는 줄로 성령이 하나 되게 하신 것을 힘써 지키라"

5) 자비

성령의 열매는 자비입니다. 자비(慈悲)란 '사랑하고 불쌍히 여김'이란 뜻이며 헬라어로는 '크레스토테스'인데 '선, 관용, 너그러움, 친절'을 의미합니다. 자비는 하나님의 성품입니다. 하나님은 자비의 하나님이십니다(신4:31). 그리고 하나님은 자비를 원하십니다(마12:7). 예수님은 자비하신 대제사장이십니다(히2:17). 자비는 하나님이 택하신 거룩하고 사랑하신 자의 인격의 요소로서 긍휼과 겸손과 온유와 함께 구비된 성품입니다(골3:12).

> **신4:31** "네 하나님 여호와는 자비하신 하나님이심이라 그가 너를 버리지 아니하시며 너를 멸하지 아니하시며 네 조상들에게 맹세하신 언약을 잊지 아니하시리라"
>
> **마12:7** "나는 자비를 원하고 제사를 원하지 아니하노라 하신 뜻을 너희가 알았더라면 무죄한 자를 정죄하지 아니하였으리라"
>
> **히2:17** "그러므로 그가 범사에 형제들과 같이 되심이 마땅하도다 이는 하나님의 일에 자비하고 신실한(충성된) 대제사장이 되어 백성의 죄를 속량하려 하심이라"
>
> **골3:12** "그러므로 너희는 하나님이 택하사 거룩하고 사랑 받는 자처럼 긍휼과 자비와 겸손과 온유와 오래 참음을 옷 입고"

6) 양선

성령의 열매는 양선입니다. 양선(良善)이란 '성격과 몸 가짐이 어질고 착함'이란 의미이며 헬라어로는 '가아도쉬네'인데 사람이 선한 성품과 행동으로 다른 사람에게 선을 베푸는 것을 의미합니다. 양선은 영육 간에 생활태도가 올바르며 착한 행동과 유익을 주는 성품입니다. 우리는 선함이 가득해야 하고(롬15:14), 빛의 열매인 착함과 의로움과 진실함의 열매를 맺어야 합니다(엡5:9).

> **롬15:14** "내 형제들아 너희가 스스로 선함이 가득하고 모든 지식이 차

서 능히 서로 권하는 자임을 나도 확신하노라"

엡5:9 "빛의 열매는 모든 착함과 의로움과 진실함에 있느니라"

7) 충성

성령의 열매는 충성입니다. 충성(忠誠)이란 '마음에서 우러나오는 정성'이란 의미이며 헬라어로는 '피스티스'인데 '믿을만한, 신실한, 확신하는, 진실한'이란 뜻이 있습니다. 충성은 믿음을 일으키는 행위이며, 맡길만한 행위이고, 경건한 약속에 대한 순종의 행위이며, 보증할만한 행위입니다. 즉 충성은 믿고 의지할 수 있는 사람이 되는 성실성과 신뢰성을 의미합니다.

예수님은 자기를 세우신 하나님 아버지께 충성하셨습니다(히3:2). 예수님은 충성된 대제사장이십니다(히2:17). 그러므로 하나님의 일을 맡은 우리도 충성해야 합니다(고전4:2).

히3:2 "그는 자기를 세우신 이에게 신실(충성)하시기를 모세가 하나님의 온 집에서 한 것과 같이 하셨으니"

히2:17 "그러므로 그가 범사에 형제들과 같이 되심이 마땅하도다 이는 하나님의 일에 자비하고 신실한(충성된) 대제사장이 되어 백성의 죄를 속량하려 하심이라"

고전4:2 "그리고 맡은 자들에게 구할 것은 충성이니라"

8) 온유

성령의 열매는 온유입니다. 온유(溫柔)란 '온화하고 부드러움, 겸손한'

이란 뜻이며 헬라어로는 '프라우테스'인데 다른 사람을 향한 관용을 의미합니다. 온유는 성품상 온화하며 너그럽고 자제력이 있어 다른 사람들의 과오를 용서하며, 모든 사람에게 친절하며 자비심을 가지고 있는 것입니다.

하나님의 사람은 온유를 따라야 합니다(딤전6:11). 또한 신령한 자는 범죄 한 자를 온유한 심령으로 바로잡아야 합니다(갈6:1). 그러므로 우리는 범사에 온유함을 모든 사람에게 나타내야 합니다(딛3:2). 또한 우리는 거역하는 자를 온유함으로 훈계해야 합니다(딤후2:25).

> **딤전6:11** "오직 너 하나님의 사람아 이것들을 피하고 의와 경건과 믿음과 사랑과 인내와 온유를 따르며"
>
> **갈6:1** "형제들아 사람이 만일 무슨 범죄 한 일이 드러나거든 신령한 너희는 온유한 심령으로 그러한 자를 바로잡고 너 자신을 살펴보아 너도 시험을 받을까 두려워하라"
>
> **딛3:2** "아무도 비방하지 말며 다투지 말며 관용하며 범사에 온유함을 모든 사람에게 나타낼 것을 기억하게 하라"
>
> **딤후2:25** "거역하는 자를 온유함으로 훈계할지니 혹 하나님이 그들에게 회개함을 주사 진리를 알게 하실까 하며"

9) 절제

성령의 열매는 절제입니다. 절제(節制)란 '알맞게 조절함'이란 뜻이며 헬라어로는 '엥크라테이아'인데 육체의 소욕을 이길 수 있는 힘이 있어 방종하지 않도록 욕망을 제어하는 것을 의미합니다. 절제는 욕망과 격정 그리고 육체적 정욕을 자제할 수 있는 성품입니다. 우리가 모든 일에 절제할 수 있어야 이길 수 있습니다(고전9:25).

고전9:25 "이기기를 다투는 자마다 모든 일에 절제하나니 그들은 썩은 승리자의 관을 얻고자 하되 우리는 썩지 아니할 것을 얻고자 하노라"

우리는 은사를 사모하며 구해야 합니다. 우리는 사랑을 추구하며 은사를 사모하여 은사를 받아야 합니다. 우리는 은사를 받되 풍성히 받아야 합니다. 그래서 우리는 선한 청지기 같이 서로 봉사하며 모든 은사를 품위 있게 하고 질서대로 하여 덕을 세우며 유익하게 하고 견고하게 되어야 합니다.

은사를 받은 자는 받은 만큼 하나님의 일을 해야 하므로 더 수고합니다. 그러나 이 수고는 영광된 수고입니다. 우리가 신앙생활을 게을리 하고 주의 일을 하지 못하는 것은 은사를 받지 못했거나 받은 은사를 소멸했기 때문입니다. 우리가 주의 일을 참으로 잘 하기 위해서는 성령을 받고, 직임을 받고, 은사를 받아서 주의 일을 해야 합니다.

성령님이 그 뜻대로 각 사람에게 나누어 주시는 신령한 은사가 있습니다. 신령한 은사는 지혜의 말씀, 지식의 말씀, 믿음, 병 고치는 은사, 능력 행함, 예언함, 영들 분별함, 각종 방언 말함, 방언들 통역함이 있습니다.

우리는 사랑을 추구하며 신령한 은사를 구하여 받아야 합니다. 그래서 우리는 은사를 받은 대로 선한 청지기 같이 서로 봉사해야 합니다.

직임(직분)의 은사는 성령의 신령한 은사를 행하는 자가 되는 은사입니다. 하나님께서는 성령으로 말미암아 신령한 은사를 주시고, 그들이 봉사하도록 예수님으로 말미암아 교회에 직임을 주셔서 세우십니다.

직임의 은사는 사도, 선지자(예언하는 자), 복음 전하는 자(선포자), 목사, 교사(가르치는 자), 능력을 행하는 자, 병 고치는 은사를 가진 자, 방언을 말하는 자, 통역하는 자, 구제하는 자, 돕는 일을 하는 자, 다스리는 자, 섬기는 일을 하는 자, 위로(권위)하는 자, 긍휼을 베푸는 자입니다.

우리는 하나님께서 우리에게 주신 직임의 은사를 알고 그 직무를 다해야 합니다.

성령의 열매는 하나님의 성품입니다. 아울러 성령의 열매는 하나님의 자녀의 성품이기도 합니다. 그러므로 성령의 열매는 우리가 하나님의 자녀 됨의 증거입니다. 하나님은 그 아들들에게 성령을 주십니다. 그리고 성령님이 임하신 하나님의 자녀들은 성령의 열매를 맺히게 됩니다. 성령의 열매는 사랑, 희락, 화평, 오래 참음, 자비, 양선, 충성, 온유, 절제입니다. 우리는 성령의 열매를 풍성히 맺혀 하나님 아버지께 영광을 돌려드려야 합니다. 할렐루야! 아멘.

7장

성령님의 구원사역을 압시다

하나님은 사역하십니다. 사역은 여러 가지나 모든 것을 모든 사람 가운데서 이루시는 하나님은 같습니다(고전12:6). 그런데 하나님의 사역은 죄인들을 구원하시는 구원사역입니다. 그래서 하나님이 우리를 구원하셨습니다. 하나님은 우리를 구원하시되 성령의 거룩하게 하심과 진리를 믿음으로 구원을 얻게 하셨고(살후2:13), 중생의 씻음과 성령의 새롭게 하심으로 구원을 얻게 하셨습니다(딛3:5). 그러므로 하나님의 구원사역에 있어서 성령님의 역사는 매우 중요합니다.

고전12:6 "또 사역은 여러 가지나 모든 것을 모든 사람 가운데서 이루시는 하나님은 같으니"

살후2:13 "주께서 사랑하시는 형제들아 우리가 항상 너희에 관하여 마땅히 하나님께 감사할 것은 하나님이 처음부터 너희를 택하사 성령의 거룩하게 하심과 진리를 믿음으로 구원을 받게 하심이니"

딛3:5 "우리를 구원하시되 우리가 행한 바 의로운 행위로 말미암지 아니하고 오직 그의 긍휼하심을 따라 중생의 씻음과 성령의 새롭게 하심으로 하셨나니"

하나님의 구원사역은 성부, 성자, 성령 삼위일체 하나님의 사역입니다. 성부 하나님이 구원하시며(엡2:8), 성자 하나님이 구원의 창시자이시며(히2:10) 구원의 근원이시고(히5:8-9), 성령 하나님이 구원받게 하십니다. 즉 하나님이 예수 그리스도를 믿음으로 말미암아 우리를 구원하시는데 성령님이 우리로 예수 그리스도를 믿어 구원 받게 하십니다.

엡2:8 "너희는 그 은혜에 의하여 믿음으로 말미암아 구원을 받았으니 이것은 너희에게서 난 것이 아니요 하나님의 선물이라"

히2:10 "그러므로 만물이 그를 위하고 또한 그로 말미암은 이가 많은 아들들을 이끌어 영광에 들어가게 하시는 일에 그들의 구원의 창시자를 고난을 통하여 온전하게 하심이 합당하도다"

히5:8-9 "그가 아들이시면서도 받으신 고난으로 순종함을 배워서 온전하게 되셨은즉 자기에게 순종하는 모든 자에게 영원한 구원의 근원이 되시고"

성령님은 죄인들이 구원받도록 구원의 복음(진리의 말씀)을 듣고 믿게 하시며, 회개하게 하시며, 중생하게 하시며, 성결하게 하시며, 치유 받게 하시며, 전도하게 하시는 사역을 하십니다. 구원의 복음을 듣는 것과 회개와 중생과 성결과 치유와 전도는 예수 그리스도의 이름을 믿는 믿음과 성령님의 사역으로 성취됩니다. 그러므로 구원의 복음을 듣게 하시고, 회개하게 하시고, 중생하게 하시고, 성결하게 하시고, 치유 받게 하시고, 전도하게 하시는 성령님의 사역은 죄인이 구원을 받아 온전한 하나님의 자녀로 성장해 가는데 있어서 절대적으로 필요한 사역입니다.

1. 성령님의 말씀사역

하나님이 말씀하셨습니다. 하나님은 옛적에 선지자들을 통하여 여러 부분과 여러 모양으로 이스라엘 자손들에게 말씀하셨고 이 모든 날 마지막에는 아들을 통하여 우리에게 말씀하셨습니다(히1:1-2). 그런데 하나님이 선지자들을 통하여 말씀하신 것도 성령으로 하셨고, 아들이신 예수님을 통하여 말씀하신 것도 성령으로 하셨습니다. 그러므로 하나님이 말씀하신 사역은 성령님의 사역입니다. 하나님이 성령으로 하신 말씀이 하나님의 말씀입니다. 그래서 하나님의 말씀을 성령의 검이라고 합니다(엡6:17).

> **히1:1-2** "옛적에 선지자들을 통하여 여러 부분과 여러 모양으로 우리 조상들에게 말씀하신 하나님이 이 모든 날 마지막에는 아들을 통하여 우리에게 말씀하셨으니 이 아들을 만유의 상속자로 세우시고 또 그로 말미암아 모든 세계를 지으셨느니라"
>
> **엡6:17** "구원의 투구와 성령의 검 곧 하나님의 말씀을 가지라"

하나님의 말씀은 진리의 말씀이요 죄인들을 구원하는 구원의 복음입니다. 우리는 그리스도 안에서 진리의 말씀 곧 구원의 복음을 듣고 믿어 약속의 성령으로 인 치심을 받았습니다(엡1:13-14). 우리가 약속의 성령으로 인 치심을 받은 것은 하나님이 우리가 구원 받은 것을 보증하시는 것입니다.

복음은 모든 믿는 자에게 구원을 주시는 하나님의 능력이 됩니다(롬1:16). 또한 복음에는 하나님의 의가 나타나서 믿음으로 믿음에 이르게 합니다(롬1:17). 이 복음은 하나님이 선지자들을 통하여 그의 아들에 관하여 성경에 미리 약속하신 말씀입니다(롬1:2). 예수님은 그의 사도들과 함께 계실 때에 선지자들의 글을 말씀하셨고 또 그 모든 말씀이 이루어져야 하리라고 말씀하셨습니다.(눅24:44).

> **엡1:13-14** "그 안에서 너희도 진리의 말씀 곧 너희의 구원의 복음을 듣고 그 안에서 또한 믿어 약속의 성령으로 인치심을 받았으니 이는 우리 기업의 보증이 되사 그 얻으신 것을 속량 하시고 그의 영광을 찬송하게 하려 하심이라"
>
> **롬1:16** "내가 복음을 부끄러워하지 아니하노니 이 복음은 모든 믿는 자

에게 구원을 주시는 하나님의 능력이 됨이라 먼저는 유대인에게요 그리고 헬라인에게로다"

롬1:17 "복음에는 하나님의 의가 나타나서 믿음으로 믿음에 이르게 하나니 기록된 바 오직 의인은 믿음으로 말미암아 살리라 함과 같으니라"

롬1:2 "이 복음은 하나님이 선지자들을 통하여 그의 아들에 관하여 성경에 미리 약속하신 것이라"

눅24:44 "또 이르시되 내가 너희와 함께 있을 때에 너희에게 말한바 곧 모세의 율법과 선지자의 글과 시편에 나를 가리켜 기록된 모든 것이 이루어져야 하리라 한 말이 이것이라 하고"

1) 하나님이 모든 선지자들로 말씀하셨습니다.

선지자는 하나님의 부르심을 받고 성령을 받아 하나님께 말씀을 받아 증언한 자입니다. 하나님은 거룩한 선지자들에게 그리스도의 비밀을 성령으로 나타내셨습니다(엡3:5). 이에 모든 선지자들은 예수 그리스도를 믿는 사람들이 다 그의 이름을 힘입어 죄 사함을 받는다고 증언하였습니다(행10:43). 그런데 선지자들의 증언은 하나님이 성령으로 선지자들을 통하여 말씀하신 것입니다. 즉 선지자들의 증언은 성령님이 하신 말씀입니다.

하나님이 다윗의 입을 통하여 성령으로 말씀하셨습니다(행4:25). 또한 성령님이 선지자 이사야를 통하여 말씀하셨습니다(행28:25).

엡3:5 "이제 그의 거룩한 사도들과 선지자들에게 성령으로 나타내신 것 같이 다른 세대에서는 사람의 아들들에게 알리지 아니하셨으니"

행10:43 "그에 대하여 모든 선지자도 증언하되 그를 믿는 모든 사람들이 다 그의 이름을 힘입어 죄 사함을 받는다 하였느니라"

행4:25 "또 주의 종 다윗의 입을 통하여 성령으로 말씀하시기를 어찌하여 열방이 분노하며 족속들이 허사를 경영하였는고"

행28:25 "서로 맞지 아니하여 흩어질 때에 바울이 한 말로 이르되 성령이 선지자 이사야를 통하여 너희 조상들에게 말씀하신 것이 옳도다"

2) 하나님이 아들(예수님)로 말씀하셨습니다.

하나님이 이 모든 날 마지막에 아들로 우리에게 말씀하셨습니다. 예수님은 이 세상에 오셔서 말씀하시되 자의로 말씀하시지 아니하셨습니다. 그를 보내신 하나님 아버지께서 말할 것과 이를 것을 친히 명령하셨습니다(요12:49). 그리고 예수님은 하나님 아버지께서 말씀하신 그대로 말씀하셨습니다(요12:50). 예수님이 하나님의 말씀을 그대로 말씀하심은 하나님 아버지께서 예수님에게 성령을 한량없이 주셨기 때문입니다(요3:34). 그리고 예수님은 사도들에게 성령으로 명하셨습니다(행1:2). 예수님이 증언하신 말씀은 곧 성령님이 증언하신 말씀입니다.

요12:49 "내가 내 자의로 말한 것이 아니요 나를 보내신 아버지께서 내가 말할 것과 이를 것을 친히 명령하여 주셨으니"

요12:50 "나는 그의 명령이 영생인 줄 아노라 그러므로 내가 이르는 것은 내 아버지께서 내게 말씀하신 그대로니라 하시니라"

요3:34 "하나님이 보내신 이는 하나님의 말씀을 하나니 이는 하나님이 성령을 한량없이 주심이니라"

행1:2 "그가 택하신 사도들에게 성령으로 명하시고 승천하신 날까지의 일을 기록하였노라"

3) 하나님이 성령으로 말씀하십니다.

성령님이 말씀하십니다. 사도 바울은 성령님이 밝히 말씀하심을 듣고 증언했습니다(딤전4:1). 우리는 성령님이 교회들에게 하신 말씀을 들어야 합니다(계2:7). 성령님이 우리에게 오셔서 우리를 진리 가운데로 인도하시는데 스스로 말하지 아니하시고 오직 듣는 것을 말하시며 장래 일을 우리에게 알리십니다(요16:13). 그리고 성령님은 예수님의 것을 가지고 우리에게 알리십니다(요16:14). 즉 성령님은 우리에게 예수님을 증언하십니다(요15:26). 또한 성령님은 우리에게 모든 것을 가르치시고 예수님이 하신 말씀을 생각나게 하십니다(요14:26). 그리고 우리가 마땅히 할 말을 성령님이 가르치십니다(눅12:12). 우리 속에서 말씀하시는 이는 성령님이십니다(마10:20).

딤전4:1 "그러나 성령이 밝히 말씀하시기를 후일에 어떤 사람들이 믿음에서 떠나 미혹하는 영과 귀신의 가르침을 따르리라 하셨으니"

계2:7 "귀 있는 자는 성령이 교회들에게 하시는 말씀을 들을지어다 이기는 그에게는 내가 하나님의 낙원에 있는 생명나무의 열매를 주어 먹게 하리라"

요16:13 "그러나 진리의 성령이 오시면 그가 너희를 모든 진리 가운데로 인도하시리니 그가 스스로 말하지 않고 오직 들은 것을 말하며 장래 일을 너희에게 알리시리라"

요16:14 "그가 내 영광을 나타내리니 내 것을 가지고 너희에게 알리시겠음이라"

요15:26 "내가 아버지께로부터 너희에게 보낼 보혜사 곧 아버지께로부터 나오시는 진리의 성령이 오실 때에 그가 나를 증언하실 것이요"

<u>요14:26</u> "보혜사 곧 아버지께서 내 이름으로 보내실 성령 그가 너희에게 모든 것을 가르치고 내가 너희에게 말한 모든 것을 생각나게 하리라"

<u>눅12:12</u> "마땅히 할 말을 성령이 곧 그 때에 너희에게 가르치시리라 하시니라"

<u>마10:20</u> "말하는 이는 너희가 아니라 너희 속에서 말씀하시는 이 곧 너희 아버지의 성령이시니라"

4) 사도들은 성령이 충만하여 말씀을 선포했습니다.

사도들은 성령이 충만하여 담대히 하나님의 말씀을 전했습니다(행4:31). 베드로도 성령이 충만하여 하나님의 말씀을 전했습니다(행4:8). 또한 스데반도 지혜와 성령으로 말하므로 사람들이 능히 당하지 못했습니다(행6:10). 사도 바울은 사람의 지혜가 가르친 말로 말하지 아니하고 성령님이 가르치신 것으로 말했습니다(고전2:13). 바울은 말하고 전도하되 설득력 있는 사람의 지혜로 하지 아니하고 다만 성령의 나타남과 능력으로 하였습니다(고전2:4). 하나님의 말씀은 하나님이 말씀하신 그대로 성령으로 전해야 합니다.

<u>행4:31</u> "빌기를 다하매 모이 곳이 진동하더니 무리가 다 성령이 충만하여 담대히 하나님의 말씀을 전하니라"

<u>행4:8</u> "이에 베드로가 성령이 충만하여 이르되 백성의 관리들과 장로들아"

<u>행6:10</u> "스데반이 지혜와 성령으로 말함을 그들이 능히 당하지 못하여"

고전2:13 "우리가 이것을 말하거니와 사람의 지혜가 가르친 말로 아니하고 오직 성령께서 가르치신 것으로 하니 영적인 일은 영적인 것으로 분별하느니라"

고전2:4 "내 말과 내 전도함이 설득력 있는 지혜의 말로 하지 아니하고 다만 성령의 나타남과 능력으로 하여"

하나님의 말씀인 모든 성경은 성령의 감동으로 된 것으로 그리스도 예수 안에 있는 믿음으로 말미암아 구원에 이르는 지혜가 하고, 하나님의 사람으로 온전하게 하며, 모든 선한 일을 행할 능력을 갖추게 합니다(딤후 3:15-17). 또 성경의 모든 예언은 오직 성령의 감동하심을 받은 사람들이 하나님께 받아 말한 것이므로 사사로이 풀 것이 아닙니다(벧후1:20-21).

딤후3:15-17 "또 어려서부터 성경을 알았나니 성경은 능히 너로 하여금 그리스도 예수 안에 있는 믿음으로 말미암아 구원에 이르는 지혜가 있게 하느니라 모든 성경은 하나님의 감동으로 된 것으로 교훈과 책망과 바르게 함과 의로 교육하기에 유익하니 이는 하나님의 사람으로 온전하게 하며 모든 선한 일을 행할 능력을 갖추게 하려 함이라"

벧후1:20-21 "먼저 알 것은 성경의 모든 예언은 사사로이 풀 것이 아니니 예언은 언제든지 사람의 뜻으로 낸 것이 아니요 오직 성령의 감동하심을 받은 사람들이 하나님께 받아 말한 것임이라"

5) 말씀을 듣고 믿게 하시는 성령님의 사역에 대한 우리의 자세

성령님은 우리로 하나님의 말씀을 듣고 믿도록 사역하십니다. 그러면 우리는 말씀을 듣고 믿게 하시는 성령님의 사역에 대하여 어떻게 해야 할까요?

① 하나님의 말씀을 들을 때 마음을 완고하게 하지 말아야 합니다.

우리는 하나님의 말씀을 들을 때 우리 마음을 완고하게 하지 말아야 합니다(히3:7-8). 유대인들은 예수님의 말씀이 그들 안(마음)에 있을 곳이 없으므로 예수님을 죽이려 했습니다(요8:37). 우리가 착하고 좋은 마음으로 말씀을 듣고 지켜야 백배의 결실을 합니다(눅8:15).

> **히3:7-8** "그러므로 성령이 이르신 바와 같이 오늘 너희가 그의 음성을 듣거든 광야에서 시험하던 날에 거역하던 것 같이 너희 마음을 완고하게 하지 말라"
>
> **요8:37** "나도 너희가 아브라함의 자손인 줄 아노라 그러나 내 말이 너희 안에 있을 곳이 없으므로 나를 죽이려 하는도다"
>
> **눅8:15** "좋은 땅에 있다는 것은 착하고 좋은 마음으로 말씀을 듣고 지키어 인내로 결실하는 자니라"

② 사람이 전하는 하나님의 말씀을 하나님의 말씀으로 받아야 합니다.

우리는 하나님의 말씀을 받을 때 전하는 사람의 말로 받지 말고 하나님의 말씀으로 받아야 합니다. 데살로니가 교회 성도들은 사도 바울이 전한 하나님의 말씀을 사람의 말로 받지 아니하고 하나님의 말씀으로 받았습니다(살전2:13). 그래서 그들은 성령의 기쁨으로 말씀을 받아서 예수님을 본받은 자가 되었습니다(살전1:6). 또 고넬료와 그 집에 모인 사람들은 사도 베드로가 와서 말씀을 전할 때 하나님께서 베드로에게 명한 모든 말씀을 듣고자 하나님 앞에 있었습니다(행10:33). 이에 베드로가 말씀을 전하기 시작할 때 성령이 말씀 듣는 모든 사람에게 내려오셨습니다(행10:44).

살전2:13 "이러므로 우리가 하나님께 끊임없이 감사함은 너희가 우리에게 들은 바 하나님의 말씀을 받을 때에 사람의 말로 받지 아니하고 하나님의 말씀으로 받음이니 진실로 그러하도다 이 말씀이 또한 너희 믿는 자 가운데에서 역사하느니라"

살전1:6 "또 너희는 많은 환난 가운데서 성령의 기쁨으로 말씀을 받아 우리와 주를 본받은 자가 되었으니"

행10:33 "내가 곧 당신에게 사람을 보내었는데 오셨으니 잘하였나이다 이제 우리는 주께서 당신에게 명하신 모든 것을 듣고자 하여 다 하나님 앞에 있나이다"

행10:44 "베드로가 이 말을 할 때에 성령이 말씀 듣는 모든 사람에게 내려오시니"

③ 하나님의 말씀을 듣고 깨달아야 합니다.

우리는 하나님의 말씀을 듣고 깨달을 줄 알아야 합니다. 우리가 하나님의 말씀을 듣고 깨달으면 하나님의 말씀을 지키게 됩니다. 유대인들은 하나님께 속하지 아니하였음으로 예수님의 말씀을 듣지 아니하였습니다(요8:47). 그리고 그들은 예수님의 말씀을 들을 줄 알지 못함으로 깨닫지 못하였습니다(요8:43). 천국 말씀을 듣고 깨닫지 못한 자는 마귀가 구원을 얻지 못하게 하려고 말씀을 그 마음에서 빼앗는 것입니다(마13:19, 눅8:12). 그러므로 우리는 반드시 하나님의 말씀을 듣고 깨달아야 합니다.

요8:47 "하나님께 속한 자는 하나님의 말씀을 듣나니 너희가 듣지 아니함은 하나님께 속하지 아니하였음이로다"

요8:43 "어찌하여 내 말을 깨닫지 못하느냐 이는 내 말을 들을 줄 알지 못함이로다"

④ 하나님의 말씀을 그대로 성령으로 전해야 합니다.

하나님의 말씀은 하나님이 말씀하신 그대로 성령으로 전해야 하나님의 말씀입니다. 하나님의 말씀은 진리입니다. 그리고 하나님이 진리의 말씀으로 우리를 낳으셨습니다(약1:18). 그러므로 하나님의 말씀을 혼잡하게 하지 말고 오직 진리를 나타내야 합니다(고후4:2). 우리가 살아 있고 항상 있는 하나님의 말씀으로 거듭났습니다(벧후1:23). 하나님의 말씀은 살아 있고 활력이 있어 어떤 검보다도 예리합니다(히4:12). 그러므로 우리는 하나님의 말씀을 성령으로 전해 하나님의 말씀이 성령의 검이 되어야 합니다. 우리는 순전하고 신령한 말씀으로 천국에 들어가도록 자라야 합니다(벧전2:2). 그러므로 우리는 하나님의 말씀을 혼잡하게 하지 말고 순전함으로 하나님께 받은 것 같이 말해야 합니다(고후2:17). 우리가 하나님의 말씀을 성령으로 전할 때 그렇게 됩니다. 또한 우리는 하나님의 말씀을 지키면서 전해야 합니다. 그렇지 않으면 우리가 거짓말쟁이가 됩니다. 예수님은 하나님을 알고 그의 말씀을 지키면서 전하셨습니다(요8:55).

> **약1:18** "그가 그 피조물 중에 우리로 한 첫 열매가 되게 하시려고 자기의 뜻을 따라 진리의 말씀으로 우리를 낳으셨느니라"
> **고후4:2** "이에 숨은 부끄러움의 일을 버리고 속임으로 행하지 아니하며 하나님의 말씀을 혼잡하게 하지 아니하고 오직 진리를 나타냄으로 하나님 앞에서 각 사람의 양심에 대하여 스스로 추천하노라"
> **벧후1:23** "너희가 거듭난 것은 썩어질 씨로 된 것이 아니요 썩지 아니할 씨로 된 것이니 살아 있고 항상 있는 말씀으로 되었느니라"

<u>히4:12</u> "하나님의 말씀은 살아 있고 활력이 있어 좌우에 날선 어떤 검보다도 예리하여 혼과 영과 및 관절과 골수를 찔러 쪼개기까지 하며 또 마음의 생각과 뜻을 판단하나니"

<u>벧전2:2</u> "갓난 아기들 같이 순전하고 신령한 젖을 사모하라 이는 그로 말미암아 너희로 구원에 이르도록 자라게 하려 함이라"

<u>고후2:17</u> "우리는 수많은 사람들처럼 하나님의 말씀을 혼잡하게 하지 아니하고 곧 순전함으로 하나님께 받은 것 같이 하나님 앞에서와 그리스도 안에서 말하노라"

<u>요8:55</u> "너희는 그를 알지 못하되 나는 아노니 만일 내가 알지 못한다 하면 나도 너희 같이 거짓말쟁이가 되리라 나는 그를 알고 또 그의 말씀을 지키노라"

2. 성령님의 회개사역

성령님의 말씀사역으로 구원의 복음 곧 진리의 말씀을 듣고 믿는 자들은 회개합니다. 회개는 죄인이 구원에 이르는 데 있어서 기초적이며 필수적인 체험입니다. 어떤 사람도 회개 없이는 죄 사함을 받을 수 없고, 죄 사함 없이는 구원을 받을 수 없습니다. 그러므로 우리가 생명(구원)을 얻기 위해서는 생명 얻는 회개를 해야 합니다.

그런데 생명 얻는 회개는 하나님이 주십니다(행11:18). 즉 회개하는 것은 성령님의 역사입니다. 그러므로 우리는 성령님의 역사로 하나님이 주시는 회개를 해야 합니다. 성령님은 우리에게 죄를 책망하셔서 회개하게 하십니다. 또 성령님은 우리의 마음을 새롭게 하셔서 죄를 짓지 않게 하십니다.

행11:18 "그들이 이 말을 듣고 잠잠하여 하나님께 영광을 돌려 이르되 그러면 하나님께서 이방인에게도 생명 얻는 회개를 주셨도다 하니라"

1) 성령님은 우리의 죄를 책망하십니다.

성령님이 사람들의 죄를 책망하시는 것은 사람들이 하나님 앞에서 죄인인 것을 알지 못하기 때문입니다. 사람들이 하나님 앞에서 죄인인 것을 알지 못하는 이유는 죄 안에 있는 자신을 알지 못하기 때문입니다. 또 사람들이 의와 선을 알지 못하기 때문에 자신이 죄인인 것을 알지 못합니다. 사람들은 죄를 깨닫지 못하고 또 자신이 죄 안에 있는 줄을 알지 못하기 때문에 회개하지 못하고 올바른 길로 갈 수도 없습니다. 그래서 성령님이 죄에 대하여 책망하십니다(요16:8-9).

회개함은 하나님이 주십니다. 즉 회개함은 성령님의 역사입니다. 그리고 성령님의 역사로 하나님이 주시는 회개를 하면 진리를 알게 되고, 마귀의 올무에서 벗어나, 하나님께 사로잡힌바 되어, 하나님의 뜻을 따르게 됩니다(딤후2:25-26).

요16:8-9 "그가 와서 죄에 대하여, 의에 대하여, 심판에 대하여 세상을 책망하시리라 죄에 대하여라함은 그들이 나를 믿지 아니함이요"

딤후2:25-26 "거역하는 자를 온유함으로 훈계할지니 혹 하나님이 그들에게 회개함을 주사 진리를 알게 하실까 하며 그들로 깨어 마귀의 올무에서 벗어나 하나님께 사로잡힌바 되어 그 뜻을 따르게 하실까 함이라"

2) 성령님은 우리의 마음을 새롭게 하십니다.

회개는 마음의 변화가 일어나야 참 회개입니다. 우리가 회개를 하였으면 우리 마음이 새로워져야 합니다. 우리 마음이 새로워져야 우리가 죄를 짓지 아니합니다. 그래서 성령님은 우리의 마음을 새롭게 하십니다. 그러므로 우리는 마음을 새롭게 함으로 변화를 받아야 합니다(롬12:2, 엡4:22-24).

우리는 마음에 할례를 받아야 합니다(롬2:29). 성령님이 우리 속에 계시면 우리 마음이 새 마음이 됩니다(겔36:26-27). 성령님이 새롭게 하신 마음은 부드러운 마음입니다. 그리고 성령님이 그 속에 계신 자는 하나님의 말씀을 지켜 행합니다.

> **롬12:2** "너희는 이 세대를 본받지 말고 오직 마음을 새롭게 함으로 변화를 받아 하나님의 선하시고 기뻐하시고 온전하신 뜻이 무엇인지 분별하도록 하라"
>
> **엡4:22-24** "너희는 유혹의 욕심을 따라 썩어져 가는 구습을 따르는 옛 사람을 벗어 버리고 오직 너희의 심령이 새롭게 되어 하나님을 따라 의와 진리의 거룩함으로 지으심을 받은 새 사람을 입으라"
>
> **롬2:29** "오직 이면적 유대인이 유대인이며 할례는 마음에 할지니 영에 있고 율법 조문에 있지 아니한 것이라 그 칭찬이 사람에게서가 아니요 다만 하나님에게서니라"
>
> **겔36:26-27** "또 새 영을 너희 속에 두고 새 마음을 너희에게 주되 너희 육신에서 굳은 마음을 제거하고 부드러운 마음을 줄 것이며 또 내 영을 너희 속에 두어 너희로 율례를 행하게 하리니 너희가 규례를 지켜 행할지라"

3) 회개하게 하시는 성령님의 사역에 대한 우리의 자세

성령님은 우리의 죄를 책망하시고 우리의 마음을 새롭게 하심으로 회개하게 하십니다. 그러면 우리는 성령님의 회개하게 하시는 사역에 대하여 어떻게 해야 할까요?

① 성령님이 책망하시는 죄를 하나님께 자백해야 합니다.

우리는 우리 죄를 자백해야 합니다. 우리는 죄를 솔직하게 인정하고 자백하는 자세를 가져야 합니다. 우리는 죄를 신속하게 자백해야 합니다. 우리가 우리 죄를 자백하면 하나님께서 우리 죄를 사하십니다(요일1:9). 그리고 우리가 회개하여 죄 사함을 받으면 성령의 선물을 받고(행2:38), 새롭게 되는 날이 주 앞으로부터 이릅니다(행3:19)

> **요일1:9** "만일 우리가 우리 죄를 자백하면 그는 미쁘시고 의로우사 우리 죄를 사하시며 우리를 모든 불의에서 깨끗하게 하실 것이요"
>
> **행2:38** "베드로가 이르되 너희가 회개하여 각각 예수 그리스도의 이름으로 세례를 받고 죄 사함을 받으라 그리하면 성령의 선물을 받으리니"
>
> **행3:19** "그러므로 너희가 회개하고 돌이켜 너희 죄 없이 함을 받으라 이같이 하면 새롭게 되는 날이 주 앞으로부터 이를 것이요"

② 행실을 돌이켜야 합니다.

행실의 고침이 있어야 온전한 회개가 됩니다. 우리가 성령님의 책망을 듣고 행실을 돌이키면 하나님께서 우리에게 성령을 부어 주시며 하나님의 말씀을 우리에게 보여 주십니다(잠1:23).

그런데 우리가 고쳐야 하는 행실은 육체의 욕심입니다. 우리가 성령을 따라 행하면 육체의 욕심을 이루지 아니합니다(갈5:16). 그리고 우리가 성령을 따라 살면 죄에서 해방을 받습니다(롬8:2). 우리 속에 계신 성령님은 우리가 하나님만 섬기도록 시기하기까지 사모하십니다(약4:4-5). 그러므로 우리는 세상과 벗이 되지 말고 오직 하나님만 섬겨야 합니다.

> **잠1:23** "나의 책망을 듣고 돌이키라 보라 내가 나의 영을 너희에게 부어 주며 내 말을 너희에게 보이리라"
>
> **갈5:16** "내가 이르노니 너희는 성령을 따라 행하라 그리하면 육체의 욕심을 이루지 아니하리라"
>
> **롬8:2** "이는 그리스도 예수 안에 있는 생명의 성령의 법이 죄와 사망의 법에서 너를 해방하였음이라"
>
> **약4:4-5** "간음한 여인들아 세상과 벗된 것이 하나님과 원수 됨을 알지 못하느냐 그런즉 누구든지 세상과 벗이 되고자 하는 자는 스스로 하나님과 원수 되는 것이니라 너희는 하나님이 우리 속에 거하게 하신 성령이 시기하기까지 사모한다 하신 말씀을 헛된 줄로 생각하느냐"

3. 성령님의 중생사역

성령님이 역사하시므로 구원의 복음 곧 진리의 말씀을 듣고 회개하여 죄 사함을 받은 우리를 하나님이 성령으로 거듭나게 하십니다.

사람에게서 태어난 자연인은 누구나 다 죄인입니다. 이 죄인은 본질상 진노의 자녀입니다. 그리고 이 죄인은 마귀를 따릅니다(엡2:2-3). 그러므로 모든 사람은 구원받기 위하여 중생(거듭남: 다시 태어남)해야 합니다(요3:5). 죄인은 중생함으로써만 영원한 생명을 얻습니다. 왜냐하면 육으로 난 것은 육이요 성령으로 난 것은 영이기 때문입니다(요3:6). 그래서 성령님은 우리를 중생하게 하시는 사역을 하십니다. 육으로 태어난 자는 다시 성령으로 영이 태어나야(살아나야) 합니다. 육으로 태어난 자가 다시 성령으로 영이 살아나는 것이 중생(거듭남)입니다.

하나님은 예수 그리스도의 부활하심으로 말미암아 우리를 거듭나게 하사 산 소망이 있게 하셨습니다(벧전1:3). 예수 그리스도를 성령으로 죽은 자 가운데서 살리신 하나님이 성령으로 우리 영을 살리신 것입니다. 즉 우리를 거듭나게 하신 것입니다.

> <u>엡2:2-3</u> "그 때에 너희는 그 가운데서 행하여 이 세상 풍조를 따르고 공중의 권세 잡은 자를 따랐으니 곧 지금 불순종의 아들들 가운데서 역사하는 영이라 전에는 우리도 다 그 가운데서 우리 육체의 욕심을 따라 지내며 육체와 마음의 원하는 것을 하여 다른 이들과 같이 본질상 진노의 자녀이었더니"
>
> <u>요3:5</u> "예수께서 대답하시되 진실로 진실로 네게 이르노니 사람이 물과 성령으로 나지 아니하면 하나님의 나라에 들어갈 수 없느니라"
>
> <u>요3:6</u> "육으로 난 것은 육이요 영으로 난 것은 영이니"
>
> <u>벧전1:3</u> "우리 주 예수 그리스도의 아버지 하나님을 찬송하리로다 그의 많으신 긍휼대로 예수 그리스도를 죽은 자 가운데서 부활하게 하심으로 말미암아 우리를 거듭나게 하사 산 소망이 있게 하시며"

1) 중생하게 하시는 목적

성령님은 우리를 중생하게 하십니다. 그러면 성령님은 왜 우리를 중생하게 하실까요? 성령님은 우리를 하나님의 성품에 참여하게 하시고, 하나님의 나라에 들어가게 하시려고 우리를 중생하게 하십니다. 왜냐하면 우리가 성령으로 거듭나지 아니하면 하나님 나라에 들어갈 수 없기 때문입니다.

① 하나님의 성품에 참여하게 하십니다.

중생하게 하시는 목적은 죄인의 성품을 지닌 사람을 하나님의 성품을 지닌 사람으로 태어나게 하기 위한 것입니다. 하나님은 그의 신기한 능력으로 생명과 경건에 속한 모든 것을 우리에게 주셨습니다. 그리고 하나님은 우리에게 지극히 큰 약속(영생)을 주셔서 세상에서 썩어질 것을 피하여 신의 성품에 참여하는 자가 되게 하셨습니다(벧후1:4). 그러므로 우리는 심령으로 새롭게 되어 하나님을 따라 의와 진리의 거룩함으로 지으심을 받은 새사람을 입어야 합니다(엡4:23-24).

벧후1:4 "이로써 그 보배롭고 지극히 큰 약속을 우리에게 주사 이 약속으로 말미암아 너희가 정욕 때문에 세상에서 썩어질 것을 피하여 신성한 성품에 참여하는 자가 되게 하려 하셨느니라"

엡4:23-24 "오직 너희의 심령이 새롭게 되어 하나님을 따라 의와 진리의 거룩함으로 지으심을 받은 새 사람을 입으라"

② 하나님의 나라에 들어가게 하십니다.

중생하게 하시는 목적은 하나님 나라에 들어가게 하시는 것입니다. 성령으로 거듭난 사람만이 하나님 나라를 볼 수 있고(요3:3), 하나님 나라에 들어갈 수 있습니다(요3:5). 천국은 외적인 종교 행위로 들어가는 것이 아닙니다. 천국은 오직 성령으로 거듭나서 거룩한 하나님의 성품을 지닌 자가 들어갑니다. 그러므로 사람은 새로 지으심을 받는 것이 가장 중요합니다(갈6:15).

> **요3:3** "예수께서 대답하여 이르시되 진실로 진실로 네게 이르노니 사람이 거듭나지 아니하면 하나님 나라를 볼 수 없느니라"
>
> **요3:5** "예수께서 대답하시되 진실로 진실로 네게 이르노니 사람이 물과 성령으로 나지 아니하면 하나님의 나라에 들어갈 수 없느니라"
>
> **갈6:15** "할례나 무할례가 아무 것도 아니로되 오직 새로 지으심을 받는 것만이 중요하니라"

2) 중생하게 하시는 방법

성령님은 하나님의 말씀을 통해 우리를 거듭나게 하십니다. 우리가 거듭난 것은 하나님의 살아 있고 항상 있는 말씀으로 되었습니다(벧전1:23). 하나님은 진리의 말씀으로 우리를 낳으셨습니다(약1:18). 성령님께서 우리를 거듭나게 하신 말씀은 하나님의 살아 있고 항상 있는 말씀이요 진리의 말씀입니다. 또한 성령으로 거듭난 자에게 하나님의 말씀은 살아 있고 항상 있는 말씀이요 진리의 말씀입니다. 그러므로 성령으로 거듭난 자는 하나님의 말씀의 중요성을 압니다. 왜냐하면 성령님께서 하나님의 말씀을 통해 거듭나게 하셨기 때문입니다. 그리고 성령으로 거듭난 자는 하나님의 말씀으로 살아갑니다(마4:4).

> **벧전1:23** "너희가 거듭난 것은 썩어질 씨로 된 것이 아니요 썩지 아니할 씨로 된 것이니 살아 있고 항상 있는 하나님의 말씀으로 되었느니라"
>
> **약1:18** "그가 그 피조물 중에 우리로 한 첫 열매가 되게 하시려고 자기의 뜻을 따라 진리의 말씀으로 우리를 낳으셨느니라"

마4:4 "예수께서 대답하여 이르시되 기록되었으되 사람이 떡으로만 살 것이 아니요 하나님의 입으로 나오는 모든 말씀으로 살것이라 하였느니라 하시니"

3) 중생한 성도의 삶

성령님은 우리를 하나님의 살아 있고 항상 있는 말씀으로 거듭나게 하셨습니다. 성령으로 거듭난 우리는 새 사람을 입었습니다. 그러면 성령으로 거듭난 성도는 어떠한 삶을 살까요?

① 중생한 성도는 새 생명 가운데서 행합니다.

하나님께서 우리에게 원하시는 것은 우리가 새 생명 가운데서 행하는 것입니다(롬6:4). 성령으로 거듭난 자는 생명의 성령의 법으로 살아가며 죄와 사망의 법(권세)에서 완전히 벗어났습니다(롬8:2). 그래서 성령으로 거듭난 자는 죄와 사망에 매이지 아니하고 새 생명 가운데서 행하게 됩니다.

롬6:4 "그러므로 우리가 그의 죽으심과 합하여 세례를 받음으로 그와 함께 장사되었나니 이는 아버지의 영광으로 말미암아 그리스도를 죽은 자 가운데서 살리심과 같이 우리로 또한 새생명 가운데서 행하게 하려 함이라"

롬8:2 "이는 그리스도 예수 안에 있는 생명의 성령의 법이 죄와 사망의 법에서 너를 해방하였음이라"

② 중생한 성도는 새 성품을 지닌 자로 성장합니다.

성령으로 거듭난 성도는 새 성품인 하나님의 성품을 받습니다(벧후 1:4). 즉 성령으로 거듭난 성도는 그리스도의 마음을 갖습니다(빌2:5). 그래서 성령으로 거듭난 성도는 죄와 불의를 싫어하고 미워하게 됩니다. 또 성령으로 거듭난 성도는 선과 의를 사랑하며 추구합니다. 이것이 성령으로 거듭난 성도의 표징입니다. 성령으로 거듭나 새 사람을 입은 우리는 하나님의 형상(예수님)을 따라 지식에까지 새롭게 하심을 입은 자입니다(골 3:10).

벧후1:4 "이로써 그 보배롭고 지극히 큰 약속을 우리에게 주사 이 약속으로 말미암아 너희가 정욕 때문에 세상에서 썩어질 것을 피하여 신성한 성품에 참여하는 자가 되게 하려 하셨느니라"
빌2:5 "너희 안에 이 마음을 품으라 곧 그리스도 예수의 마음이니"
골3:10 "새 사람을 입었으니 이는 자기를 창조하신 이의 형상을 따라 지식에까지 새롭게 하심을 입은 자니라"

③ 중생한 성도는 성령님의 지속적인 인도 아래 있습니다.

성령님은 우리를 거듭나게 하십니다. 그리고 우리를 거듭나게 하신 성령님은 우리를 보호하시며 인도하시고 양육하십니다. 그래서 하나님의 아들인 우리는 성령님의 인도함을 받습니다(롬8:14). 그리고 우리가 성령님의 인도하심을 받으면 율법 아래에 있지 아니하고 죄가 주관하지 못합니다(갈5:18, 롬6:14). 그래서 하나님께로서 난 자는 예수님(성령님)이 지키시므로 악한 자(마귀)가 만지지도 못하며 범죄하지 아니합니다(요일5:18).

롬8:14 "무릇 하나님의 영으로 인도함을 받는 사람은 곧 하나님의 아들이라"

갈5:18 "너희가 만일 성령의 인도하시는 바가 되면 율법 아래에 있지 아니하니라"

롬6:14 "죄가 너희를 주장하지 못하리니 이는 너희가 법 아래에 있지 아니하고 은혜 아래에 있음이라"

요일5:18 "하나님께로부터 난 자는 다 범죄하지 아니하는 줄을 우리가 아노라 하나님께로부터 나신 자가 그를 지키시매 악한 자가 그를 만지지도 못하느니라"

중생과 성령 세례는 어떻게 다를까요? 중생은 거듭나는 것으로 우리가 예수 그리스도를 믿고 회개하여 죄 사함을 받음으로 하나님이 허물과 죄로 죽었던 우리의 영을 성령으로 살리신 것입니다. 곧 중생은 하나님이 우리를 구원하신 것입니다. 그리고 성령 세례는 하나님이 중생한 우리 마음에 성령을 주신 것입니다. 그러므로 성령 세례는 중생의 보증이 되는 것입니다. 그리고 중생한 자는 반드시 성령 세례를 받습니다. 중생과 성령 세례는 동시에 체험할 수도 있습니다. 중생은 우리가 하나님의 아들이 되는 것이며(요1:12-13, 갈4:29), 성령 세례는 하나님의 아들인 우리에게 아들의 영이신 성령을 주신 것입니다(갈4:6).

요1:12-13 "영접하는 자 곧 그 이름을 믿는 자들에게는 하나님의 자녀가 되는 권세를 주셨으니 이는 혈통으로나 육정으로나 사람의 뜻으로 나지 아니하고 오직 하나님께로부터 난 자들이니라"

갈4:29 "그러나 그 때에 육체를 따라 난 자가 성령을 따라 난 자를 박해한 것 같이 이제도 그러하도다"

갈4:6 "너희가 아들이므로 하나님이 그 아들의 영을 우리 마음 가운데 보내사 아빠 아버지라 부르게 하셨느니라"

4. 성령님의 성화사역

성령님의 역사하심으로 살아 있고 항상 있는 말씀으로 우리를 거듭나게 하신 하나님은 계속하여 우리를 성령으로 거룩하게 하십니다. 우리의 거룩함의 근원은 예수님이십니다. 우리는 예수님이 십자가에 죽으심으로 거룩함을 얻었습니다(히10:10). 즉 예수님이 우리에게 거룩함이 되셨습니다(고전1:30). 그리고 성령님께서 예수님이 우리에게 거룩함이 되게 하시고 우리를 온전히 거룩하게 하시는 사역을 하십니다.

> **히10:10** "이 뜻을 따라 예수 그리스도의 몸을 단번에 드리심으로 말미암아 우리가 거룩함을 얻었노라"
>
> **고전1:30** "너희는 하나님으로부터 나서 그리스도 예수 안에 있고 예수는 하나님으로부터 나와서 우리에게 지혜와 의로움과 거룩함과 구원함이 되셨으니"

하나님은 그 자녀들에게 거룩(성결)을 요구하십니다(레11:45). 이는 하나님이 거룩하시기 때문입니다. 그러므로 하나님의 자녀들인 우리는 거룩해야 합니다. 우리는 영혼이 깨끗해야 하고(벧전1:22), 마음이 깨끗해야 하며(약4:8), 모든 행실에 거룩해야 합니다. 하나님께서 우리에게 성결을 강조하심은 성결한 자들만이 하나님과 교제할 수 있으며, 하나님을 섬길 수 있고, 천국에 들어갈 수 있기 때문입니다(출15:13, 눅1:75).

레11:45 "나는 너희의 하나님이 되려고 너희를 애굽 땅에서 인도하여 낸 여호와라 내가 거룩하니 너희도 거룩할지어다"

벧전1:22 "너희가 진리를 순종함으로 너희 영혼을 깨끗하게 하여 거짓이 없이 형제를 사랑하기에 이르렀으니 마음으로 뜨겁게 서로 사랑하라"

약4:8 "하나님을 가까이하라 그리하면 너희를 가까이 하시리라 죄인들아 손을 깨끗이 하라 두 마음을 품은 자들아 마음을 성결하게 하라"

출15:13 "주의 인자하심으로 주께서 구속하신 백성을 인도하시되 주의 힘으로 그들을 주의 거룩한 처소에 들어가게 하시나이다"

눅1:75 "종신토록 주의 앞에서 성결과 의로 두려움이 없이 섬기게 하리라 하셨도다"

그런데 우리가 성결하게 되는 일이 우리 스스로의 힘으로는 불가능합니다. 오직 성령님께서 우리를 성결하게 하십니다. 성령님은 우리를 거룩하게 하심으로 구원을 얻게 하십니다. 그러므로 누구든지 구원을 얻으려면 진리를 믿어야 하고 성령님께서 거룩하게 하셔야 합니다(살후2:13). 우리를 성령의 거룩하게 하심과 진리를 믿음으로 구원을 받게 하신 하나님이 계속하여 우리를 성령으로 더욱 거룩하게 하시고 더욱 진리를 믿게 하십니다.

살후2:13 "주께서 사랑하시는 형제들아 우리가 항상 너희에 관하여 마땅히 하나님께 감사할 것은 하나님이 처음부터 너희를 택하사 성령의 거룩하게 하심과 진리를 믿음으로 구원을 받게 하심이니"

1) 성령님은 우리를 죄로부터 깨끗하게 하십니다.

성령님이 우리를 성결하게 하심은 우리를 죄와 분리된 존재가 되게 하십니다. 성결이란 죄와 불의로부터 깨끗하게 된 상태를 말합니다. 성령님께서 우리를 성결하게 하심은 우리를 개선시키는 것이 아니라 새로운 존재가 되게 하시는 것입니다. 하나님은 우리를 중생의 씻음과 성령의 새롭게 하심으로 구원하셨습니다(딛3:5). 불의한 우리가 성령 안에서 거룩함을 얻었습니다(고전6:11).

> **딛3:5** "우리를 구원하시되 우리가 행한 바 의로운 행위로 말미암지 아니하고 오직 그의 긍휼하심을 따라 중생의 씻음과 성령의 새롭게 하심으로 하셨나니"
> **고전6:11** "너희 중에 이와 같은 자들이 있더니 주 예수 그리스도의 이름과 우리 하나님의 성령 안에서 씻음과 거룩함과 의롭다 하심을 받았느니라"

우리를 구원하신 하나님은 은혜로 우리를 세상에서 경건하지 않은 것과 이 세상 정욕을 버리고 신중함과 의로움과 경건함으로 살도록 양육하십니다(딛2:11-12). 예수님은 우리를 모든 불법에서 구속하시고 우리를 깨끗하게 하십니다(딛2:14). 그러므로 우리는 거룩함을 온전히 이루어 육과 영의 온갖 더러운 것에서 자신을 깨끗하게 해야 합니다(고후7:1).

> **딛2:11-12** "모든 사람에게 구원을 주시는 하나님의 은혜가 나타나 우리를 양육하시되 경건하지 않은 것과 이 세상 정욕을 다 버리고 신중함과 의로움과 경건함으로 이 세상에 살고"

딛2:14 "그가 우리를 대신하여 자신을 주심은 모든 불법에서 우리를 속량하시고 우리를 깨끗하게 하사 선한 일을 열심히 하는 자기 백성이 되게 하려 하심이라"

고후7:1 "그런즉 사랑하는 자들아 이 약속을 가진 우리는 하나님을 두려워하는 가운데서 거룩함을 온전히 이루어 육과 영의 온갖 더러운 것에서 자신을 깨끗하게 하자"

2) 성령님은 우리를 그리스도를 닮게 하십니다.

성결이란 세속적인 속성과 구별된 하늘의 속성을 가진 것을 가리키는 말입니다. 성결이란 죄에서 깨끗하게 된 상태에서 더 나아가 하나님의 성품을 지닌 자가 되는 것입니다. 즉 성도의 인격이 그리스도를 닮아 거룩하게 성화되는 것이 성결입니다.

성령으로 거듭난 자라도 바로 옛 성품에서 온전히 깨끗하게 된 상태는 아닙니다. 다만 성령으로 거듭난 자는 하나님의 은혜로 의로운 자라고 인정을 받습니다. 또한 성령으로 거듭난 자는 하나님의 거룩한 성품을 씨앗으로 받았습니다. 그러므로 성령으로 거듭난 자는 하나님께 씨앗으로 받은 거룩한 성품이 자라서 옛 성품을 이겨야 합니다. 성령님은 우리가 옛 성품을 버리고 점점 예수 그리스도의 거룩한 성품을 닮게 하십니다. 이를 성령님의 성화사역이라고 합니다. 그리고 성화는 우리의 전 생애를 통해서 이루어지고 완성됩니다.

우리는 성령의 기쁨으로 말씀을 받아 예수님을 본받은 자가 되어야 합니다(살전1:6). 그래서 우리 속에 그리스도의 형상을 이루어야 합니다(갈4:19). 그리고 우리는 그리스도의 장성한 분량이 충만한 데까지 이르러야 합니다(엡4:13).

살전1:6 "또 너희는 많은 환난 가운데서 성령의 기쁨으로 말씀을 받아 우리와 주를 본받은 자가 되었으니"

갈4:19 "나의 자녀들아 너희 속에 그리스도의 형상을 이루기까지 다시 너희를 위하여 해산하는 수고를 하노니"

엡4:13 "우리가 다 하나님의 아들을 믿는 것과 아는 일에 하나가 되어 온전한 사람을 이루어 그리스도의 장성한 분량이 충만한데까지 이르리니"

3) 성령님은 우리를 영화롭게 변화시켜 주십니다.

성령 안에서 아무리 거룩하게 성화된 성도라 해도 이 땅에 속한 그 육체(혈과 육)는 천국에 들어갈 수 없습니다(고전15:50). 그래서 하나님께서 예수님이 재림하실 때 우리 안에 거하시는 성령으로 말미암아 우리 죽을 몸도 살리실(부활하게 하실) 것입니다(롬8:11). 예수님의 재림 시에 우리의 썩을 육체가 썩지 아니할 육체를 입을 것입니다(고전15:52-53). 이를 성령님의 영화사역이라고 합니다.

고전15:50 "형제들아 내가 이것을 말하노니 혈과 육은 하나님 나라를 이어받을 수 없고 또한 썩는 것은 썩지 아니하는 것을 유업으로 받지 못하느니라"

롬8:11 "예수를 죽은 자 가운데서 살리신 이의 영이 너희 안에 거하시면 그리스도 예수를 죽은 가운데서 살리신 이가 너희 안에 거하시는 그의 영으로 말미암아 너희 죽을 몸도 살리시리라"

고전15:52-53 "나팔 소리가 나매 죽은 자들이 썩지 아니할 것으로 다시 살아나고 우리도 변화하리라 이 썩을 것이 반드시 썩지 아니할 것을 입겠고 이 죽을 것이 죽지 아니함을 입으리로다"

4) 성결하게 하시는 성령님의 사역에 대한 우리의 자세

성령님은 우리를 성결하게 하십니다. 그러면 우리를 성결하게 하시는 성령님의 사역에 대하여 우리는 어떻게 해야 할까요?

① 성령님께 순종하는 생활을 해야 합니다.

하나님은 우리를 미리 아시고 성령의 거룩하게 하심으로 순종함을 위하여 택하셨습니다(벧전1:2). 우리가 성령의 거룩하게 하심을 받아 순종하면 더욱 거룩하게 됩니다. 우리가 성령을 따라 행하면 육체의 욕심을 이루지 아니하며 성결하게 됩니다(갈5:16).

벧전1:2 "곧 하나님 아버지의 미리아심을 따라 성령이 거룩하게 하심으로 순종함과 예수 그리스도의 피 뿌림을 얻기 위하여 택하심을 받은 자들에게 편지하노니 은혜와 평강이 너희에게 더욱 많을지어다"

갈5:16 "내가 이르노니 너희는 성령을 따라 행하라 그리하면 육체의 욕심을 이루지 아니하리라"

② 몸의 행실을 죽이는 생활을 해야 합니다.

우리가 육신대로 살면 반드시 죽습니다. 그러나 영으로써 몸의 행실을 죽이면 삽니다(롬8:13). 그러므로 우리는 우리 영혼을 거슬러 싸우는 육체의 정욕을 제어해야 합니다(벧전2:11). 또한 우리는 땅에 있는 지체 곧 음란과 부정과 사욕과 악한 정욕과 탐심을 죽여야 합니다(골3:5).

롬8:13 "너희가 육신대로 살면 반드시 죽을 것이로되 영으로써 몸의 행실을 죽이면 살리니"

벧전2:11 "사랑하는 자들아 거류민과 나그네 같은 너희를 권하노니 영혼을 거슬러 싸우는 육체의 정욕을 제어하라"

골3:5 "그러므로 땅에 있는 지체를 죽이라 곧 음란과 부정과 사욕과 악한 정욕과 탐심이니 탐심은 우상 숭배니라"

5. 성령님의 치유사역

하나님이 주신 구원은 몸과 영혼의 구원입니다. 영생을 얻은 자는 그 몸이 생명의 부활을 하여 천국에 들어가 영원히 살게 되고, 영벌을 받은 자는 그 몸이 심판의 부활을 하여 지옥에 들어가 영원히 살게 됩니다. 그러므로 우리의 몸도 중요하며 우리는 우리 몸을 알아야 합니다. 우리는 우리 몸이 그리스도의 지체이며(고전6:15), 성령님이 계시는 전인 줄을 알고 우리 몸으로 하나님께 영광을 돌려야 합니다(고전6:19-20). 곧 우리는 우리 몸을 하나님이 기뻐하시는 산 제물로 드려야 합니다(롬12:1). 우리가 우리 몸을 하나님께 산 제물로 드리는 것은 우리 몸이 하나님께 도구로 사용되는 것입니다. 그러므로 우리는 영혼이 잘되고 몸이 강건해야 합니다(요삼1:2). 또 우리는 영혼이 즐겁고 마음이 기쁘고 육체가 안전히 살아야 합니다(시16:9).

고전6:15 "너희 몸이 그리스도의 지체인 줄 알지 못하느냐 내가 그리스도의 지체를 가지고 창녀의 지체를 만들겠느냐 결코 그럴 수 없느니라"

고전6:19-20 "너희 몸은 너희가 하나님께로부터 받은 바 너희 가운데 계신 성령의 전인 줄을 알지 못하느냐 너희는 너희 자신의 것이 아니라 값으로 산 것이 되었으니 그런즉 너희 몸으로 하나님께 영광을 돌리라"

롬12:1 "그러므로 형제들아 내가 하나님의 모든 자비하심으로 너희를 권하노니 너희 몸을 하나님이 기뻐하시는 거룩한 산 제물로 드리라 이는 너희가 드릴 영적 예배니라"

요삼1:2 "사랑하는 자여 네 영혼이 잘됨 같이 네가 범사에 잘되고 강건하기를 내가 간구하노라"

시16:9 "이러므로 나의 마음이 기쁘고 나의 영도 즐거워하며 내 육체도 안전히 살리니"

하나님은 우리를 치료하는 여호와 하나님이십니다(출15:26). 그래서 하나님은 우리의 모든 죄악을 사하시며 우리의 모든 병을 고치십니다(시103:3). 그리고 하나님은 그를 섬기는 자에게 양식과 물에 복을 내리시고 병을 제하십니다(출23:25). 그런데 하나님이 우리의 병을 고치시는 사역은 성령님의 사역입니다.

출15:26 "이르시되 너희가 너희 하나님 나 여호와의 말을 들어 순종하고 내가 보기에 의를 행하며 내 계명에 귀를 기울이며 내 모든 규례를 지키면 내가 애굽 사람에게 내린 모든 질병 중 하나도 너희에게 내리지 아니하리니 나는 너희를 치료하는 여호와임이라"

시103:3 "그가 네 모든 죄악을 사하시며 네 모든 병을 고치시며"

출23:25 "네 하나님 여호와를 섬기라 그리하면 여호와가 너희의 양식과 물에 복을 내리고 너희 중에서 병을 제하리니"

1) 예수님이 성령으로 병든 자들을 고치셨습니다.

선지자 이사야는 예수님이 우리의 연약한 것을 담당하시고 병을 짊어지실 것을 예언하였습니다(사53:4-5). 그리고 예수님은 많은 각색 병든 자를 고치시므로 예언의 말씀을 이루셨습니다(마4:24, 8:16-17). 예수님은 하나님 아버지께서 성령과 능력을 기름 붓듯 하셨으므로 병을 고치셨습니다(행10:38). 그리고 예수님은 성령을 힘입어 귀신을 쫓아내셨습니다(마12:28). 또한 예수님에게 병을 고치는 능력이 함께 했습니다(눅5:17). 그런데 예수님이 병을 고치심은 성령의 능력으로 고치신 것입니다. 예수님의 모든 사역이 성령으로 하신 사역입니다.

사53:4-5 "그는 실로 우리의 질고를 지고 우리의 슬픔을 당하였거늘 우리는 생각하기를 그는 징벌을 받아 하나님께 맞으며 고난을 당한다 하였노라 그가 찔림은 우리의 허물 때문이요 그가 상함은 우리의 죄악 때문이라 그가 징계를 받으므로 우리가 평화를 누리고 그가 채찍에 맞으므로 우리는 나음을 입었도다"

마4:24 "그의 소문이 온 수리아에 퍼진지라 사람들이 모든 앓는 자 곧 각종 병에 걸려서 고통당하는 자, 귀신 들린 자, 간질하는 자, 중풍 병자들을 데려오니 그들을 고치시더라"

마8:16-17 "저물매 사람들이 귀신 들린 자를 많이 데리고 예수께 오거늘 예수께서 말씀으로 귀신들을 쫓아내시고 병든 자들을 다 고치시니 이는 선지자 이사야를 통하여 하신 말씀에 우리의 연약한 것을 친히 담당하시고 병을 짊어지셨도다 함을 이루려 하심이더라"

행10:38 "하나님이 나사렛 예수에게 성령과 능력을 기름 붓듯 하셨으매 그가 두루 다니시며 선한 일을 행하시고 마귀에게 눌린 모든 사람을 고치셨으니 이는 하나님이 함께 하셨음이라"

마12:28 "그러나 내가 하나님의 성령을 힘입어 귀신을 쫓아내는 것이면 하나님의 나라가 이미 너희에게 임하였느니라"

눅5:17 "하루는 가르치실 때에 갈릴리의 각 마을과 유대와 예루살렘에서 온 바리새인과 율법 교사들이 앉았는데 병을 고치는 주의 능력이 예수와 함께 하더라"

2) 성령 충만한 사도들이 병든 자를 고쳤습니다.

예수님은 열두 제자들에게 병 고치는 권능을 주셨고(마10:1), 칠십 인을 세우사 병 고치는 능력을 주셨습니다(눅10:9). 예수님은 전도를 보내면서 거기 있는 병자들을 고치고 복음을 전하라고 명하셨습니다. 성령 충만한 사도 베드로는 병든 사람들을 고쳤습니다(행5:15-16). 성령 충만한 사도 바울도 병든 사람들을 고쳤습니다(행19:12, 28:8-9). 또 전도자 빌립 집사도 병든 사람들을 고쳤습니다(행8:7). 성령 충만한 자들이 한 치유의 사역은 성령님이 하신 사역입니다.

마10:1 "예수께서 그의 열두 제자를 부르사 더러운 귀신을 쫓아내며 모든 병과 모든 약한 것을 고치는 권능을 주시니라"

눅10:9 "거기 있는 병자들을 고치고 또 말하기를 하나님의 나라가 너희에게 가까이 왔다 하라"

행5:15-16 "심지어 병든 사람을 메고 거리에 나가 침대와 요 위에 누이고 베드로가 지날 때에 혹 그의 그림자라도 누구에게 덮일까 바라고 예루살렘 부근의 수많은 사람들도 모여 병든 사람과 더러운 귀신에게 괴로움 받는 사람을 데리고 와서 다 나음을 얻으니라"

행19:12 "심지어 사람들이 바울의 몸에서 손수건이나 앞치마를 가져다
가 병든 사람에게 얹으면 그 병이 떠나고 악귀도 나가더라"

행28:8-9 "보블리오의 부친이 열병과 이질에 걸려 누워 있거늘 바울이
들어가서 기도하고 그에게 안수하여 낫게 하매 이러므로 섬 가운데 다른
병든 사람들이 와서 고침을 받고"

행8:7 "많은 사람에게 붙었던 더러운 귀신들이 크게 소리를 지르며 나
가고 또 많은 중풍병자와 못 걷는 사람이 나으니"

3) 병든 자를 고치시는 성령님의 사역에 대한 우리의 자세

성령님이 우리의 병을 고치시는 사역을 하십니다. 그러면 성령님의 치
유사역에 대하여 우리는 어떻게 해야 할까요?

① 병을 낫게 하시기를 믿음으로 기도해야 합니다.

우리는 우리 중에 병든 자가 있으면 그를 위하여 믿음으로 기도해야 합
니다(약5:14). 왜냐하면 믿음의 기도는 병든 자를 구원하며 주님께서 그를
일으키시기 때문입니다(약5:15). 그래서 사도들은 하나님께 손을 내밀어
병을 낫게 하시기를 간절히 기도했습니다(행4:30).

약5:14 "너희 중에 병든 자가 있느냐 그는 교회의 장로들을 청할 것이
요 그들은 주의 이름으로 기름을 바르며 그를 위하여 기도할지니라"

약5:15 "믿음의 기도는 병든 자를 구원하리니 주께서 그를 일으키시리
라 혹시 죄를 범하였을지라도 사하심을 받으리라"

행4:30 "손을 내밀어 병을 낫게 하시옵고 표적과 기사가 거룩한 종 예
수의 이름으로 이루어지게 하옵소서 하더라"

② 회개해야 합니다.

우리가 병든 자를 위하여 병이 낫기를 위하여 기도할 때 서로 죄를 고백해야 합니다(약5:16). 예수님은 삼십팔 년 된 병자를 고쳐주시고 그 후에 그를 만났을 때 "보라 네가 나았으니 더 심한 것이 생기지 않게 다시는 죄를 범하지 말라" 하셨습니다(요5:14).

약5:16 "그러므로 너희 죄를 서로 고백하며 병을 낫기를 위하여 서로 기도하라 의인의 간구는 역사하는 힘이 크니라"

요5:14 "그 후에 예수께서 성전에서 그 사람을 만나 이르시되 보라 네가 나았으니 더 심한 것이 생기지 않게 다시는 죄를 범하지 말라 하시니"

③ 성령님이 고치심을 알고 고백해야 합니다.

병을 고치는 능력은 하나님께 있습니다. 우리가 병을 고침은 성령의 능력을 의지하여 예수 이름으로 고칩니다. 사도 베드로는 나면서부터 사십 년간 한 번도 걸어보지 못한 자를 걷게 한 후에 자신의 권능과 경건으로 이 사람을 걷게 한 것이 아니라고 증언했습니다(행3:12). 사도 베드로는 예수 이름이 그 이름을 믿으므로 말미암아 이 사람을 성하게 하였다고 증언했습니다(행3:16).

행3:12 "베드로가 이것을 보고 백성에게 말하되 이스라엘 사람들아 이 일을 왜 놀랍게 여기느냐 우리 개인의 권능과 경건으로 이 사람을 걷게 한 것처럼 왜 우리를 주목하느냐"

행3:16 "그 이름을 믿으므로 그 이름이 너희가 보고 아는 이 사람을 성하게 하였나니 예수로 말미암아 난 믿음이 너희 모든 사람 앞에서 이같이 완전히 낫게 하였느니라"

병의 원인으로는 죄로 인하여 들게 된 병(요5:14), 귀신이 들게 한 병(마17:18), 질병 자체인 병(딤전5:23), 하나님의 영광을 나타내기 위한 병(요11:4), 하나님이 하시는 일을 나타내기 위한 병이 있습니다(요9:3). 병을 고침 받기 위해서는 죄로 인한 병은 그 죄를 회개하고 다시는 죄를 범하지 말아야 합니다. 그리고 귀신이 들게 한 병은 그 귀신을 쫓아내야 하며 다시는 귀신이 들지 못하게 해야 합니다.

> **요5:14** "그 후에 예수께서 성전에서 그 사람을 만나 이르시되 보라 네가 나았으니 더 심한 것이 생기지 않게 다시는 죄를 범하지 말라 하시니"
> **마17:18** "이에 예수께서 꾸짖으시니 귀신이 나가고 아이가 그 때부터 나으니라"
> **딤전5:23** "이제부터는 물만 마시지 말고 네 위장과 자주 나는 병을 위하여는 포도주를 조금씩 쓰라"
> **요11:4** "예수께서 들으시고 이르시되 이 병은 죽을병이 아니라 하나님의 영광을 위함이요 하나님의 아들이 이로 말미암아 영광을 받게 하려 함이라 하시더라"
> **요9:3** "예수께서 대답하시되 이 사람이나 그 부모의 죄로 인한 것이 아니라 그에게서 하나님이 하시는 일을 나타내고자 하심이라"

6. 성령님의 전도사역

죄인이 구원의 복음을 듣고 믿어 구원을 받기 위해서는 하나님의 보내심을 받아 전파하는 자가 있어야 합니다(롬10:13-15). 그래서 하나님은 그 자녀들에게 성령을 주셔서 예수 그리스도의 증인이 되어 전도하게 하셨습니다. 하나님은 죄인들이 듣고 믿어 구원 받을 자기의 말씀을 전도로 나타내셨습니다(딛1:3). 또 하나님은 전도로 믿는 자들을 구원하시기를 기뻐하셨습니다(고전1:21). 그리고 예수님도 복음을 전하는 일로 보내심을 받으셨고 전도하셨습니다(눅4:43-44). 또 예수님은 그 제자들에게 복음을 전하라고 명하셨습니다(막16:15). 이와 같이 하나님의 구원사역에는 전도가 반드시 필요합니다.

롬10:13-15 "누구든지 주의 이름을 부르는 자는 구원을 받으리라 그런즉 그들이 믿지 아니하는 이를 어찌 부르리요 듣지도 못한 이를 어찌 믿으리요 전파하는 자가 없이 어찌 들으리요 보내심을 받지 아니하였으면 어찌 전파하리요 기록된 바 아름답도다 좋은 소식을 전하는 자들의 발이여 함과 같으니라"

딛1:3 "자기 때에 자기의 말씀을 전도로 나타내셨으니 이 전도는 우리 구주 하나님이 명하신 대로 내게 맡기신 것이라"

고전1:21 "하나님의 지혜에 있어서는 이 세상이 자기 지혜로 하나님을 알지 못하므로 하나님께서 전도의 미련한 것으로 믿는 자들을 구원하시기를 기뻐하셨도다"

눅4:43-44 "예수께서 이르시되 내가 다른 동네들에서도 하나님의 나라 복음을 전하여야 하리니 나는 이 일을 위해 보내심을 받았노라 하시고 갈릴리 여러 회당에서 전도하시더라"

막16:15 "또 이르시되 너희는 온 천하에 다니며 만민에게 복음을 전파하라"

성령님이 임하시고 권능을 받은 자는 예수님의 증인이 됩니다(행1:8). 그래서 전도사역은 성령님의 사역입니다. 성령님의 역사가 있는 곳에는 전도의 열매가 있습니다. 그리고 전도가 활발한 곳에는 성령님의 강력한 역사가 있습니다. 성령님은 예수님을 증거 하시며, 구원 받은 자들이 예수님을 증거 하도록 역사하시며, 전도자들을 세우시고 인도하십니다.

행1:8 "오직 성령이 너희에게 임하시면 너희가 권능을 받고 예루살렘과 온 유대와 사마리아와 땅 끝까지 이르러 내 증인이 되리라 하시니라"

1) 성령님은 예수님을 증거 하십니다.

사람들은 예수님을 알지 못합니다. 하나님 아버지 외에는 아들(예수님)이 누군지 아는 자가 없습니다(눅10:22). 유대인들도 예수님을 알지 못했습니다(요8:19). 오직 하나님 아버지만이 그 아들 예수님을 아십니다. 그리고 하나님 아버지께서 그 아들 예수님을 증거 하십니다(요8:18). 하나님 아버지께서는 아들 예수님을 이 세상에 보내셨고 사람들이 믿도록 증거 하셨습니다(요5:37-38). 그리고 우리가 하나님 아버지의 증거를 받고 예수님을 믿으면 우리가 하나님의 음성을 듣고, 하나님의 형용을 보며, 하나님의 말씀이 우리 속에 거하시는 것입니다. 왜냐하면 예수님은 하나님의 형상이요, 예수님의 음성은 하나님의 음성이요, 예수님이 하나님의 말씀이시기 때문입니다.

눅10:22 "내 아버지께서 모든 것을 내게 주셨으니 아버지 외에는 아들이 누군지 아는 자가 없고 아들과 또 아들의 소원대로 계시를 받는 자 외에는 아버지가 누구인지 아는 자가 없나이다 하시고"
요8:19 "이에 그들이 묻되 네 아버지가 어디 있느냐 예수께서 대답하시되 너희는 나를 알지 못하고 내 아버지도 알지 못하는도다 나를 알았더라면 내 아버지도 알았으리라"

요8:18 "내가 나를 위하여 증언하는 자가 되고 나를 보내신 아버지도 나를 위하여 증언하시느니라"

요5:37-38 "또한 나를 보내신 아버지께서 친히 나를 위하여 증언하셨느니라 너희는 아무 때에도 그 음성을 듣지 못하였고 그 형상도 보지 못하였으며 그 말씀이 너희 속에 거하지 아니하니 이는 그가 보내신 이를 믿지 아니함이라"

우리가 예수님을 아는 것은 하나님 아버지께서 알게 하신 것입니다(마 16:17). 사람이 예수님을 알게 할 수 없습니다. 오직 하나님 아버지께서 예수님을 알게 하십니다. 우리로 예수님을 알게 하시는 하나님 아버지의 증거는 예수님이 행하신 역사입니다(요5:36). 그리고 예수님이 하신 역사는 하나님 아버지께서 함께 하셔서 성령으로 행하신 역사입니다(행10:38).

마16:17 "예수께서 대답하여 이르시되 바요나 시몬아 네가 복이 있도다 이를 네게 알게 한 이는 혈육이 아니요 하늘에 계신 내 아버지시니라"

요5:36 "내게는 요한의 증거보다 더 큰 증거가 있으니 아버지께서 내게 주사 이루게 하시는 역사 곧 내가 하는 그 역사가 아버지께서 나를 보내신 것을 나를 위하여 증언하는 것이요"

행10:38 "하나님이 나사렛 예수에게 성령과 능력을 기름 붓듯 하셨으매 그가 두루 다니시며 선한 일을 행하시고 마귀에게 눌린 모든 사람을 고치셨으니 이는 하나님이 함께 하셨음이라"

성령님은 예수님을 증거 하십니다(요15:26). 성령님은 예수님을 증거

하려고 오셨으며, 우리에게 오셔서 예수님을 증거 해 주십니다. 그러므로 성령님의 증거를 받는 자가 참으로 예수님을 알고 믿습니다. 왜냐하면 누구든지 성령으로 아니하고는 예수님을 주시라 할 수 없기 때문입니다(고전 12:3). 선지자들도 성령님의 증거를 받았습니다. 선지자들은 자기 속에 계신 그리스도의 영이신 성령님이 예수님이 받으실 고난과 영광을 증거 하시는 것을 상고하였습니다(벧전1:10-11). 그리고 사도들은 성령님이 예수님을 증거 하시는 것을 알았습니다(행5:32). 우리도 성령님의 증거를 받아야 합니다. 그 후에야 우리가 예수님의 참된 증인이 될 수 있습니다.

> **요15:26** "내가 아버지께로부터 너희에게 보낼 보혜사 곧 아버지께로부터 나오시는 진리의 성령이 오실 때에 그가 나를 증언하실 것이요"
> **고전12:3** "그러므로 내가 너희에게 알리노니 하나님의 영으로 말하는 자는 누구든지 예수를 저주할 자라 하지 아니하고 또 성령으로 아니하고는 누구든지 예수를 주시라 할 수 없느니라"
> **벧전1:10-11** "이 구원에 대하여는 너희에게 임할 은혜를 예언하던 선지자들이 연구하고 부지런히 살펴서 자기 속에 계신 그리스도의 영이 그 받으실 고난과 후에 받으실 영광을 미리 증언하여 누구를 또는 어떠한 때를 지시하시는지 상고하니라"
> **행5:32** "우리는 이 일에 증인이요 하나님이 자기에게 순종하는 사람들에게 주신 성령도 그러하니라 하더라"

2) 성령님은 믿는 자가 예수님을 증언 하도록 역사하십니다.

우리가 예수님을 증언하되 우리와 관계된 예수님을 증언할 수 있습니다. 우리가 우리와 관계되지 않은 예수님을 증언하는 것은 형식에 불과합니다. 그런데 성령님이 우리에게 임하시면 우리가 예수님 안에, 예수님이 우리 안에 거하시는 줄을 알게 됩니다(요일4:13). 즉 우리에게 성령님이 임하시면 우리가 우리와 관계된 예수님을 알게 되고, 예수님을 확신 있게 증언 하게 됩니다. 성령님은 우리가 하나님의 자녀인 것을 친히 증언해 주십니다(롬8:16). 그리고 성령님은 우리에게 임하셔서 예수님을 증언하는 권능을 주십니다(행1:8). 그래서 전도하는 자들은 성령님을 힘입어 전합니다(벧전1:12). 우리는 하나님의 능력이 역하시는 대로 일꾼이 됩니다(엡3:7). 그래서 우리는 성령님을 힘입어 전도해야 하고 성령님이 역사하는 만큼 전도할 수 있습니다. 그러므로 우리가 전도하기 위해서는 성령의 능력이 역사해야 합니다.

요일4:13 "그의 성령을 우리에게 주시므로 우리가 그 안에 거하고 그가 우리 안에 거하시는 줄을 아느니라"

롬8:16 "성령이 친히 우리의 영과 더불어 우리가 하나님의 자녀인 것을 증언하시나니"

행1:8 "오직 성령이 너희에게 임하시면 너희가 권능을 받고 예루살렘과 온 유대와 사마리아와 땅 끝까지 이르러 내 증인이 되리라 하시니라"

벧전1:12 "이 섬긴 바가 자기를 위한 것이 아니요 너희를 위한 것임이 계시로 알게 되었으니 이것은 하늘로부터 보내신 성령을 힘입어 복음을 전하는 자들로 이제 너희에게 알린 것이요 천사들도 살펴보기를 원하는 것이니라"

엡3:7 "이 복음을 위하여 그의 능력이 역사하시는 대로 내게 주신 하나님의 은혜의 선물을 따라 내가 일꾼이 되었노라"

3) 성령님은 전도자들을 세우시고 인도하십니다.

성령님이 역사하사 전도자들을 세우십니다(갈2:8). 그러므로 우리가 하나님의 일을 하기 위해서는 성령님의 역사가 있어야 합니다. 성령님은 안디옥 교회가 주를 섬겨 금식할 때에 바나바와 바울을 선교를 위해 따로 세우라고 명하셨습니다(행13:2). 그리고 성령님은 바나바와 바울을 보내셨습니다(행13:4). 성령님은 사마리아에서 전도하는 빌립을 광야로 가게 하셨으며(행8:26) 구스 내시의 병거로 가까이 나아가라 명하셔서 그에게 전도하게 하셨습니다(행8:29). 이렇게 성령님은 전도자를 세우시고 인도하셔서 전도하게 하십니다. 그런데 성령님은 말씀을 전하게 하시지만 때에 따라서는 말씀을 전하지 못하게도 하십니다(행16:6).

> **갈2:8** "베드로에게 역사하사 그를 할례자의 사도로 삼으신 이가 또한 내게 역사하사 나를 이방인의 사도로 삼으셨느니라"
>
> **행13:2** "주를 섬겨 금식할 때에 성령이 이르시되 내가 불러 시키는 일을 위하여 바나바와 사울을 따로 세우라 하시니"
>
> **행13:4** "두 사람이 성령님의 보내심을 받아 실루기아에 내려가 거기서 배 타고 구브로에 가서"
>
> **행8:26** "주의 사자가 빌립에게 말하여 이르되 일어나서 남쪽으로 향하여 예루살렘에서 가사로 내려가는 길까지 가라 하니 그 길은 광야라"
>
> **행8:29** "성령이 빌립더러 이르시되 이 수레로 나아가라 하시거늘"
>
> **행16:6** "성령이 아시아에서 말씀을 전하지 못하게 하시거늘 그들이 브루기아와 갈라디아 땅으로 다녀가"

4) 전도하게 하시는 성령님의 사역에 대한 우리의 자세

성령님은 전도자들을 세우시고 인도하셔서 전도사역을 하십니다. 그러면 우리는 성령님이 하시는 전도사역에 대하여 어떻게 해야 할까요?

① 성령님이 전도자로 세우셨음을 알아야 합니다.

우리는 성령님이 우리에게 임하시고 권능을 받음으로 우리가 예수 그리스도의 증인임을 알아야 합니다(행1:8). 사도들은 자신들이 예수님의 증인임을 알았습니다(행5:32). 그리고 우리는 주님께서 복음 전하는 자(전도자)로 세우신 것을 알고 전도자의 일을 해야 합니다. 빌립 집사도 전도자였으며, 디모데도 전도자였습니다(딤후4:5).

행1:8 "오직 성령이 너희에게 임하시면 너희가 권능을 받고 예루살렘과 온 유대와 사마리아와 땅 끝까지 이르러 내 증인이 되리라 하시니라"
행5:32 "우리는 이 일에 증인이요 하나님이 자기에게 순종하는 사람들에게 주신 성령도 그러하니라 하더라"
딤후4:5 "그러나 너는 모든 일에 신중하여 고난을 받으며 전도자의 일을 하며 네 직무를 다하라"

② 전도를 위해 기도해야 합니다.

우리는 하나님께 전도할 문을 열어 주시기를 기도하고, 그리스도의 비밀을 말하게 하시기를 기도해야 합니다. 사도 바울은 골로새교회 성도들에게 자기를 위해 기도하기를 부탁하면서 전도할 문을 열어 주셔서 그리스도의 비밀을 말하게 하시기를 구하라 하였습니다(골4:3). 또한 우리는 담대히 복음을 전하게 하여 주시기를 기도해야 합니다. 사도들은 담대히 하나님의 말씀을 전하게 하여 주시기를 기도했습니다(행4:29).

골4:3 "또한 우리를 위하여 기도하되 하나님이 전도할 문을 우리에게 열어 주사 그리스도의 비밀을 말하게 하시기를 구하라 내가 이 일 때문에 매임을 당하였노라"

행4:29 "주여 이제도 그들의 위협함을 굽어보시옵고 또 종들로 하여금 담대히 하나님의 말씀을 전하게 하여 주시오며"

③ 성령의 능력으로 전도해야 합니다.

우리가 참 전도를 하려면 우리 속에서 능력으로 역사하시는 성령님의 역사를 따라 힘을 다하여 수고해야 합니다. 또한 우리는 성령의 나타남과 능력과 큰 확신으로 전도해야 합니다. 사도 바울은 예수 그리스도를 전파하되 그 속에서 능력으로 역사하시는 이의 역사를 따라 힘을 다하여 수고하였습니다(골1:28-29). 또 사도 바울은 성령의 나타남과 능력으로, 곧 능력과 성령과 큰 확신으로 전도했습니다(고전2:4-5, 살전1:5).

고전2:4-5 "내 말과 내 전도함이 설득력 있는 지혜의 말로 하지 아니하고 다만 성령의 나타남과 능력으로 하여 너희 믿음이 사람의 지혜에 있지 아니하고 다만 하나님의 능력에 있게 하려 하였노라"

살전1:5 "이는 우리 복음이 너희에게 말로만 이른 것이 아니라 또한 능력과 성령과 큰 확신으로 된 것임이라 우리가 너희 가운데서 너희를 위하여 어떤 사람이 된 것은 너희가 아는 바와 같으니라"

하나님의 구원 사역은 성부, 성자, 성령 삼위일체 하나님의 사역입니다. 그래서 성령님의 사역 없이는 누구도 구원받을 수 없고 성도가 될 수 없습니다. 성령님은 우리로 구원의 복음 곧 진리의 말씀을 듣고 믿게 하시고, 우리를 회개하게 하시며, 중생하게 하셔서 성도가 되게 하십니다. 그리고 성령님은 우리를 성결하게 하시고, 치유하심으로 우리가 성도로 살아가게 하십니다. 물론 이 모든 사역은 성부, 성자, 성령 삼위일체 하나님의 사역입니다.

성령님은 우리에게 예수님을 증거 해 주셔서 알고 믿게 하십니다. 그리고 성령님은 우리가 알고 믿는 예수님을 전하도록 역사하십니다. 그러므로 전도사역은 성령님의 역사입니다. 그래서 성령님이 역사하시면 우리도 전도할 수 있습니다. 우리! 성령님이 역사하시는 대로 전도합시다. 할렐루야! 아멘

8장

성령으로 살며
성령으로 행합시다

1. 예수 그리스도의 증인
2. 성령으로 살며 성령으로 행하는 자

예수 그리스도를 믿는 자는 하나님의 자녀입니다. 그리고 하나님의 자녀는 성령을 따라(성령으로) 난(거듭난) 자입니다(갈4:29). 즉 성령으로 영이 살아난 자가 하나님의 자녀입니다. 그리고 성령으로 영이 살아난 하나님의 자녀는 하나님이 성령을 주심으로 성령의 인도함을 받습니다(롬8:14). 성령으로 인도함을 받는 것은 성령으로 사는 것이며, 성령으로 사는 것은 성령으로 행하는 것입니다.

> **갈4:29** "그러나 그 때에 육체를 따라 난 자가 성령을 따라 난 자를 박해한 것 같이 이제도 그러하도다"
> **롬8:14** "무릇 하나님의 영으로 인도함을 받는 사람은 곧 하나님의 아들이라"

성령님이 임하신 우리는 이제 성령으로 살며 성령으로 행해야 합니다(갈5:25). 우리가 육신대로 살면 반드시 죽고 영으로써 몸의 행실을 죽이면 살게 됩니다(롬8:13). 그러므로 우리는 성령으로 살아야 합니다. 우리가 성령을 따라 행하면 육체의 욕심을 이루지 아니하고 죄를 짓지 아니합니다(갈5:16). 그러나 우리가 성령을 따라 행하지 아니하면 육체의 욕심을 이루고 죄를 짓게 됩니다. 그러므로 우리는 성령을 따라 행해야 합니다. 우리가 성령을 따라 행하면 예수 그리스도의 증인으로 살고, 성령으로 살며 성령으로 행하는 자가 됩니다.

> **갈5:25** "만일 우리가 성령으로 살면 또한 성령으로 행할지니"
> **롬8:13** "너희가 육신대로 살면 반드시 죽을 것이로되 영으로써 몸의 행실을 죽이면 살리니"

갈5:16 "내가 이르노니 너희는 성령을 따라 행하라 그리하면 육체의 욕심을 이루지 아니하리라"

1. 예수 그리스도의 증인

성령님이 우리에게 임하시면 우리가 권능을 받고 예수님의 증인이 되며(행1:8), 예수님을 증언합니다. 왜냐하면 우리에게 오신 성령님이 예수님을 증언하시며(요일5:6), 우리가 성령으로 예수님을 주시라 할 수 있기 때문입니다(고전12:3). 성령님이 임하시고 성령으로 사는 자는 예수님을 주로 믿으며 예수님을 증언하면서 삽니다.

행1:8 "오직 성령이 너희에게 임하시면 너희가 권능을 받고 예루살렘과 온 유대와 사마리아와 땅 끝까지 이르러 내 증인이 되리라 하시니라"
요일5:6 "이는 물과 피로 임하신 이시니 곧 예수 그리스도시라 물로만 아니요 물과 피로 임하셨고 증언하는 이는 성령이시니 성령은 진리니라"
고전12:3 "그러므로 내가 너희에게 알리노니 하나님의 영으로 말하는 자는 누구든지 예수를 저주할 자라 하지 아니하고 또 성령으로 아니하고는 누구든지 예수를 주시라 할 수 없느니라"

성령 받은 사도들은 예수님의 증인으로 살았습니다. 성령 받은 사도들은 날마다 성전에 있든지 집에 있든지 예수님을 증언했습니다(행5:42). 또 사도들은 자신을 예수님의 증인으로 여겼습니다(행5:32). 성령으로 사는 우리도 자신을 예수님의 증인으로 여기며 예수님의 증인으로 살아야 합니다.

> **행5:42** "그들이 날마다 성전에 있든지 집에 있든지 예수는 그리스도라고 가르치기와 전도하기를 그치지 아니하니라"
>
> **행5:32** "우리는 이 일에 증인이요 하나님이 자기에게 순종하는 사람들에게 주신 성령도 그러하니라 하더라"

그러면 성령님은 우리에게 오셔서 우리가 예수님의 증인으로 살도록 무엇을 하실까요?

1) 성령님은 오셔서 우리를 예수님의 증인이 되게 하십니다.

예수 그리스도를 믿는 우리는 예수 그리스도의 증인이 되어야 합니다. 그런데 우리는 자신의 힘으로는 예수 그리스도의 증인이 될 수가 없습니다. 그 이유는 우리 자신이 연약하기 때문입니다. 또 이 세상에는 우리에게 많은 적이 있기 때문입니다. 그래서 예수님께서도 열두 제자들을 전도 보내시면서 "이리 가운데 양을 보냄과 같다"고 말씀하셨습니다(눅10:3). 그리고 예수님은 제자들을 전도 보내실 때 제자들에게 권능을 주셔서 보내셨습니다(눅9:1-2). 지금도 예수님은 믿는 자에게 성령을 주셔서 증언하도록 하십니다. 성령님이 우리에게 임하시면 우리가 권능을 받고 예수님의 증인이 됩니다(행1:8). 성령님이 우리 속에 거하셔서 예수님을 증언하게 하십니다.

> **눅10:3** "갈지어다 내가 너희를 보냄이 어린 양을 이리 가운데 보냄과 같도다"

눅9:1-2 "예수께서 열두 제자를 불러 모으사 모든 귀신을 제어하며 병을 고치는 능력과 권위를 주시고 하나님의 나라를 전파하며 앓는 자를 고치게 하려고 내보내시며"

행1:8 "오직 성령이 너희에게 임하시면 너희가 권능을 받고 예루살렘과 온 유대와 사마리아와 땅 끝까지 이르러 내 증인이 되리라 하시니라"

2) 성령님은 오셔서 우리가 하나님의 자녀임을 증언하십니다.

우리가 예수님의 증인이 되려면 우리 자신이 먼저 하나님의 자녀인 것을 확신해야 합니다. 그래서 성령님은 우리가 하나님의 자녀인 것을 증언해 주십니다(롬8:16). 하나님은 우리를 그리스도 안에서 굳건(견고)하게 하시고 우리에게 기름을 부으셨습니다. 또한 하나님은 우리에게 인치시고 보증으로 성령을 우리 마음에 주셨습니다(고후1:21-22). 하나님께서 성령을 우리 마음에 주심은 우리가 하나님의 자녀인 것을 증언하시는 것입니다. 하나님 아버지께서는 우리가 하나님의 아들인고로 성령을 우리 마음 가운데 보내셔서 아빠 아버지라 부르게 하셨습니다(갈4:6). 성령님은 우리에게 오셔서 우리가 하나님의 아들임을 확신하게 해 주십니다.

롬8:16 "성령이 친히 우리의 영과 더불어 우리가 하나님의 자녀인 것을 증언하시나니"

고후1:21-22 "우리를 너희와 함께 그리스도 안에서 굳건하게 하시고 우리에게 기름을 부으신 이는 하나님이시니 그가 또한 우리에게 인치시고 보증으로 우리 마음에 성령을 주셨느니라"

갈4:6 "너희가 아들이므로 하나님이 그 아들의 영을 우리 마음 가운데 보내사 아빠 아버지라 부르게 하셨느니라"

3) 성령님은 오셔서 우리를 진리 가운데로 인도하십니다.

우리가 예수님의 증인이 되려면 우리가 진리 가운데 살아야 합니다. 우리가 진리 가운데서 살면서 진리를 증언해야 합니다. 그래서 성령님은 우리에게 오셔서 우리를 모든 진리 가운데로 인도하십니다(요16:13). 성령님은 우리를 진리 가운데로 인도하시되 스스로 말씀하시지 아니하고 오직 듣는 것을 말씀하시며 장래 일을 알리십니다.

> **<u>요16:13</u> "그러나 진리의 성령이 오시면 그가 너희를 모든 진리 가운데로 인도하시리니 그가 스스로 말하지 않고 오직 들은 것을 말하며 장래일을 너희에게 알리시리라"**

4) 성령님은 오셔서 우리에게 모든 것을 알게 하십니다.

우리가 예수님의 증인이 되려면 알아야 합니다. 누구든지 모르면 증인이 될 수 없습니다. 증인은 자기가 아는 사실을 말해야 합니다. 그래서 성령님은 우리에게 오셔서 알게 하시고 증인이 되게 하십니다. 성령님은 우리에게 모든 것을 가르치시고 예수님께서 말씀하신 모든 것을 생각나게 하십니다(요14:26). 성령님은 하나님 아버지께서 우리에게 은혜로 주신 것들을 알게 하십니다(고전2:12). 그래서 우리는 성령으로 말미암아 모든 것을 압니다(요일2:20). 성령 충만한 사도들은 보고 들어서 아는 것을 증언했습니다(행4:20). 성령 충만한 베드로는 아나니아가 성령을 속이는 것을 알고 말했으며(행5:3), 마술사 시몬의 마음이 바르지 못한 것을 알고 말했습니다(행8:21).

요14:26 "보혜사 곧 아버지께서 내 이름으로 보내실 성령 그가 너희에게 모든 것을 가르치고 내가 너희에게 말한 모든 것을 생각나게 하리라"

고전2:12 "우리가 세상의 영을 받지 아니하고 오직 하나님으로부터 온 영을 받았으니 이는 우리로 하여금 하나님께서 우리에게 은혜로 주신 것들을 알게 하려 하심이라"

요일2:20 "너희는 거룩하신 자에게서 기름 부음을 받고 모든 것을 아느니라"

행4:20 "우리는 보고 들은 것을 말하지 아니할 수 없다 하니"

행5:3 "베드로가 이르되 아나니아야 어찌하여 사탄이 네 마음에 가득하여 네가 성령을 속이고 땅 값 얼마를 감추었느냐"

행8:21 "하나님 앞에서 네 마음이 바르지 못하니 이 도에는 네가 관계도 없고 분깃 될 것도 없느니라"

5) 성령님은 오셔서 세상을 책망하십니다.

우리가 예수님의 증인이 되려면 이 세상이 어떠함을 알아야 합니다. 우리가 세상이 어떠함을 알면 전도하게 됩니다. 그래서 성령님은 죄와 의와 심판에 대하여 세상을 책망하십니다(요16:8).

요16:8 "그가 와서 죄에 대하여, 의에 대하여, 심판에 대하여 세상을 책망하시리라"

① 성령님은 죄에 대하여 세상을 책망하십니다.

세상 사람들은 죄를 바르게 알지 못합니다. 예수님을 믿지 아니하는 것이 가장 큰 죄인데 세상 사람들은 죄로 여기지 아니합니다. 세상 사람들은 단순히 윤리, 도덕을 지키는 것을 더 중요시 여깁니다. 세상 사람들은 착하게 살면 예수님을 믿는 자보다 더 낫다고 여깁니다. 그래서 성령님이 예수님을 믿지 아니하는 죄를 죄로 여기지 아니하는 세상을 책망하십니다(요16:9).

<u>요16:9</u> "죄에 대하여라함은 그들이 나를 믿지 아니함이요"

② 성령님은 의에 대하여 세상을 책망하십니다.

세상 사람들은 의를 바르게 알지 못합니다. 참 의란 하나님 아버지께로 가는 것인데 세상 사람들은 눈에 보이는 세상만 있는 것처럼 살아갑니다. 세상 사람들은 승천하신 예수님을 보지 못하므로 무시해 버립니다. 그러나 오히려 예수님이 승천하셔서 보지 못하므로 천국(아버지 집)이 있음을 믿어야 합니다. 천국에 계신 아버지께로 가는 것이 참 의인데 세상 사람들은 예수님이 아버지께로 가셔서 보지 못하므로 무시해 버립니다. 그래서 성령님이 아버지께로 가는 의를 무시하는 세상을 책망하십니다(요16:10).

<u>요16:10</u> "의에 대하여라함은 내가 아버지께로 가니 너희가 다시 나를 보지 못함이요"

③ 성령님은 심판에 대하여 세상을 책망하십니다.

세상 사람들은 심판을 바르게 알지 못합니다. 이 세상 임금인 마귀는 이미 심판을 받은 자입니다. 그런데도 세상 사람들은 심판을 받은 마귀를 따라 살며 심판을 자초하고 있습니다. 그래서 성령님은 심판에 대하여 세상을 책망하십니다(요16:11). 마귀는 이미 심판을 받았습니다. 그리고 마귀를 따라 사는 자도 심판을 받습니다.

요16:11 "심판에 대하여라함은 이 세상 임금이 심판을 받았음이라"

6) 성령님은 오셔서 우리를 능력으로 강건하게 하십니다.

우리가 예수님의 증인이 되려면 능력이 있어야 합니다. 우리가 세상 사람들에게 예수님을 증언하려면 능력이 있어야 합니다. 그래서 성령님은 우리에게 능력을 주십니다. 하나님은 그의 성령으로 말미암아 우리 속사람을 능력으로 강건하게 하십니다(엡3:16).

엡3:16 "그의 영광의 풍성함을 따라 그의 성령으로 말미암아 너희 속사람을 능력으로 강건하게 하시오며"

예수님은 자신이 성령으로 증언되기 원하십니다. 막1:21-28에 예수님이 가버나움에서 회당에 들어가 가르치실 때에 그 회당에 귀신들린 자가 있었습니다. 그 귀신은 예수님이 하나님의 거룩한 자(그리스도)임을 알고 소리 질러 "나사렛 예수여 우리가 당신과 무슨 상관이 있나이까? 우리를 멸하러 왔나이까? 나는 당신이 누구인줄 아노니 하나님의 거룩한 자니이다"라고 말했습니다. 이에 예수님은 귀신을 꾸짖어 "잠잠하고 그 사람에게서 나오라"고 명하셨습니다. 예수님은 귀신이 증언하는 것을 원하지 아니하셨습니다. 예수님이 원하시는 참 증언은 성령으로 증언하는 것입니다.
예수님은 그의 제자들도 성령 받기 전에 증언하는 것을 원하지 아니하셨습니다. 그래서 예수님은 승천하시기 직전에 제자들에게 "예루살렘을 떠나지 말고 아버지의 약속하신 것(성령)을 기다리라"고 명하시며, "성령이 너희에게 임하시면 너희가 권능을 받고 내 증인이 되리라" 고 약속하셨습니다. 그리고 성령 받은 제자들이 나가 두루 전파할 때 예수님께서 함께 역사하사 그 따르는 표적으로 말씀을 확실히 증언하셨습니다(막16:20). 복음은 말로만이 아니라 능력과 성령과 큰 확신으로 전해야 합니다(살전1:5). 그래서 성령님은 오셔서 우리를 능력으로 강건하게 하십니다.

> **막16:20** "제자들이 나가 두루 전파할새 주께서 함께 역사하사 그 따르는 표적으로 말씀을 확실히 증언하시니라"
>
> **살전1:5** "이는 우리 복음이 너희에게 말로만 이른 것이 아니라 또한 능력과 성령과 큰 확신으로 된 것임이라 우리가 너희 가운데서 너희를 위하여 어떤 사람이 된 것은 너희가 아는 바와 같으니라"

7) 성령님이 오셔서 우리 마음에 하나님의 사랑을 부어주십니다.

우리가 예수님의 증인이 되려면 하나님의 사랑이 있어야 합니다. 우리가 예수님을 증언할 때 사랑이 없으면 아무 유익이 없습니다. 우리가 천사의 말을 할지라도 사랑이 없으면 소리 나는 구리와 울리는 꽹과리가 됩니다. 그래서 성령님이 우리 마음에 하나님의 사랑을 부어 주십니다(롬5:5). 성령님이 임하셔서 일하는 자는 사랑하게 됩니다. 성령님이 임하셔서 일하는 자는 자신을 희생하게 됩니다. 성령님이 임하셔서 일하는 자는 남을 대접하게 됩니다. 예수님은 "하늘에 계신 아버지께서 구하는 자에게 좋은 것(성령)으로 주시지 않겠느냐?"(마7:11)고 말씀하시고 "그러므로 무엇이든지 남에게 대접을 받고자 하는 대로 남을 대접하라. 이것이 율법이요 선지자니라 "(마7:12)고 말씀하셨습니다. 성령을 받은 자는 남을 대접하게 됩니다. 그리고 성령님은 남을 대접할 줄 아는 자를 사용하십니다. 사도 바울은 영혼의 구원을 위하여 재물과 자신까지 허비하여 사랑하였습니다(고후12:15).

> **롬5:5** "소망이 우리를 부끄럽게 하지 아니함은 우리에게 주신 성령으로 말미암아 하나님의 사랑이 우리 마음에 부은 바 됨이니"
>
> **고후12:15** "내가 너희 영혼을 위하여 크게 기뻐하므로 재물을 사용하고 또 내 자신까지도 내어 주리니 너희를 더욱 사랑할수록 나는 사랑을 덜 받겠느냐"

2. 성령으로 살고 성령으로 행하는 자

우리에게 성령님이 임하시면 우리가 권능을 받고 예수님의 증인이 되며 성령으로 살며 성령으로 행하는 자가 됩니다(갈5:25). 그러면 성령으로 살며 성령으로 행하는 자는 어떻게 사는 자가 될까요?

> **갈5:25** "만일 우리가 성령으로 살면 또한 성령으로 행할지니"

1) 성령으로 사는 자는 기도합니다.

하나님은 구하는 자에게 성령을 주십니다(눅11:13). 곧 성령님은 기도할 때 임하셨습니다. 예수님도 세례 요한에게 세례를 받으시고 물에서 올라오시며 기도할 때 성령님이 그 위에 임하셨습니다(눅3:21-22). 또 사도들도 오순절 날 마가의 다락방에 모여 오로지 기도하고 있을 때 성령님이 그들에게 임하셨습니다(행1:14). 그리고 사도들은 성령 받은 후에도 기도하였습니다(행4:31).

> **눅11:13** "너희가 악할지라도 좋은 것을 자식에게 줄 줄 알거든 하물며 너희 하늘 아버지께서 구하는 자에게 성령을 주시지 않겠느냐 하시니라"
>
> **눅3:21-22** "백성이 다 세례를 받을 새 예수도 세례를 받으시고 기도하실 때에 하늘이 열리며 성령이 비둘기 같은 형체로 그의 위에 강림하시더니 하늘로부터 소리가 나기를 너는 내 사랑하는 아들이라 내가 너를 기뻐하노라 하시니라"
>
> **행1:14** "(사도들이 다 거기 있어) 여자들과 예수의 어머니 마리아와 예수의 아우들과 더불어 마음을 같이하여 오로지 기도에 힘쓰더라"
>
> **행4:31** "빌기를 다하매 모인 곳이 진동하더니 무리가 다 성령이 충만하여 담대히 하나님의 말씀을 전하니라"

성령님이 우리의 연약함을 도우시므로 우리가 마땅히 기도할 바를 알지 못하나 성령님이 말할 수 없는 탄식으로 우리를 위하여 친히 간구하십니다(롬8:26). 그러므로 우리는 성령으로 기도해야 하며 기도합니다(유1:20). 성령 받은 사도들은 기도했으며 기도하라고 증언했습니다. 우리는 만물의 마지막이 가까이 왔으므로 정신을 차리고 기도해야 합니다(벧전4:7). 우리는 쉬지 말고 기도해야 합니다(살전5:17). 우리가 성령으로 계속 기도하면 계속 성령 충만하고, 기도하지 아니하면 성령 충만은 소멸됩니다.

> **롬8:26** "이와 같이 성령도 우리 연약함을 도우시나니 우리는 마땅히 기

도할 바를 알지 못하나 오직 성령이 말할 수 없는 탄식으로 우리를 위하여 친히 간구하시느니라"

<u>유1:20</u> "사랑하는 자들아 너희는 너희의 지극히 거룩한 믿음 위에 자신을 세우며 성령으로 기도하며"

<u>벧전4:7</u> "만물의 마지막이 가까이 왔으니 그러므로 너희는 정신을 차리고 근신하여 기도하라"

<u>살전5:17</u> "쉬지 말고 기도하라"

2) 성령으로 사는 자는 육체의 욕심을 이루지 아니합니다.

육체의 소욕은 성령을 거스르고 성령은 육체를 거스릅니다(갈5:17). 그래서 육체의 소욕과 성령이 서로 대적함으로 우리의 원하는 것을 하지 못하게 합니다. 그런데 우리가 성령으로 살면 육체의 욕심을 이루지 아니합니다(갈5:16).

<u>갈5:17</u> "육체의 소욕은 성령을 거스르고 성령은 육체를 거스르나니 이 둘이 서로 대적함으로 너희가 원하는 것을 하지 못하게 하려 함이니라"

<u>갈5:16</u> "내가 이르노니 너희는 성령을 따라 행하라 그리하면 육체의 욕심을 이루지 아니하리라"

세상에 있는 모든 것이 육신의 정욕과 안목의 정욕과 이생의 자랑입니다(요일2:16). 그러므로 우리는 이 세상이나 세상에 있는 것들을 사랑하지 말아야 합니다(요일2:15). 만일 우리가 이 세상의 풍조를 따르면 마귀 따라 사는 것입니다(엡2:2). 그러나 우리가 성령으로 살면 이 세상을 사랑하지 않습니다. 성령으로 사는 우리는 육신의 정욕과 안목의 정욕과 이생의

자랑을 버려야 합니다.

> **요일2:16** "이는 세상에 있는 모든 것이 육신의 정욕과 안목의 정욕과 이생의 자랑이니 다 아버지께로부터 온 것이 아니요 세상으로부터 온 것이라"
> **요일2:15** "이 세상이나 세상에 있는 것들을 사랑하지 말라 누구든지 세상을 사랑하면 아버지의 사랑이 그 안에 있지 아니하니"
> **엡2:2** "그 때에 너희는 그 가운데서 행하여 이 세상 풍조를 따르고 공중의 권세 잡은 자를 따랐으니 곧 지금 불순종의 아들들 가운데서 역사하는 영이라"

3) 성령으로 사는 자는 하나님께 순종합니다.

사도들은 성령님이 임하시기 전에는 유대인들을 두려워하여 모인 곳의 문들을 닫았습니다(요20:19). 그러나 성령님이 임하신 사도들은 담대했으며 사람보다 하나님께 순종했습니다(행5:29). 사도들은 공회 앞에서도 당당히 하나님께 순종할 것을 선언했습니다.

> **요20:19** "이 날 곧 안식 후 첫날 저녁 때에 제자들이 유대인들을 두려워하여 모인 곳의 문들을 닫았더니 예수께서 오사 가운데 서서 이르시되 너희에게 평강이 있을지어다"
> **행5:29** "베드로와 사도들이 대답하여 이르되 사람보다 하나님께 순종하는 것이 마땅하니라"

하나님은 자기에게 순종하는 사람들에게 성령을 주십니다(행5:32). 그리고 하나님께 순종하므로 성령 받은 자들은 하나님께 계속하여 순종합니다. 우리가 성령 충만하여 성령으로 거룩하게 되면 순종하게 됩니다(벧전 1:2). 또 우리가 성령으로 충만하면 성도끼리도 서로 복종합니다(엡5:21). 왜냐하면 성령으로 충만하면 그리스도를 경외하게 되며 그리스도를 경외하면 서로 복종하게 되기 때문입니다. 성령 받은 베드로는 성령님께서 말씀하신 대로 순종했습니다(행10:19-20, 10:24). 성령으로 사는 우리도 순종해야 하고 순종합니다.

> <u>행5:32</u> "우리는 이 일에 증인이요 하나님이 자기에게 순종하는 사람들에게 주신 성령도 그러하니라 하더라"
> <u>벧전1:2</u> "곧 하나님 아버지의 미리 아심을 따라 성령이 거룩하게 하심으로 순종함과 예수 그리스도의 피 뿌림을 얻기 위하여 택하심을 받은 자들에게 편지하노니 은혜와 평강이 너희에게 더욱 많을지어다"
> <u>엡5:21</u> "그리스도를 경외함으로 피차 복종하라"
> <u>행10:19-20</u> "베드로가 그 환상에 대하여 생각할 때에 성령께서 그에게 말씀하시되 두 사람이 너를 찾으니 일어나 내려가 의심하지 말고 함께 가라 내가 그들을 보내었느니라 하시니"
> <u>행10:24</u> "이튿날 일어나 그들과 함께 갈새 욥바에서 온 형제들도 함께 가니라"

4) 성령으로 사는 자는 권능을 행합니다.

우리가 성령으로 충만하면 능력 있는 성도가 됩니다. 왜냐하면 성령님이 우리에게 임하시면 우리가 권능을 받게 되기 때문입니다(행1:8). 즉 우리에게 성령님이 임하시면 위로부터 능력으로 입혀지게 되기 때문입니다

(눅24:49).

행1:8 "오직 성령이 너희에게 임하시면 너희가 권능을 받고 예루살렘과 온 유대와 사마리아와 땅 끝까지 이르러 내 증인이 되리라 하시니라"
눅24:49 "볼지어다 내가 내 아버지께서 약속하신 것을 너희에게 보내리니 너희는 위로부터 능력으로 입혀질 때까지 이 성에 머물라 하시니라"

성령 충만한 사도들은 능력을 행했습니다. 사도들이 성령이 충만하여 담대히 하나님의 말씀을 전하였습니다(행4:31). 그리고 성령 충만한 사도들로 인하여 기사와 표적이 많이 나타났습니다(행2:43). 또한 성령 충만한 사도 바울은 복음을 말로만 전하지 아니하고 능력과 성령과 큰 확신으로 전하였습니다(살전1:5, 고전2:4-5). 그래서 사도 바울은 전도를 받고 믿는 자들의 믿음이 사람의 지혜에 있지 아니하고 하나님의 능력에 있게 했습니다.

행4:31 "빌기를 다하매 모인 곳이 진동하더니 무리가 다 성령이 충만하여 담대히 하나님의 말씀을 전하니라"
행2:43 "사람마다 두려워하는데 사도들로 말미암아 기사와 표적이 많이 나타나니"
살전1:5 "이는 우리 복음이 너희에게 말로만 이른 것이 아니라 또한 능력과 성령과 큰 확신으로 된 것임이라 우리가 너희 가운데서 너희를 위하여 어떤 사람이 된 것은 너희가 아는 바와 같으니라"
고전2:4-5 "내 말과 내 전도함이 설득력 있는 지혜의 말로 하지 아니하고 다만 성령의 나타나심과 능력으로 하여 너희 믿음이 사람의 지혜에 있

지 아니하고 다만 하나님의 능력에 있게 하려 하였노라"

우리는 성령 충만하여 우리의 믿음이 하나님의 능력에 있어야 합니다. 그래야 우리에게 믿음의 역사가 일어납니다. 우리가 성령으로 충만하면 능력이 있습니다. 우리에게 능력이 없음은 성령으로 충만하지 않기 때문입니다.

성령님이 우리에게 임하시면 우리가 권능(권세와 능력)을 받습니다. 그런데 권능은 상대가 있습니다. 성령의 권능은 마귀를 상대하여 이기는 권능입니다. 그러므로 성령이 우리에게 임하심으로 우리가 권능을 받으면 마귀를 이깁니다. 성령으로 사는 자는 마귀를 이기며, 귀신을 이기며, 병을 이깁니다.

예수님은 성령을 힘입어 귀신을 쫓아내셨습니다(마12:28). 또 예수님은 그의 제자들에게 귀신을 쫓아내며 병을 고치는 권능을 주셨습니다(마10:1). 그리고 성령 받은 사도들은 권능을 행했습니다(행5:12). 성령 충만한 사도 바울은 박수(무당) 엘루마를 굴복시켰습니다(행13:9-11). 성령으로 사는 우리도 권능을 행해야 하고 행할 수 있습니다.

<u>마12:28</u> "그러나 내가 하나님의 성령을 힘입어 귀신을 쫓아내는 것이면 하나님의 나라가 이미 너희에게 임하였느니라"

<u>마10:1</u> "예수께서 그의 열두 제자를 부르사 더러운 귀신을 쫓아내며 모든 병과 모든 약한 것을 고치는 권능을 주시니라"

<u>행5:12</u> "사도들의 손을 통하여 민간에 표적과 기사가 많이 일어나매 믿는 사람이 다 마음을 같이하여 솔로몬 행각에 모이고"

<u>행13:9-11</u> "바울이라고 하는 사울이 성령이 충만하여 그를 주목하고 이르되 모든 거짓과 악행이 가득한 자요 마귀의 자식이요 모든 의의 원

수여 주의 바른 길을 굽게 하기를 그치지 아니하겠느냐 보라 이제 주의 손이 네 위에 있으니 네가 맹인이 되어 얼마 동안 해를 보지 못하리라 하니 즉시 안개와 어둠이 그를 덮어 인도할 사람을 두루 구하는지라"

5) 성령으로 충만하면 전도하는 성도가 됩니다.

우리가 성령 충만하면 전도하는 성도가 됩니다. 성령 충만은 전도와 밀접한 관계가 있습니다. 성령님이 임하시면 권능을 받고 예수님의 증인이 됩니다(행1:8). 그래서 성령 충만한 사도들은 성령이 말하게 하심을 따라 다른 언어들로 하나님의 큰 일을 말하기를 시작했으며(행2:4, 11), 자신들이 예수님의 증인임을 고백했고(행2:32), 전도하기를 쉬지 아니했습니다(행5:42). 전도는 예수님의 명령입니다(막16:15). 그러므로 우리는 성령 충만하여 전도해야 하고 할 수 있습니다.

행1:8 "오직 성령이 너희에게 임하시면 너희가 권능을 받고 예루살렘과 온 유대와 사마리아와 땅 끝까지 이르러 내 증인이 되리라 하시니라"

행2:4 "그들이 다 성령의 충만함을 받고 성령이 말하게 하심을 따라 다른 언어들로 말하기를 시작하니라"

행2:11 "그레데인과 아라비아인들이라 우리가 다 우리의 각 언어로 하나님의 큰 일을 말함을 듣는도다 하고"

행2:32 "이 예수를 하나님이 살리신지라 우리가 다 이 일에 증인이로다"

행5:42 "그들이 날마다 성전에 있든지 집에 있든지 예수는 그리스도 라고 가르치기와 전도하기를 그치지 아니하니라"

막16:15 "또 이르시되 너희는 온 천하에 다니며 만민에게 복음을 전파하라"

6) 성령으로 충만하면 봉사하는(섬기는) 성도가 됩니다.

우리가 성령으로 충만하면 봉사하는 성도가 됩니다. 성령으로 충만했
던 초대교회 성도들은 성령으로 봉사하였습니다. 우리도 성령으로 봉사해
야 합니다(빌3:3). 우리가 성령으로 충만하면 자발적인 봉사를 하고, 희생
적 봉사를 하고, 열렬한 봉사를 합니다. 성령으로 충만한 초대 예루살렘교
회 성도들은 모든 물건을 서로 통용하고 또 재산을 팔아 각 사람의 필요를
따라 나눠주었습니다(행2:44-45).

> **빌3:3** "하나님의 성령으로 봉사하며 그리스도 예수로 자랑하고 육체를
> 신뢰하지 아니하는 우리가 곧 할례파라"
> **행2:44-45** "믿는 사람이 다 함께 있어 모든 물건을 서로 통용하고 또
> 재산과 소유를 팔아 각 사람의 필요를 따라 나눠 주며"

그런데 우리가 성령으로 충만하지 않고도 봉사 할 수 있습니다. 그러나
그 봉사는 형식적이요 억지가 됩니다. 그러나 우리가 성령 충만하여 봉사
하면 기쁨과 즐거움으로 하며 억지로 하지 아니합니다. 그러므로 우리가
성령으로 충만하여 봉사해야 참 봉사가 됩니다. 우리가 성령으로 봉사하면
기쁨으로 하고, 순전한 마음으로 하며, 힘대로 하고 또 힘에 지나도록 합
니다(고후8:3-4). 그리고 우리가 성령으로 봉사하는 것은 율법 조문의 묵
은 것으로 섬기지 아니하고 영의 새로운 것으로 섬기는 것입니다(롬7:6).

> **고후8:3-4** "내가 증언하노니 그들이 힘대로 할 뿐 아니라 힘에 지나도
> 록 자원하여 이 은혜와 성도 섬기는 일에 참여함에 대하여 우리에게 간
> 절히 구하니"

롬7:6 "이제는 우리가 얽매였던 것에 대하여 죽었으므로 율법에서 벗어났으니 이러므로 우리가 영의 새로운 것으로 섬길 것이요 율법 조문의 묵은 것으로 아니할지니라"

a. 우리가 성령 충만하면 희생적 봉사를 합니다.

희생적 봉사는 재물과 생명을 바쳐 봉사하는 것입니다. 우리가 성령 충만하면 재물을 드려 봉사하는데 재물을 드려 봉사하는 것은 자신을 주께 드리는 것입니다(고후8:5). 그러나 만일 우리가 재물을 드려 봉사하지 못한다면 자신(마음)을 온전히 드리지 못하는 것입니다(마6:20-21). 우리가 하나님께 재물을 바쳐 봉사하면 하나님께서 모든 쓸 것을 채워주실 것입니다(빌4:19).

고후8:5 "우리가 바라던 것뿐 아니라 그들이 먼저 자신을 주께 드리고 또 하나님의 뜻을 따라 우리에게 주었도다"
마6:20-21 "오직 너희를 위하여 보물을 하늘에 쌓아 두라 거기는 좀이나 동록이 해하지 못하며 도둑이 구멍을 뚫지도 못하고 도둑질도 못하느니라 네 보물 있는 그 곳에는 네 마음도 있느니라"
빌4:19 "나의 하나님이 그리스도 예수 안에서 영광 가운데 그 풍성한 대로 너희 모든 쓸 것을 채우시리라"

우리가 성령 충만하면 생명을 바쳐 봉사합니다. 신앙생활이란 우리가 성령 안에서 거룩하게 되어 우리 자신이 하나님께 제물로 드려지는 것입니다(롬15:16). 성령 충만한 사도 바울은 주님을 위해 자기 생명을 조금도 귀한 것으로 여기지 아니했습니다(행20:24). 사도 바울은 자기를 전제(희생제사 중의 하나로 포도주를 붓는 의식: 순교의 죽음을 의미)로 드릴지라도 기뻐하리라고 고백했습니다(빌2:17).

> **롬15:16** "이 은혜는 곧 나로 이방인을 위하여 그리스도 예수의 일꾼이 되어 하나님의 복음의 제사장 직분을 하게 하사 이방인을 제물로 드리는 것이 성령 안에서 거룩하게 되어 받으실 만하게 하려 하심이라"
>
> **행20:24** "내가 달려갈 길과 주 예수께 받은 사명 곧 하나님의 은혜의 복음을 증언하는 일을 마치려 함에는 나의 생명조차 조금도 귀한 것으로 여기지 아니하노라"
>
> **빌2:17** "만일 너희 믿음의 제물과 섬김 위에 내가 나를 전제로 드릴지라도 나는 기뻐하고 너희 무리와 함께 기뻐하리니"

b. 우리가 성령 충만하면 열렬한 봉사를 합니다.

열렬한 봉사는 부지런히 봉사하는 것이며, 성실하게 봉사하는 것이며, 인내하며 꾸준하게 하는 봉사입니다. 좋은 일꾼이란 부지런하게 열심히 일하면서도 그 열심을 꾸준히 이어가는 것입니다. 성령 충만한 사도 바울은 뜨거운 열정으로 봉사했으며 그 열정이 꾸준하였습니다. 그래서 그는 달려갈 길을 마치고 믿음을 지켰습니다(딤후4:7). 우리도 부지런히 열심을 품고 주님을 섬겨야 합니다(롬12:11). 우리가 성령 충만하여 성령으로 살면 열심을 품고 부지런히 꾸준하게 봉사할 것입니다.

> **딤후4:7** "나는 선한 싸움을 싸우고 나의 달려갈 길을 마치고 믿음을 지켰으니"
>
> **롬12:11** "부지런하여 게으르지 말고 열심을 품고 주를 섬기라"

7) 성령으로 사는 자는 자유를 누립니다.

성령님이 계신 곳에는 자유가 있습니다(고후3:17). 성령님은 우리를 해방시키시며 자유하게 하십니다. 생명의 성령의 법이 죄와 사망의 법에서 우리를 해방하였습니다(롬8:2). 우리는 죄에게서 해방되어 의에게 종이 되었습니다(롬6:18). 우리가 성령으로 살면 죄에게서, 사망에게서, 마귀에게서 자유합니다. 성령님이 임하신 예수님은 포로된 자에게 자유를, 갇힌 자에게 놓임을 전파하셨습니다(사61:1).

> **고후3:17** "주는 영이시니 주의 영이 계신 곳에는 자유가 있느니라"
> **롬8:2** "이는 그리스도 예수 안에 있는 생명의 성령의 법이 죄와 사망의 법에서 너를 해방하였음이라"
> **롬6:18** "죄로부터 해방되어 의에게 종이 되었느니라"
> **사61:1** "주 여호와의 영이 내게 내리셨으니 이는 여호와께서 내게 기름을 부으사 가난한 자에게 아름다운 소식을 전하게 하려 하심이라 나를 보내사 마음이 상한 자를 고치며 포로된 자에게 자유를, 갇힌 자에게 놓임을 선포하며"

성령님이 우리에게 오셔서 우리를 예수님의 증인이 되게 하십니다. 그러므로 우리는 예수님의 증인이 되어야 합니다. 성령님은 우리에게 오셔서 우리가 하나님의 자녀임을 증언하십니다. 그러므로 우리는 우리가 하나님의 자녀임을 확신해야 합니다. 성령님은 우리에게 오셔서 우리를 진리 가운데로 인도하십니다. 그러므로 우리는 진리 가운데서 살아야 합니다. 성령님이 우리에게 오셔서 우리에게 모든 것을 알게 하십니다. 그러므로 우리는 성령님이 가르쳐 주신 모든 것을 알아야 합니다. 성령님이 우리에게 오셔서 죄에 대하여, 의에 대하여, 심판에 대하여 세상을 책망하십니다. 그러므로 우리는 죄에 대하여, 의에 대하여, 심판에 대하여 세상을 책망해야 합니다. 성령님은 우리에게 오셔서 우리를 능력으로 강건하게 하십니다. 그러므로 우리는 성령님이 주시는 능력으로 강건해야 합니다. 성령님은 우리에게 오셔서 우리 마음에 하나님의 사랑을 부어 주십니다. 그러므로 우리는 우리 마음에 하나님의 사랑이 있어야 합니다.

우리는 성령으로 살며 성령으로 행해야 합니다. 성령으로 사는 우리는 기도하며, 육체의 욕심을 이루지 아니하며, 하나님께 순종하며, 권능을 행하며, 전도하며, 봉사하며, 자유를 누려야 합니다. 또한 우리는 자신이 참으로 성령을 받고 성령으로 충만하여 성령으로 살고 성령으로 행하고 있는지를 알아야 합니다. 할렐루야! 아멘.

참고도서

1) 성령론- 이종성 저, 대한기독교출판사, 1984
2) 성령의 사역- R.A 토레이 저, 이성강 역, 기독교문서선교회, 1992
3) 성령의 약속- 바클레이 저, 서기산 역, 교문사, 1972
4) 성령론- 레만. 스트라우스 저, 생명의 말씀사, 1972
5) 성령의 은사- J.E 스타일스 저, 최창업 역, 보이스사, 1999
6) 성령의 은사와 교회성장- 피터 와그너 저, 권달천 역,
   생명의 말씀사, 1993
7) 성령의 능력과 교회성장- 피터 와그너 저, 이재범 역,
   임마누엘, 1992
8) 성령- 스탠리 M. 홀톤 저, 서울서적, 1994
9) 영성과 목회- 오성춘 저, 장로회신학대학교 출판부, 1994
10) 성령을 체험하셨나요?- 사무엘 챠드윅 저, 함모길 역,
    소망사, 1994
11) 안녕하세요 성령님- 베니 힌 저, 안준호 역, 열린책들, 1992
12) 성령님의 기름부으심- 베니 힌 저, 안준호 역, 열린책들, 1994

성령으로 살며 성령으로 행하라

초판1쇄 2019년 4월 25일

지은이 황삼석
펴낸이 채주희
펴낸곳 엘맨

등록번호 제13-1562호(1985.10.29.)
등록된곳 서울시 마포구 신수동 448-6
전화 (02)323-4060,6401-7004
팩스 (02)323-6416
이메일 elman1985@hanmail.net
www.elman.kr
isbn 978-89-5515-614-0 13810

값 13,800원